Telearbeit in der Informationsgesellschaft

Schriftenreihe
Psychologie für das Personalmanagement
herausgegeben von
Prof. Dr. Werner Sarges
Universität der Bundeswehr Hamburg

Telearbeit in der Informationsgesellschaft

von

Dipl. Ing. Dr. phil. Werner Dostal

Verlag für Angewandte Psychologie
Göttingen

Telearbeit in der Informationsgesellschaft

Zur Realisierung offener Arbeitsstrukturen in Betrieb und Gesellschaft

von

Werner Dostal

VfP

Verlag für Angewandte Psychologie
Göttingen

Dipl.-Ing. Dr. phil. Werner Dostal, geb. 1940. 1961-1966 Studium des Maschinenbaus in Darmstadt. Anschließend Berufstätigkeit in der Industrie und berufsbegleitend Studium der Philosophie und der Wirtschaftswissenschaften an der Universität Erlangen/Nürnberg. 1981 Promotion. Von 1973-1983 Wissenschaftlicher Mitarbeiter, seit 1983 Wissenschaftlicher Direktor im Institut für Arbeitsmarkt- und Berufsforschung der Bundesanstalt für Arbeit im Arbeitsbereich Technologie und Betriebswirtschaft. Von 1995-1997 Leiter des Arbeitsbereichs Informationsverarbeitung und Systementwicklung, seit Oktober 1996 Leiter des Arbeitsbereichs Berufs- und Qualifikationsforschung.

Die Deutsche Bibliothek - CIP-Einheitsaufnahme
Dostal, Werner:
Telearbeit in der Informationsgesellschaft : zur Realisierung offener Arbeitsstrukturen in Betrieb und Gesellschaft / von Werner Dostal. - 1. Aufl. - Göttingen : Verl. für Angewandte Psychologie, 1999
(Schriftenreihe Psychologie für das Personalmanagement)
ISBN 3-8017-1192-7

Gesamtherstellung: Dieterichsche Universitätsbuchdruckerei
W. Fr. Kaestner GmbH & Co. KG, D-37124 Göttingen-Rosdorf
Printed in Germany
Auf säurefreiem Papier gedruckt

ISBN 3-8017-1192-7

Vorwort

„Der Telecommuting Day von AT&T war ein Erfolg: 2500 bis 3000 Mitarbeiter blieben zur Arbeit erstmals zu Hause. Drei Viertel sagten, Telearbeit habe sie produktiver gemacht. Aber nur 23 Prozent bemühten sich darum, auch künftig so zu arbeiten." (Blick durch die Wirtschaft 30.9.1994, S. 8). Diese kurze Zeitungsmeldung zeigt in charakteristischer Weise die aktuelle Situation der Telearbeit: Sie ist offenbar möglich, kann Produktivitätssteigerungen auslösen - wohl weil sich die Mitarbeiter souveräner verhalten können - und wird schließlich doch nur von einer Minderheit gewünscht. Zu stark sind die Bindungen an traditionelle Arbeitsformen.

So ist Telearbeit weiterhin ein kontroverses Diskussionsfeld. In der aktuellen Diskussion um Beschäftigung, Beruf und Qualifikation macht sich große Unsicherheit breit und die folgenden Fragen werden drängend: Werden die Menschen nur noch in kurzfristig wechselnden Jobs tätig sein? Wird die selbständige Tätigkeit zur Regel? Wird es beständige Arbeits- und darauf aufgebaute Lebensmuster geben, oder wird die Veränderung dominant? Wird sich Leben und Arbeiten wieder stärker voneinander trennen oder ist eine Integration zu erwarten? Welche Rolle wird dabei die Telearbeit spielen?

In der Telearbeit konzentrieren sich die Fragen nach der Zukunft der Arbeit. Die Potentiale dieser Arbeitsform sind erheblich, die reale Praxis dürftig. Insbesondere in Deutschland mit einem differenzierten Berufesystem und weitgehend verrechtlichten Arbeitsbeziehungen sind neuartige Arbeitsformen nur mit Schwierigkeiten umsetzbar. Die Telearbeit scheint das Schicksal zu haben, Diskussionen auszulösen, die ins Grundsätzliche gehen und die kaum abgegrenzt werden können. Nicht nur eine neue Arbeitsform steht auf dem Prüfstand, sondern die Arbeits- und Lebenswelt insgesamt. Dies macht es schwer, das Phänomen einzugrenzen. Gleichzeitig ist das Thema emotional stark besetzt. Überkommene Strukturen fallen möglicherweise in sich zusammen. Telearbeit kann durchaus der Hebel sein, mit dem die in der Industriegesellschaft geschaffenen Arbeitsstrukturen aus den Angeln gehoben werden. In diesem Buch soll am Beispiel Telearbeit analysiert werden, welche Entwicklungen bereits eingetreten sind und welche für die nächsten Jahre erwartet werden können.

Natürlich ist dieses Buch auch am heimischen Computer entstanden. Ich habe mir - wie das wohl auch anderen Telearbeitern geht - die Arbeit einfacher vorgestellt. Ausgehend von einer langjährigen Beschäftigung mit dem Phänomen Telearbeit meinte ich, es sei kein besonderes Problem, die Entwicklung, die Erfahrungen und die Zukunftserwartungen darzustellen. Doch im Detail zeigten sich erhebliche Schwierigkeiten bei der Abgrenzung, der Gewichtung und der Bewertung. Dies vor allem deshalb, weil es mittlerweile zwar eine reiche Literatur gibt, in der die meisten Aspekte dargestellt werden, dennoch aber keine klare Begrifflichkeit existiert.

So habe ich versucht, die Aspekte der Arbeitsmarktbedingungen und -wirkungen mit den vorliegenden Begriffen zu analysieren und darzustellen. Deutlich soll werden, daß die Probleme nicht in der zeitweisen Teleheimarbeit der Stammbelegschaften und auch nicht in der Nutzung der Telekommunikation bei den „echten" Selbständigen liegen, sondern bei den „neuen" Selbständigen, die hoffen, über Telearbeit eine Beschäftigungsperspektive zu gewinnen. Ihre Anstrengungen sollten belohnt werden. Ihre Risiken sollten durch „Leitplanken" eingegrenzt werden. Ihre Initiativen sollte aber nicht durch rigide Einschränkungen verhindert werden, denn das überkommene abhängige Arbeitsverhältnis eignet sich nicht für die echte Telearbeit.

Nürnberg, im Januar 1999

Werner Dostal

Inhaltsverzeichnis

1. Einleitender Überblick

Telearbeit wird kontrovers bewertet. Einerseits weckt sie Hoffnungen auf neue Freiheiten, andererseits werden neue Auseinandersetzungen und Verteilungskämpfe erwartet, die unter ungünstigen Bedingungen ablaufen: Die Arbeitslosigkeit in Deutschland ist hoch, die Globalisierung schafft - speziell bei Telearbeitsaufgaben - eine möglicherweise ruinöse Konkurrenz aus Ländern niedriger Arbeitskosten und geringer sozialer Standards und manche Telearbeit wird durch Selbstbedienung oder Automatisierung wieder obsolet.

Wie sehen nun die aktuellen Bedingungen aus und wie werden sie sich in Zukunft entwickeln? In diesem Buch werden diese Fragen in folgender Abfolge untersucht:

In Kapitel 2 wird die Informatisierung als ein Baustein der Telearbeit behandelt. Sie hat sich bereits früh entwickelt, wurde mittlerweile durch Multimedia angereichert und zeigt sich heute in einem durchaus leistungsfähigen Stadium. Parallel dazu sind Informations- und Informatikberufe entstanden, deren Abgrenzung zwar Probleme macht, die aber im Arbeitsmarkt einen besonderen Stellenwert erreicht haben. Heute sind etwa die Hälfte der Erwerbstätigen überwiegend in Informationsaufgaben tätig, etwa ein Prozent der Erwerbstätigen sind Informatiker.

Kapitel 3 beschreibt die Öffnungstendenzen in der Erwerbsarbeit. Das überkommene Normalarbeitsverhältnis weicht sich auf, neue Arbeitsformen entwickeln sich, in die auch die Telearbeit eingefügt werden müßte. Sonderformen sind aufgetaucht, die ein erstaunliches Entwicklungspotential zeigen. Dies alles läuft in einer Zeit ab, in der wegen hoher Arbeitslosigkeit die Verhandlungsmacht der Arbeitssuchenden deutlich abgenommen hat.

Beide Tendenzen, die Informatisierung und die Öffnung der Erwerbsarbeit, begünstigen die Entwicklung der Telearbeit. Trotzdem konnte sie sich, insbesondere in Deutschland, kaum entwickeln. Dies hängt wohl damit zusammen, daß Erwerbsarbeit rigide reglementiert ist und neue Arbeitsformen sehr schnell an Grenzen stoßen.

In Kapitel 4 wird das Phänomen Telearbeit in seiner heutigen Struktur beschrieben. Ausgehend von der historischen Entwicklung wird die heutige Situation dargestellt. Es wird eine tragfähige Definition gesucht, die aber schließlich nicht überzeugen kann. So wird Telearbeit umschrieben und die in ihrem Umfeld aufgetauchten Begriffe werden in einem Glossar aufgeführt. Deutlich wird dabei die Unschärfe des Begriffs, die vielen Begleiterscheinungen und Alternativen. Die quantitative Einschätzung des Phänomens leidet unter dieser problematischen Abgrenzung und unter der Vielfalt der Ausprägungen.

Kapitel 5 ordnet die Telearbeit in die überkommenen Arbeitsstrukturen ein. Dabei wird deutlich, daß die organisatorische Einordnung zwar schwierig, aber nicht unlösbar ist. Allerdings sind die rechtlichen Rahmenbedingungen echte Stolpersteine auf dem Weg in die Telearbeit. Ergebnis dieser Probleme sind Sonderformen wie die Außerbetrieblichen Arbeitsstätten und die Telehäuser, die Telearbeit in traditionelle Erwerbsmuster hineinpressen. Aber diese Formen sind dann kaum wirtschaftlich zu gestalten und bieten auch nicht die erhoffte Freizügigkeit.

Kapitel 6 behandelt die Akzeptanz- und Bewertungsfragen. Eine Vielzahl von Akteuren hat Stellungnahmen abgegeben, die aber in ihrer Einschätzung kontrovers bleiben und die unterschiedlichste Ziele verfolgen. Im Laufe der Zeit haben sich die Positionen zwar etwas genähert, doch die echte Telearbeit wird die Telearbeit von Selbständigen sein. Sie wird zwar als Möglichkeit durchaus akzeptiert, aber keinesfalls gefördert. Als Kompromiß finden die Außerbetrieblichen Arbeitsstätten und die Telehäuser Anerkennung und Realisierungschancen.

In Kapitel 7 wird die Zukunft der Telearbeit umrissen, wie sie sich nach gründlicher Analyse zeigt. Anhand der Entwicklungsbarrieren wird deutlich, wo die Probleme einer schnellen Entwicklung liegen. Erst in einem Modell segmentierter Telearbeit werden die gegenläufigen Entwicklungen sichtbar: Telearbeit für Kernbelegschaften im Rahmen Außerbetrieblicher Arbeitsstätten sind Flexibilisierungsangebote im Sinne von Hausaufgaben an Stammbelegschaften und bedürfen keiner weiteren Absicherung. Sie werden sich auch in ihrem Volumen in Grenzen halten. Telearbeit für Selbständige und Freiberufler im „oberen" Segment bedarf ebenfalls keiner weiteren Reglementierung. Bei ihnen wird genügend Verhandlungsmacht erwartet. Sie sind souverän in der Nutzung der Arbeits- und Kommunikationsmittel, so daß für sie die Telearbeit nur eine Ausweitung ihres Aktionsradius ist. Telehäuser und ähnliche Konstrukte sind meist Objekte der Regionalförderung und bieten traditionelle Arbeitsplätze für abhängig Beschäftigte an. Auch hier ist keine Hilfe erforderlich. Kritisch wird es allein bei jenen, die als „untere" Selbständige mit geringer Verhandlungsmacht in die Telearbeit gehen oder gedrängt werden und dabei ihre soziale Einbindung und ihren sozialen Schutz verlieren. Hier bedarf es der „Leitplanken", um einerseits nicht die neuen Chancen von Anfang an zu zerstören, andererseits aber eine gewisse Sicherung zu garantieren. Hier liegt das Feld, auf dem klare Rahmenbedingungen geschaffen werden müssen und wo die anfänglichen Befürchtungen sich wirklich zeigen.

Telearbeit ist also nur in diesem unteren Segment eine wirklich neue Arbeitsform, während alle anderen Modelle - sie werden hier als „Soft-Telearbeit" bezeichnet - keine besonderen Auswirkungen und Regelungsbedürfnisse zeigen. Sie werden aber auch kaum eine Zukunftschance haben, denn sie passen nicht in die Arbeitslandschaft der Zukunft, wie sie derzeit abgeschätzt werden kann.

Nur die echte Telearbeit paßt in diese zukünftigen Strukturen, die über Projektionen und Szenarien hier eingefangen werden. Eine weitere Ausbreitung dieser Telearbeit kann - soweit die Leitplanken funktionieren - die Dominanz und die Zwänge überkommener Erwerbsarbeit reduzieren und somit zu einer Gesellschaft führen, in der Leben und Arbeiten wieder integriert werden können. In diesem Sinne kann die Telearbeit segensreich wirken.

2. Die Informatisierung

Zum Verständnis des Phänomens Telearbeit in der aktuellen Diskussion sollen zunächst die Ausgangslage und die Rahmenbedingungen beschrieben werden: Es handelt sich einerseits um die Informatisierung von Arbeitswelt und Gesellschaft, die durch die moderne Informationstechnik einen besonderen Schub erhalten hat, andererseits um die Öffnung der Arbeitsstrukturen, die durch neue Werthaltungen, neue Bedürfnisse, veränderte Rahmenbedingungen und durch neue Technik ausgelöst wurde. Beide Entwicklungen sind heute in vollem Gange. Sie haben noch keine klare Endposition erreicht, sie sind somit derzeit nur in ihrer aktuellen Situation abgreifbar und nur aus dieser Perspektive einzuordnen.

Diese beiden Entwicklungsstränge haben bereits in der Vergangenheit die Arbeitsform Telearbeit ermöglicht, ausgelöst und begünstigt. Heute haben sich die frühen Ausgangsbedingungen bereits wieder modifiziert, und somit ist auch die Telearbeit gegenwärtig in einem neuen Licht zu sehen. Zukünftig werden sich weitere Veränderungen zeigen, die hier lediglich angerissen werden können. Sie sind aber für das Verständnis der Abläufe ebenfalls wichtig. Im Unterschied zu den Ratgebern zur Telearbeit (siehe dazu beispielsweise Kordey & Korte 1996, Godehardt, Worch & Förster 1997, Matthies 1997, Wakiel & Oldenburg 1998) soll dieses Buch vor allem die Einbindung der Telearbeit in den Wandel der Arbeitswelt deutlich machen und die Zusammenhänge erläutern, die zu den spezifischen Strukturen heutiger und möglicherweise auch zukünftiger Telearbeitsformen führen. Aus diesem Grunde sollen die dafür bestimmenden Ausgangsbedingungen etwas ausführlicher als in anderen Publikationen behandelt werden.

Der Begriff der Informatisierung wurde in den 70er Jahren von Nora und Minc (1979) sowie von Danzin (1979) in die Diskussion eingebracht. Nach einer industriell geprägten Nachkriegszeit zeigten sich einerseits neue leistungsfähige Informationstechniken, andererseits eine steigende Informationskomplexität in der Gesellschaft. Eine Informationsgesellschaft als nachindustrielle Gesellschaft wurde damals und wird auch heute als plausibel und realistisch angesehen, da einerseits heute schon erhebliche Aktivitäten auf der Informationsebene ablaufen, andererseits durch die Grenzen des materiellen Wachstums und wegen der daraus resultierenden Umweltgefährdung zukünftiges Wachstum eher im immateriellen Bereich gewünscht und erwartet wird, wobei die Informationstechnik durchaus in der Lage zu sein scheint, auch die Grenzen des materiellen Wachstums zu überspielen.

2.1 Informationstechnik und Multimedia

Die Abgrenzung der Technik, um die es in diesem Zusammenhang geht, ist nicht trivial. Landläufig wird der Begriff „Informations- und Kommunikationstechnik" verwendet, abgekürzt I+K-Technik oder IKT. Da aber die Kommunikationstechnik offensichtlich unter der Informationstechnik subsumiert werden kann, also eine Teilmenge der Informationstechnik ist, ist es sinnvoller, allein von der Informationstechnik (ohne Zusatz) zu sprechen. In den letzten Jahren sind aber über die neuen Medien neue Vernetzungen entstanden, die bereits tief in die Inhalte einmünden. Dafür hat sich der Begriff „Multimedia" eingebürgert. Multimedia geht über den technisch definierten Bereich der Informationstechnik weit hinaus und umfaßt auch die Bereiche der Informationssammlung, -selektion, -umsetzung und -darbietung, sodaß im folgenden Text immer Informationstechnik als Kern, Multimedia als Kranz dargestellt werden soll (Abbildung 1). Gerade für die Praktikabilität von Telearbeit im Praxisumfeld reicht Informationstechnik als Infrastruktur nicht aus, es müssen geeignete Inhalte damit transportiert werden.

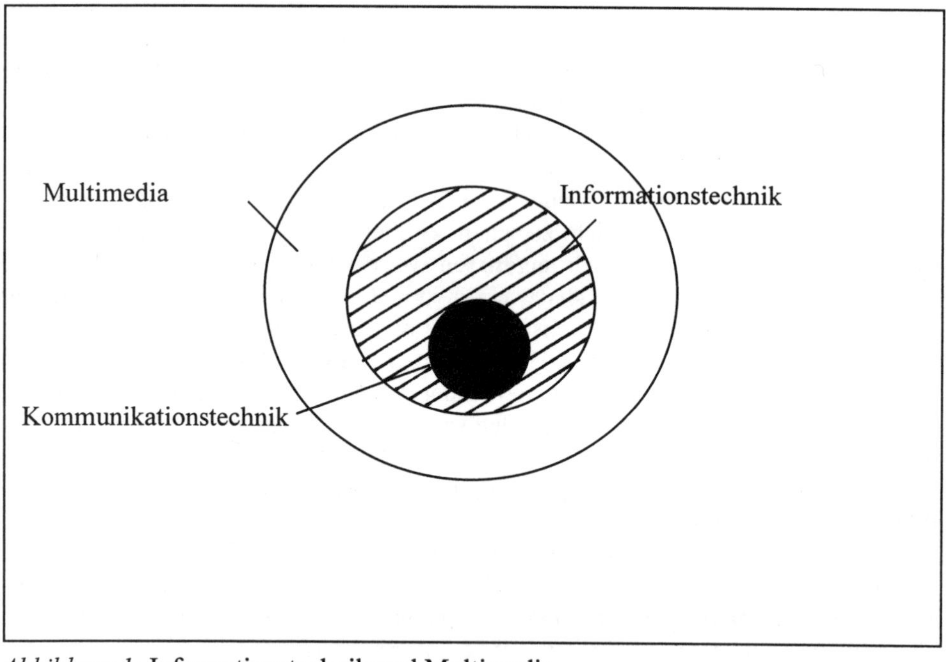

Abbildung 1: Informationstechnik und Multimedia

2.1.1 Dynamik der Technik

Es ist hier nicht der Ort, eine allgemeine Technikdiskussion zu führen, obwohl das Ziel dieses Buches eindeutig darin liegt, die komplexen Zusammenhänge zwischen der Technik auf der einen Seite und den gesellschaftlichen Veränderungen auf der anderen Seite etwas aufzuhellen.

Technischer Wandel meint die Veränderung der Technik selbst und ihrer Anwendung. Es ist deutlich erkennbar, daß Technik nicht stehenbleibt, sondern ständig neu gestaltet wird. So läßt sie sich auch nur dynamisch beschreiben, indem technische Elemente in ihrer Veränderung im Zeitablauf beschrieben werden.

Besonders deutlich wird dies in der aktuellen Beschreibung der Informationstechnik (siehe dazu besonders Zemanek 1991 und 1992). Hier erleben wir ständig Veränderungen, sei es in der technischen Ausprägung der Elemente (z.B. neue Geräte), sei es in den Dimensionen (z.B. Miniaturisierung), sei es bei der Leistungsfähigkeit (z.B. Transaktionstempo), sei es bei den Kosten (z.B. Preisverfall) oder sei es bei den Anwendungsmöglichkeiten (z.B. Multimediaangebote). Es liegt also kein Fundament einer stabilen und langfristig konstanten Technik vor, auf dem dann in aller Ruhe Auswirkungen in Beruf, Erwerbstätigkeit und Gesellschaft ermittelt und zugeschrieben werden könnten.

2.1.2 Informationstechnik im Geflecht übriger Techniken

Die besondere Dynamik der Informationstechnik liegt darin, daß sie sich in wesentlichen Elementen vom menschlichen Maß entfernen kann und somit mehr Gestaltungsalternativen erlaubt, als dies in konventioneller auf das menschliche Maß bezogener Technik möglich ist. Der immer wieder gebrachte Vergleich zwischen der Entwicklung des Autos und des Computers auf der Basis jeweiliger Dimensionsveränderung hat den entscheidenden Fehler, daß beim Auto die wesentlichen Elemente nicht miniaturisierbar sind, während die Leistungselemente des Computers - abgesehen von den Nahtstellen zum Menschen - beliebig verkleinerbar sind.

So besteht Bedarf nach Vernetzung innerhalb der Informationstechnik, um möglichst selten auf die Stufe menschlich dimensionierter Geräte umsteigen zu müssen. In diesem Feld reiner Informationsverarbeitung sind wesentliche Leistungssteigerungen erkennbar, sodaß prinzipiell beliebig komplexe Informationsverarbeitungsaufgaben gelöst werden können. Engpaß sind dort die immer komplexer werdenden Strukturen, die gestaltet und überwacht werden müssen.

Bei den modernen Computern bleiben heute nur noch die Nahtstellen von der Dimension her vorgegeben - Tastaturen, Bildschirme, Scanner und Drucker -, während alle anderen Elemente - Prozessoren, Verbindungsleitungen, Speicher - fast beliebig miniaturisierbar und damit auch vom Preis her billiger werden können.

Der Preisverfall bei materiellen Gütern definierter Größenordnung ist demgegenüber bei weitem nicht so extrem und kann nur auf andere Weise beispielsweise durch die Vergrößerung der Produktionsanlagen oder durch Automatisierung in der Herstellung graduell erfolgen. Der vorherrschende Trend zeigt sich dabei in einer Kombination von traditioneller Technik und Informationstechnik, um die Vorteile beider Technikfelder zu vereinen. Gleichzeitig werden die mechanischen, elektrischen, pneumatischen, hydraulischen Einrichtungen, die zur Informationsverarbeitung genutzt worden waren, zunehmend durch elektronische Informationsverarbeitungselemente ersetzt. Diese Entwicklung wurde im Rahmen der Einführung der Mikroelektronik - über die ein Jahrzehnt intensiv diskutiert wurde - ausführlich behandelt (siehe dazu Dostal/Köstner 1977 und Dostal 1982 und die dort zitierte Literatur).

Übersicht 1: Technologische und sozio-ökonomische Einflußfaktoren für die tätigkeitsorienterte Strukturierung nach Prognos

1.	Dienstleistungen und Informationsnutzung
1.1	Verkehrsdienstleistungen
1.2	Informationsdienstleistungen
1.3	Büro und Verwaltung
1.4	Produktionsplanung und -logistik
1.5	Unternehmensführung
2.	Produktion
2.1	Fertigung und Bearbeitung
2.2	Verfahren
2.3	neue Werkstoffe
2.4	Komponenten und Bauteile
3.	Sozio-ökonomischer Rahmen
3.1	Nachfragestruktur und -verhalten
3.2	Staatliche Produktionsauflagen und soziale Vereinbarungen
3.3	Produktionsqualitätsanforderungen
3.4	Arbeitsmarktsituation

Quelle: Weidig u.a. 1998, 40

Der heutige Stand der Technikgliederung und die Rolle der Informationstechnik in bezug auf die Beschäftigung wird anschaulich von Prognos (1998, S. 40) beschrieben (siehe dazu Übersicht 1), und es wird deutlich, daß - abgesehen von Verkehrsdienstleistungen und Neuen Werkstoffen - alle anderen technologischen Einflußfaktoren erhebliche informationsbezogene Elemente aufweisen. Es ist also aus heutiger Sicht erkennbar, daß Technik sich überwiegend als Informationstechnik manifestiert, daß die Informationstechnik meist als Zusatz traditioneller Technik auftaucht (siehe dazu die Diskussion um die CNC-Maschinen und um die Roboter) und daß sie mittlerweile zu einer Alltagstechnik und -infrastruktur geworden ist, die oft gar nicht mehr als Technik, also als etwas Fremdes, Künstliches angesehen wird, sondern wie die natürliche Umwelt begriffen wird (siehe dazu Turkle 1984, die die Wahrnehmung von einfacher Computertechnik durch Kinder untersucht hat).

Prinzipiell wird die Informationstechnik heute vor allem in dem Standardprodukt PC (Personal Computer), in den Telekommunikationsnetzen und in den elektronischen Medien gesehen.

2.1.3 Informationstechnik und Multimedia

Mit „Multimedia“ wird die derzeitige Nutzung der Informationstechnik sowie ihre Einbindung in andere Technologien und in die Anwendung beschrieben (siehe dazu Stoetzer & Mahler 1995, Streicher 1995, Booz, Allen & Hamilton 1996, Brauner & Bickmann 1994). Gemeint ist mit diesem Begriff zunächst die Ausprägung aktueller Informationstechnik in der Integration der drei historisch gewachsenen Elemente: Die Informationsübertragung durch Sprach- und Datennetze (Telefon, Fernschreiben), die Informationsverarbeitung und -speicherung in Computern (Großcomputer, PC etc.), sowie die Speicherung, Übermittlung und Manipulation von Tönen und Bildern bis hin zum Bewegtbild (Rundfunk, Fernsehen, Film usw.).

Diese Entwicklung hin zu Multimedia war nur auf der Basis von Hochleistungscomputern (im heutigen Sinne) möglich, denn die Speicherung, die Verarbeitung und der Transport sehr großer Datenmengen, wie sie beispielsweise für Bilder erforderlich sind, benötigen diese Leistungsfähigkeit zu tragbaren Kosten. Die Folgen sind eine Annäherung an die menschlichen Bedürfnisse, die eher auf Bild und Ton und weniger auf Symbolverarbeitung gerichtet sind.

Ergebnis sind vielerlei neue Techniken, die es erlauben, bei der Informationsverarbeitung alle Informationsebenen zu nutzen und „Umwege“ über traditionelle Kulturtechniken möglicherweise zu vermeiden. Die Schrift war lange Zeit erforderlich, um Informationen zu transportieren und zu speichern. Dies wäre mit Multimedia wohl nicht mehr erforderlich und die Erfahrungen in Gesellschaften, in denen schon lange elektronische Medien genutzt werden, zeigen eine deutliche Abkehr von schriftlichen Zeugnissen. Jugendliche sehen nicht mehr ein, die Kulturtechniken des Lesens und Schreibens in der erwarteten Perfektion zu entwickeln. Folge sind beispielsweise Phänomene, daß in den USA handschriftliche Bewerbungsschreiben nicht mehr üblich sind, weil so selten mit der Hand geschrieben wird, daß sich keine ausgeprägte Charakteristik der Handschrift mehr entwickeln kann. Dennoch hat heute die zeichenweise Informationsverarbeitung immer noch ihren hohen Stellenwert (wie es auch durch dieses Buch manifestiert ist). Es ist aber denkbar, daß im Übergang zur nächsten und übernächsten Generation die Informationskultur der letzten 500 Jahre - seit Gutenberg - möglicherweise auch von Jahrtausenden Symbol- und Schriftkultur durch eine neuartige auf Multimedia beruhende elektronisch gespeicherte Bild- und Tonkultur abgelöst wird. Multimedia ist des weiteren geprägt durch eine spezifische Nutzung der aktuellen Informationstechnik im Sinne einer Informationstransparenz einer Gesellschaft, in der die meisten Strukturen und Abläufe durch den Einsatz von Informationstechnik geprägt sind. Die Sammlung, Bewertung und Redigierung von Information wird wichtiger, um den Menschen den Zugang zu den vorhandenen Informationen zu ermöglichen, die sie jeweils aufgrund ihrer individuellen Situation und Kompetenz benötigen. Insbesondere bei Jugendlichen wird dabei ganz deutlich, daß die neuen Medien eine höhere Akzeptanz genießen als die traditionellen, die lediglich durch Schrift und unbewegtes Bild geprägt waren.

Übersicht 2: Multimedia

Multimedia ist definiert durch: Nahtstellen zum Menschen: heute überwiegend das Multimedia-Terminal, mit dem der Mensch in der Lage ist, Informationen einzugeben: Zeichen über Tastatur, Standbilder über Scanner, Bewegtbilder über Kamera, Töne über Mikrofon und Informationen auszugeben: Zeichen und Bilder über Drucker, Plotter und Bildschirm, Töne über Lautsprecher Interne Verarbeitung: Informationen zu verarbeiten: Textverarbeitung, Grafikerstellung, Bildmanipulierung Informationen zu übertragen: Umwandeln in Bitstrukturen Transport in Netzen Inhaltsbezogene Aktivitäten: Sammeln von Informationen Redigieren von Informationen Umsetzen von Informationen Zuordnen von Informationen

Das Besondere der aktuellen Situation ist, daß Terminals und Netze frei käuflich bzw. als bezahlbare Dienstleistungen frei zugänglich sind und gleichermaßen privat und geschäftlich genutzt werden können. Eine zusätzliche Besonderheit ist die Eignung der Multimediatechnik für Werbeaktivitäten, was die Verbreitung in einem Käufermarkt erheblich erleichtert und entsprechende Investitionen in diese Infrastruktur aus dieser Anwendung heraus realistisch macht.

2.2 Informationstechnik und Multimedia in Wirtschaft und Gesellschaft

Die gesellschaftlichen Wirkungen von Informationstechnik und Multimedia ähneln denen früherer Technologien wie Automation und Mikroelektronik. Besonderheit ist aber, daß durch die Integration von Multimedia in globalem Maßstab eine Internationalisierung möglich wird, die traditionelle kleinräumige Strukturen überspielt und obsolet macht.

2.2.1 Neue Technologiediskussion auf der Basis von Multimedia

Der Zusammenhang zwischen Technik, Beschäftigung und Gesellschaft ist immer wieder in speziellen Diskussionen behandelt worden, die in Wellen aufeinander folgten und die meist ähnliche Ablaufstrukturen zeigten. Bereits die frühen Ökonomen wie Adam Smith sahen in der Technik einen Auslöser und Begleiter ökonomischer und sozialer Entwicklungen, die auf und in der Erwerbsarbeit wirkten.

In der Nachkriegszeit sind diese Diskussionen fortgeführt worden in der Automationsdiskussion, die in verschiedenen Tagungen der Industriegewerkschaft Metall in Oberhausen (Friedrichs 1965 und 1971) geführt und dokumentiert wurde, später wurde die Mikroelektronikdiskussion vom Zaun gebrochen (siehe dazu ebenfalls Friedrichs 1978, aber auch Dostal/Köstner 1977 und Dostal 1982), in der ähnliche Fragen, nur basierend auf einer anderen ausgewählten Technik, behandelt wurden. Schließlich hat sich diese Diskussion totgelaufen (Dostal 1989), nachdem in der sog. Meta-Studie (Wagner, Schettkat & Schulz 1989) nachgewiesen werden konnte, daß die methodischen Instrumente für die jeweils gemachten Aussagen nur unzureichend sind und daß noch viel Grundlagenarbeit sowie Empirie notwendig sein würde, wollte man konkrete Aussagen absichern (siehe dazu Oppenländer 1991).

Unabhängig davon hat sich anschließend wieder eine Diskussionswelle gebildet, die heute unter den Oberbegriffen „Multimedia“ und „Telearbeit“ behandelt wird und viele Interessenten in ihren Bann zieht (Dostal 1985 und 1995a sowie Hofmann & Saul 1996). Während die einen lediglich eine Fortsetzung früherer Diskussionen vermuten, meinen andere, daß mit Multimedia eine Technik aufkomme, die nicht nur die Aggregate auf dem Arbeitsmarkt und in der Beschäftigung im Sinne eines Stukturwandels verschiebe, sondern daß die Basisgrößen und -faktoren selbst sich auflösten und somit mit überkommenen Denkmustern und alter Begrifflichkeit den Herausforderungen überhaupt nicht adäquat begegnet werden könne.

Am Beispiel der Telearbeit wird es ganz offensichtlich, daß - möglicherweise ausgelöst durch eine neue, komfortable und kostengünstige Technik - überkommene Strukturen in Arbeit und Gesellschaft ihre prägende Kraft verlieren und eine neue Gesellschaft entstehen könnte, die sich von den aktuell gültigen Mustern massiv unterscheidet und die auf veränderten, möglicherweise auf vorindustriellen Strukturen aufbaut. Aus diesem Grunde hat das Phänomen Telearbeit auch eine weit größere Bedeutung, als aus der gegenwärtigen Verbreitung zu vermuten wäre. Sie stellt also eine neue Arbeits- und Lebensform dar, in der sich die globalen Strömungen beim Übergang von der Industriegesellschaft in eine nachindustrielle Gesellschaft fokussieren und zeigen, wie komplex und folgenreich dieser Übergang sein wird.

Telearbeit ist eine Schlüsselapplikation im Multimediamarkt (siehe dazu Grauer & Merten 1997). Nicht nur eine mögliche Doppelausstattung von betrieblichem und heimischem Büro motiviert die Anbieter von Büroeinrichtungen und Bürotechnik, sondern auch die Nutzungsbreite von Multimediaangeboten könnte durch Telearbeit zunehmen. Dieses Kalkül wirkt immer unterschwellig als Motivator.

2.2.2 Informationstechnik und Internationalisierung

Informationstechnik ist eine internationale bzw. globale Technik. Es gibt im Bereich der Hardware kaum nationale Unterschiede, im Bereich der Software zwar national angepaßte Produkte, die meisten sind aber durchaus international kompatibel und im Bereich der Normen finden wir zunehmend internationale Standards. Lediglich die Provider und Vermarkter zeigen nationale Besonderheiten, die aber - wenn die Trends richtig interpretiert werden - zunehmend geringer werden dürften. Diese Internationalität ist Basis und Ziel vieler Entwicklungen im Informationsbereich und begleitet auch die Diskussion um die Telearbeit. Im Kapitel 5 wird auf diese Aspekte näher eingegangen.

Mit der Globalisierung der Informations- und Warenströme hat sich auch die Beschäftigung massiv verändert. Eine Arbeitsteiligkeit hat sich entwickelt und in den letzten Jahren verstärkt, in der ganze Regionen Segmente der Wertschöpfung abgegeben oder konzentriert haben. Märkte sind größer geworden und werden von einer größeren Zahl von Anbietern und Nachfragern genutzt, was ebenfalls zu steigender Differenzierung führt. Je nach den Ausgangsbedingungen einzelner Volkswirtschaften ergeben sich jeweils individuelle Möglichkeiten und Grenzen, die sich im Laufe der Zeit ständig verschieben.

Die Informatisierung hat die Globalisierung verstärkt und praktikabel gemacht. Gleichzeitig sind auch die Transport- und Logistiksysteme weiterentwickelt worden, sodaß im Verbund von Informations- und Warentransport die ganze Welt zugreifbar und versorgbar geworden ist. Auf dem Arbeitsmarkt ergeben sich in diesem Trend ebenfalls Öffnungen, die einerseits durch Wanderungen, andererseits durch Telekommunikation bis hin zur Telearbeit zur Internationalisierung führen. Damit ergeben sich internationale Konkurrenzsituationen nicht nur für Waren und Dienstleistungen, sondern auch für Arbeitskräfte, Infrastrukturen, Sozialsysteme und Produktionsstrukturen.

Die Internationalisierung wirkt sich in diesem Umfeld als homogenisierender Faktor aus, indem nicht nur die Informationssysteme vernetzt werden, sondern auch sekundäre Strukturen bis hin zu Lebensstilen und Normen des Zusammenlebens parallelisiert werden. Nationale Alleingänge werden schwieriger werden, was insbesondere spezifische Regelungen betrifft. Dies wirkt wieder zurück auf die Einheitlichkeit der Technik an sich und die Techniknutzung.

2.2.3 *Informationstechnik in Megatrends*

Diese Veränderungen sind nur schwer zu überblicken und zu strukturieren. Aus diesem Grunde werden immer wieder sog. Megatrends (beispielsweise bei Naisbitt 1982b) definiert, die versuchen, den vielfältigen Wechsel in einigen wenigen plakativen und überzeugenden Begriffen zu kondensieren. Die aktuellen Megatrends werden beispielsweise bei Klauder (Übersicht 3) und bei Naisbitt (Übersicht 4) beschrieben.

Übersicht 3: Megatrends bei Klauder

Trends, die die Arbeitswelt revolutionieren

1. Technologische Revolution
   durch Informations- und „sanfte“ Technologien (Mikroelektronik, Mikrosystemtechnik, Lichttechnik, Biotechnik, Solarenergie usw.)

2. Ökologisierung des Wirtschaftens
   durch Umweltschutz

3. Internationalisierung des Wirtschaftens
   durch Überwindung der Grenzen

4. Individualisierung der Arbeitswelt
   durch Wertewandel und Informationstechnologien

5. Hohe Frauenerwerbstätigkeit
   durch Werte- und sozialen Wandel

6. Alterung der Industriegesellschaften
   durch niedrige Geburtenziffern

7. Zunahme der internationalen Wanderungen
   durch Weltbevölkerungsexplosion, Umwälzungen und Entwicklungsunterschiede.

Quelle: Klauder (1996, 23ff.)

Es wird deutlich, daß es sich bei diesen Megatrends um polydimensionale Vorstellungen handelt, die nur schwer in klare, eindimensionale ökonomische Trends umgesetzt werden können. Es ist gerade die Vielfalt dieser Entwicklungen, die es so schwer macht, klare und plausible Entwicklungslinien zu ermitteln. Aus diesem Grunde sind derartige Megatrends zwar gut für eine allgemeine Orientierung, zur Analyse von Phänomenen wie der Telearbeit sind sie kaum geeignet. Sie signalisieren Transparenz dort, wo das Geflecht der Abhängigkeiten kaum überschaubar ist und führen zu voreiligen Schlüssen, wo die Komplexität diese eigentlich verbieten sollte.

Informationstechnik wird in diesen Megatrends immer wieder erwähnt - insbesondere in den weiteren Erläuterungen -, aber sie ist sekundäre Triebkraft und selten primärer Auslöser. Informationstechnik scheint also nötig zu sein, diese Trends zu realisieren, sie wird aber nicht als autonome Größe in den Mittelpunkt gestellt. Sie ist „Werkzeug", kein unabhängiges Phänomen.

Übersicht 4: Megatrends des Arbeitsplatzes bei Naisbitt

1. Die neue Gewichtung der Produktivkräfte durch den Übergang zur Informationsgesellschaft
2. Der kommende Verkäufer-Arbeitsmarkt und der neue Wettbewerb um die besten Arbeitskräfte
3. Das Verschwinden des mittleren Managements
4. Die anhaltende tiefgreifende Wandlung des Unternehmensbegriffs
5. Die Entstehung einer neuen, stärker variierten Belegschaftsstruktur
6. Die demografische Revolution berufstätiger Frauen
7. Die wachsende Bedeutung von Intuition und Vision
8. Das Mißverhältnis zwischen unserem Erziehungssystem und den Erfordernisen der neuen Informationsgesellschaft
9. Die wachsende Bedeutung der Gesundheitsfürsorge für das Unternehmen
10. Die Qualitäten der „Baby-Boomer", die zwischen 1946 und 1964 geborenen Kinder, die jetzt in die Managementränge aufrücken.

Quelle: Naisbitt & Aburdene 1985, 19 ff.

2.2.4 Das Meßproblem in der Informationstechnik

Die Bewertung der Informationstechnik nach ökonomischen Maßstäben ist komplex und kaum nachvollziehbar. Die Dimensionen ökonomischer Berechnungen sind völlig andere als die der Technik und ihres Gebrauchsnutzens. In der Ökonomie sind traditionell Stück, Gewicht, Zeit und Preis die genutzten Dimensionen. Mit diesen Größen und ihren Kombinationen werden alle Phänomene beschrieben. Überall dort, wo diese Einheiten klar abgrenzbar sind, beispielsweise bei Menschen und Tieren, bei Rohstoffen oder bei landwirtschaftlichen Produkten, lassen sich so Datenvergleiche und lange Zeitreihen aufbauen.

Dabei bleibt aber in manchen Fällen die spezifische Plausibilität auf der Strecke. In der Informationstechnik beispielsweise würde die Anwendung dieser Dimensionen wenig aussagefähig sein, da beispielsweise die Chips, werden sie nach Stück, Gewicht und Preis in Relation gestellt, kaum besondere Veränderungen zeigten. Relevant ist in Wirklichkeit lediglich die spezifische Leistungsfähigkeit, also Speicherkapazität und Zykluszeit, die mit eigenen Dimensionen beschrieben werden müssen und in derartigen statistischen Zuordnungen nach pauschalierten Dimensionen nicht deutlich werden. Speicherkapazität und Rechengeschwindigkeit sind höchstens in speziellen Analysen der Fachverbände genutzte Dimensionen, in der globalen Statistik nicht. Und wenn jetzt durch komfortable, zugleich aber auswuchernde, Software - die wohl sehr selten vollständig genutzt wird - dieses Angebot an Speicherkapazität wieder neutralisiert wird, dann lassen sich auch wenig Beziehungen zwischen der angebotenen spezifischen Leistung und dem wirtschaftlichen Nutzen bzw. der Brauchbarkeit dieser Einheiten aufzeigen.

Die ökonomischen Bedingungen der Informationstechnik und ihres Einsatzes lassen sich aus diesem Grunde nicht mit traditionellen Maßstäben messen. Ihre Bewertung ist problematisch und zwiespältig (siehe dazu Gerdes 1988). Speicherung und Transaktionen von Bits und Bytes können kein alleiniger Maßstab für die Nutzbarkeit derartiger Informationstechniken sein, wenn durch inadäquate Zurechnung und Abarbeitung zwar eine hohe Kapazitätsauslastung erfolgt, der Nettonutzen aber gering bleibt.

2.2.5 Informationstechnik in Betrieben und Unternehmen

Die Mechanisierbarkeit und Automatisierbarkeit gleichförmiger Arbeitsprozesse und die gestiegenen Ansprüche der Menschen an ihre Arbeitsverrichtungen haben kollektive Arbeitsstrukturen, in denen Gruppen von Menschen dieselben, meist einfachen Aufgaben gemeinsam erfüllen, unattraktiv und obsolet gemacht. Je weiter die Arbeitsteiligkeit fortgeschritten ist, um so weniger Menschen verrichten dieselbe Aufgabe. Die Aufgaben werden zunehmend individueller und die Menschen werden weniger austauschbar, sie wachsen an ihren Aufgaben und gestalten sie selbst. Die Definition persönlichkeitsförderlicher Arbeitsplätze ist eng mit dieser Individualisierung gekoppelt, weil nur derartige individualisierte Arbeitsaufgaben als human und befriedigend angesehen werden. Aufgaben, die genausogut von Maschinen, seien es Handhabungsgeräte, Bearbeitungsmaschinen oder Computer erledigt werden können, sind heute eines Menschen unwürdig. Menschliche Arbeitskraft sollte nur jene Aufgaben übernehmen, die nicht mechanisierbar oder automatisierbar sind und in denen Menschen ihre gesamten Fähigkeiten und Fertigkeiten einbringen können.

Daraus ergeben sich aber erhebliche Veränderungen, wenn es wirklich so ist, daß moderne Informationstechnik auch jene Aufgaben automatisieren kann, die bisher durchaus als menschengerecht, anspruchsvoll und befriedigend angesehen worden sind. Betriebe und Unternehmen haben schon sehr früh versucht, mit Informationstechnik ihre Aufgabenleistung zu optimieren und sind derzeit dabei, beispielsweise im Rahmen von EDI (electronic data interchange) sich bereits auf der Informationsebene zu vernetzen. Immer mehr Arbeitsaufgaben in den Betrieben sind unmittelbar an diesen Informationssystemen angesiedelt, sodaß der Bildschirmarbeitsplatz zu einem multifunktionalen und allgegenwärtigen Arbeits- und Organisationsmittel geworden ist und die Informationsverarbeitung die Bedeutung von Fertigung und traditioneller Dienstleistung in vielen Bereichen überholt hat. Neben reinen Informationsbetrieben - dazu gehören die Kommunikationsunternehmen, die Banken, die Versicherungen, große Teile der öffentlichen Verwaltung - haben auch alle anderen Betriebe mittlerweile umfangreiche Abteilungen, in denen überwiegend Informationsverarbeitung erfolgt.

2.3 Informationstechnik und Multimedia in der Arbeitswelt

Arbeit wird abstrakter und komplexer. Die Trennung von Kopf- und Handarbeit, von mechanischen Verrichtungen und Denkarbeit, hat viele Artefakte erst möglich gemacht und hat in der Arbeitswelt eine neue Arbeitsteiligkeit und veränderte Beziehungsstrukturen geschaffen. Die Möglichkeit der Informationsverarbeitung über Computer und die Mechanisierung schematischer Denkarbeiten bis hin zu Elementen künstlicher Intelligenz (siehe dazu Dostal 1993) hat die Verschiebung des Arbeitsvolumens in die vorbereitenden und begleitenden Informationsprozesse verstärkt, gleichzeitig rationalisiert. Formale Höherqualifizierung mit der Tendenz zu abstrakter Informationsverarbeitung hat auch auf der Seite des Arbeitskräftepotentials diese Entwicklung möglich gemacht. Zugleich ist die Komplexität der Gesellschaft gestiegen, was wiederum den Bedarf an Informatisierung verstärkt hat.

2.3.1 Der Informationssektor

Dennoch ist es sinnvoll, die konkrete Bedeutung der Informationstechnik und der Informationsaktivitäten zu messen, die jeweiligen Meßergebnisse in neuartiger Weise zu aggregieren und damit die Diskussion zu beleben.

Dazu ist es durchaus nützlich, das klassische Dreisektorenmodell zu hinterfragen. Es wurde - beginnend mit einer Arbeit von Porat in den USA (siehe dazu Porat 1977) - zu einem Vier-"Sektoren"-Modell erweitert (siehe dazu Abbildung 2): Werden jene Erwerbstätigen aus den traditionellen Sektoren herausgelöst, die überwiegend Informationen verarbeiten, und werden diese zu einem vierten „Sektor" aggregiert - hier sollte eher von einem „Bereich" gesprochen werden, da es Berufe und Tätigkeitsmuster sind, die diese Zuordnung erlauben - dann lassen sich interessante Entwicklungen erkennen (weitere Details in Dostal 1988 und Dostal 1995a):

• Dienstleistungen traditioneller Art haben in den letzten 50 Jahren kaum mehr zusätzliche Beschäftigung gebracht, ein Beleg ist die Alltagserfahrung mangelnder oder zurückgehender Dienstleistungsangebote. Es haben also nur jene Dienstleistungen Mehrbeschäftigung gebracht, die sich auf Informationen bezogen haben.

• Der Beschäftigungsrückgang in der Produktion erfolgte viel früher und war auch viel dramatischer, wenn die Erwerbstätigen mit Informationsaufgaben anderweitig zugeordnet werden. Heute sind nur noch etwa 25 % der Erwerbstätigen in direkten Produktionsaufgaben im Produktionssektor zu finden. Dagegen fand ein massives Wachstum in den indirekten Produktionsbereichen statt, die überwiegend informationsorientiert sind: Planung, Vorbereitung, Überwachung und Bewertung der Produktionsarbeiten.

• Trotz leistungsfähiger Informationstechnik ist der Anteil der Erwerbstätigen, die am Arbeitsplatz überwiegend mit Informationen zu tun haben, noch gestiegen. Er liegt derzeit bei etwa 50 %. Dies bedeutet, daß der Wachstumseffekt im Bereich der Informationsverarbeitung deutlich stärker war als der Rationalisierungseffekt durch die neuen Informationstechniken.

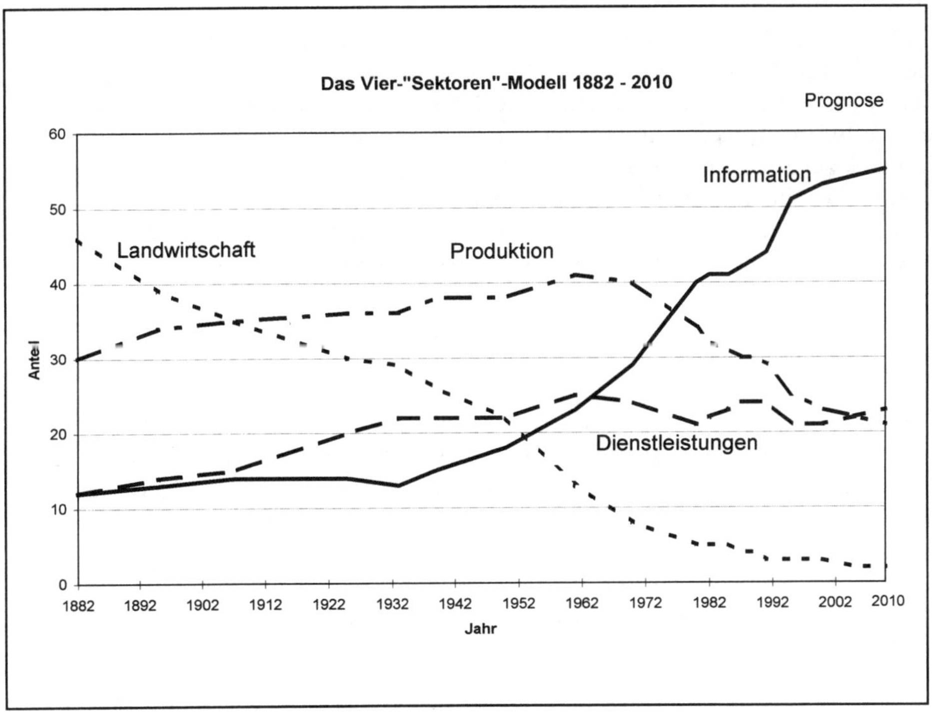

Abbildung 2: Das Vier-„Sektoren“-Modell 1882 - 2010

Mit derartigen globalen Zuordnungskalkülen (siehe dazu auch Otto & Sonntag 1985) lassen sich einerseits die Potentiale der Informationstechnik und damit der auf sie aufgebauten Arbeitsform Telearbeit abschätzen, andererseits zeigen sie den Trend der sich entwickelnden Volkswirtschaften hin zu steigender Informationskomplexität, die auch durch den rationalisierenden Einsatz der Informationstechnik - zumindest bisher - nicht zum Rückgang der Informationsbeschäftigten geführt hat.

Der Computer als Arbeitsmittel an den Arbeitsplätzen ist ebenfalls bereits sehr weit vorgedrungen. Bei den Angestelltenarbeitsplätzen verfügten in Deutschland 1994 bereits 76 % über einen PC (iwd 1996a, 1), in den USA gab es bereits mehr PC's als Angestellte, während in Griechenland lediglich 42 % der Angestelltenarbeitsplätze über einen PC verfügten. Es ist in diesem Zusammenhang von Bedeutung, daß der oben referierte Informationsbereich nicht über die Arbeitsmittel, sondern über die Tätigkeiten definiert ist. PC's sind zwar häufig Arbeitsmittel für Informationstätigkeiten, sie werden aber auch bei Tätigkeiten mitverwendet, die schwerpunktmäßig keine Informationstätigkeiten sind - beispielsweise bei pflegenden oder produzierenden Tätigkeiten. Porat (1977) hat deshalb seine Definitionen des Informationssektors auf verschiedene Kriterien bezogen, unter anderem auch auf die Arbeitsmittel. Doch dies erwies sich als weniger weiterführend als die Tätigkeitsorientierung.

Diese Veränderungen lassen sich im traditionellen Dreisektorenmodell von Fourastié (1954) nicht erkennen. Offensichtlich ist das traditionelle Instrumentarium der Volkswirtschaftslehre nicht geeignet, die derzeit ablaufenden Veränderungen im Umfeld der Informatisierung umfassend zu registrieren und zu bewerten. Es tut not, neue Analysekategorien und -methoden zu suchen und auf diese Problemstellung anzuwenden. Möglicherweise ist auch das Modell des Informationsbereichs nicht ausreichend tragfähig. In der Literatur gibt es aber kaum weiterführende Ansätze (eine neuere Studie versucht eine detaillierte Analyse: Spinner 1997).

2.3.2 Informationsberufe

Die Gestaltung der Informationsaktivitäten und ihre Nutzung geschieht durch Mitarbeiter in sog. Informationsberufen. Sie spielen in der Informationsgesellschaft natürlich eine besondere Rolle. Sie sind die Akteure, die das Aufgabenfeld besetzen und die Veränderungen auslösen. Sie sind es, die Entwicklung, Herstellung und Einsatz dieser Techniken betreiben und damit auch in anderen Berufsfeldern Wirkungen auslösen. Sie wurden auch als „Brainworker" bezeichnet (Gizycki & Ulrici 1988) um deutlich zu machen, daß es sich hier um eher intellektuell ausgerichtete Personen handelt.

Grundsätzlich gibt es innerhalb dieser Informationsberufe keine klare Grenze zwischen den Spezialisten der Informations- und Kommunikationstechnik auf der einen Seite und den Anwendern dieser Techniken auf der anderen Seite. Es ist aber aus methodischen Gründen sinnvoll, hier zwischen den Kernberufen der Informatik und ihren Randberufen zu unterscheiden. Die Kernberufe werden in der Folge als „Informatikberufe" bezeichnet, die Randberufe als „Anwenderberufe". Dazwischen stehen die „Mischberufe“, die im Übergangsbereich stehen und bei denen nicht klar ist, zu welcher Gruppe sie primär gehören. Sie sind möglicherweise ein Überbleibsel aus der frühen Zeit der Computerentwicklung, in der sich noch keine professionalisierten Informatikberufe gebildet und Fachleute anderer Bereiche sich mit diesen neuen Aufgaben befaßt hatten. Wegen der begrenzeten Ausbildungskapazitäten in der Informatik hatten diese Mischberufe eine deutlich größere Bedeutung als vorgesehen und spielen auch heute noch eine wichtige Rolle. Es kann aber auch sein, daß sie für integrative Aufgaben auch langfristig eine hohe Bedeutung haben, denn dort scheinen sich Probleme in der Zusammenarbeit der Spezialisten gezeigt haben. Gerade in kleinen Informatikabteilungen ist die Arbeitsteilung häufig nur rudimentär ausgebildet, gleichzeitig müssen die Spezialisten auch auf die Nutzer ihrer Systeme eingehen und ihre Lösungen vermarkten. Da sind Hybridqualifikationen durchaus von Nutzen. Doch mangelnde Spezialisierung reduziert die Leistungsfähigkeit und erlaubt keine hohe Komplexität.

2.3.3 Informatikberufe als Kernberufe der Informationstechnik

Die Informatikberufe, also die Computerspezialisten, sind nur schwer abzugrenzen und zu beschreiben. Ihre Aufgaben und Tätigkeiten sind in einem ständigen Wandel begriffen. Mit neuer Technik, neuen Kostenrelationen und neuen Organisationsformen ergeben sich ständig neue Aufgaben in der Informationsverarbeitung, die dann arbeitsteilig gelöst werden müssen (siehe dazu beispielsweise Bäßler u.a. 1987, Baukrowitz u.a. 1994, Boß & Roth 1992, Gleiser 1998, Rohr 1996, Twiehaus & Dostal 1990). Grundsätzlich sind der Grad der Spezialisierung und die Aggregation von einzelnen Aufgaben und Tätigkeiten in Berufe gestaltbar. So werden in kleinen Informatikabteilungen eher Fachleute mit einem breiten Tätigkeitsspektrum tätig sein, während in großen eine weitergehende Spezialisierung erfolgt.

In der Frühzeit der Computer gab es die Berufe der Systemanalytiker, Programmierer und Operateure. Aus diesen traditionellen Computerkernberufen haben sich viele Varianten entwickelt. Heute lassen sich die folgenden Berufe voneinander abgrenzen:

- Softwareentwickler
- DV-Organisatoren
- Benutzerbetreuer
- Systembetreiber

Dazu kommen Infrastrukturberufe

- Manager
- Berater
- Forscher
- Ausbilder
- Marketing- und Vertriebsfachleute
- Fachpublizisten

An der Nahtstelle zu anderen Berufsbereichen stehen
- Datenschutzberauftragte
- Hardwareentwickler
- Infrastrukturbetreuer.

2.3.4 Informatikrand- und -mischberufe

Während sich die Unterscheidung in Informatiker und Angelernte nur auf den Erwerb der Informatikqualifikationen bezieht, gibt es in bezug auf Aufgaben und Tätigkeiten durchaus unterschiedlichen Bezug zur Informatik: Informatik kann Kernaufgabe sein, sie kann aber auch lediglich als Randelement im Aufgaben- und Tätigkeitskanon auftreten. Nicht alle, die einen Computer nutzen, müssen Informatiker sein.

Es ist also sinnvoll, die Nähe zum Computer zu klassifizieren. Hier stammen die ersten Überlegungen aus dem Jahre 1970 (Bösenberg/Ganzhorn 1970): Fachwissen und Informatikwissen sollte immer in einer je spezifischen Mischung auftreten: Anwender benötigten lediglich Informatikrandqualifikationen (elementare Informatik), Spezialisten sollten die systembezogene Informatik beherrschen. Zwischen diesen beiden Gruppen wurden die sog. "Mischberufe" definiert, die eine fachspezifische Informatik vertreten sollten. Diese Arbeitsteiligkeitsformen wurden seinerzeit auch nach der Größenklasse des genutzten Computers unterschieden: Bei Großrechnern wurde eine klare Arbeitsteilung postuliert, bei mittlerer Datentechnik die Mischberufe und bei kleinen Computern sollten die Randberufe aktiv sein. So sind die Computerkern-, Computermisch- und Computerrandberufe als Denkmodell für eine sinnvolle Arbeitsteiligkeit entstanden.

Dieses Denkmodell (siehe Abbildung 3) hat in den letzten 20 Jahren die Diskussion um die Informatikberufe geprägt. Eine quantitative Zuordnung der Erwerbstätigen in diese Gruppen ist exakt nicht möglich. Werden als Kernberufe jene gezählt, die eine Berufsbezeichnung aus dem Berufsfeld Informatik angeben, als Randberufe jene, die gelegentlich Computer nutzen und als Mischberufe jene, die den Computer dominant als Arbeitsmittel nutzen, dann ergeben sich die folgenden Anteile für das Jahr 1991 (Daten aus Jansen/Stooß 1993):

Computerkernberufe:	1 %	der Erwerbstätigen	(5 %)
Computermischberufe:	15 %	der Erwerbstätigen	(20 %)
Computerrandberufe:	21 %	der Erwerbstätigen	(40 %)

Die in Klammern angegebenen Werte sind die der Prognose aus dem Jahre 1980 für das Jahr 1990. Die Mischberufe haben sich quantitativ am ehesten im Sinne der Prognose entwickelt, während die Kernberufe - und nur diese sollen hier als "Informatiker" bezeichnet werden - ihr Prognoseziel weitgehend verfehlt haben, obwohl in diese Gruppe auch jene Angelernten eingerechnet werden, die, wenn sie nach ihrem Beruf gefragt werden, Berufsbezeichnungen angeben, die auf Informatikkernberufe hindeuten.

Die Angehörigen der Mischberufe ordnen sich also ihren traditionellen Berufen (Nicht-Informatikberufe) zu. Das Image dieser Mischberufe in der Praxis ist gut, nachdem auch in anderen Bereichen eine Entwicklung hin zu den Hybridberufen erkennbar ist. So wird beispielsweise in vielen Handwerkszweigen versucht, Inhalte, die zuvor auf verschiedene Berufe aufgeteilt waren, in neue integrative Berufe zu vereinigen (siehe dazu auch Dostal 1993b, Schwarz u.a. 1996). Viele Studiengänge an Hochschulen, beispielsweise Wirtschaftsinformatik, Wirtschaftsingenieurwesen oder Technische Betriebswirtschaft, greifen diesen Trend auf.

Sehr häufig werden diese "Computer-Mischberufe" mißverstanden, indem sie als Mischung von Fachqualifikationen und von extrafunktionalen Qualifikationen, wie beispielsweise Kontaktfähigkeit, Verhandlungsgeschick, Sprachkenntnisse, Termintreue, Bereitschaft zur Übernahme von Verantwortung, Fähigkeit zur Organisation der eigenen Arbeit gleichermaßen angesehen werden. Dies ist aber hier nicht gemeint. Mischberufe sollen eine Mischung verschiedener Fachqualifikationen und -tätigkeiten zeigen, also einerseits in Informatikfachgebieten und andererseits in Anwendungsfachgebieten.

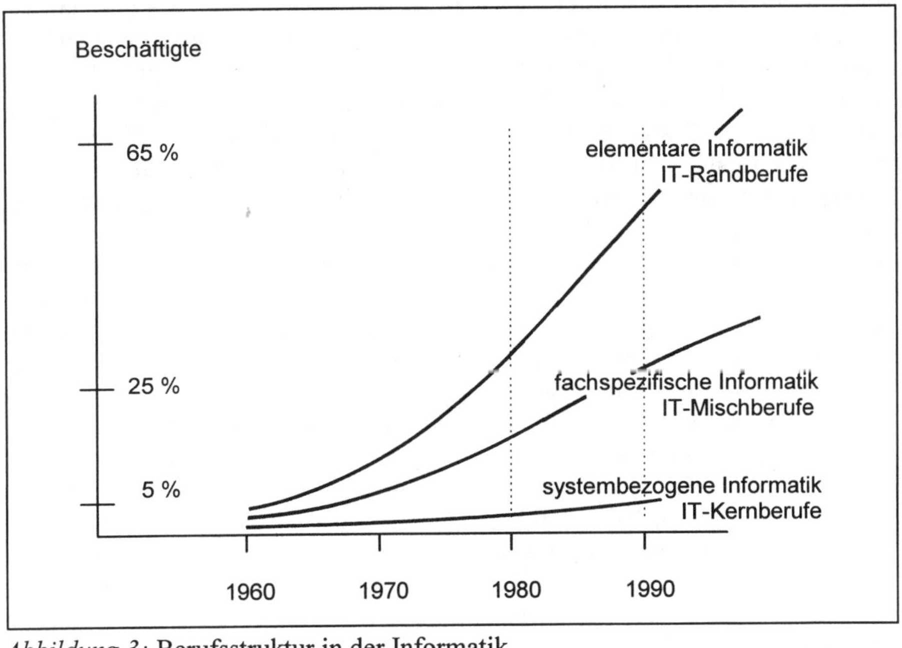

Abbildung 3: Berufsstruktur in der Informatik

Dieser Spagat ist in Grenzfällen durchaus möglich. Es gibt leistungsbereite und -fähige Menschen, die in der Lage sind, Fachqualifikationen verschiedener Fachgebiete in genügender Tiefe in einer Person zu vereinigen und damit beruflich erfolgreich zu sein. Doch die Normalität ist dies nicht, da größere Qualifikationsbreite meist mit verringerter Qualifikationstiefe einhergeht. Es ist aus diesem Grunde nicht legitim, Personalplanung und Ausbildungsgänge auf diese Ausnahmefiguren abzu-

stimmen. Hier muß der durchschnittlich leistungsfähige und -bereite Kandidat Basis für Planungen und Zuordnungen sein.
Daß daneben auch extrafunktionale Qualifikationen, wie Kontaktfäigkeit, Kreativität, Durchsetzungsfähigkeit, Gründlichkeit und möglicherweise Bescheidenheit, wie diese Schlüsselqualifikationselemente meist enumerativ beschrieben werden (siehe dazu Mertens 1974), für Informatiker wie für andere Berufsangehörigen nützlich sind, soll hier nicht angezweifelt werden. Möglicherweise lassen sich diese Qualifikationen auch in einem sinnvoll aufgebauten Curriculum vermitteln, doch gibt es hier mehr Kritik als Akzeptanz. Sie dürfen aber nicht die Fachqualifikation überdecken und ihr Lernort dürfte eher die Praxis oder das übrige Lebensumfeld der Menschen sein, nicht so sehr eine enggedrängte Ausbildung mit dem vorrangigen Ziel der Vermittlung tiefgehender Fachqualifikationen.

2.3.5 Multimediaberufe

Ähnlich wie dies bei den Computerberufen erfolgte, entwickelt sich derzeit wieder ein neues Berufsfeld, das der Multimediaberufe. Hier zeigen sich - wie dies am Anfang der Entwicklung immer der Fall ist - unübersichtliche Strukturen, denn ein derart neues Berufsfeld ist heißumkämpft: Unternehmen suchen die adäquate Spezialisierung und hoffen daraus auf Konkurrenzvorteile, Anbieter von Qualifizierung benötigen griffige Berufsbezeichnungen und blumige Zertifikate, die Öffentlichkeit erwartet Beschäftigungschancen mit Anspruch und Stabilität. Insbesondere neue Berufe haben einen hohen Stellenwert in Politik und Umwelt (siehe dazu Schumacher & Schwartz 1996, Schumacher 1997).

Die Nähe zum Computer macht diese Multimediaberufe ebenfalls zum Potential der Telearbeit, sodaß es durchaus relevant ist, dieses Berufsfeld noch kurz zu streifen. Multimediaberufe zeigen prinzipiell drei Wurzeln (siehe Abbildung 4): Die Informatik (siehe oben Kernberufe), die Inhalte (das sind jene Fachleute, die Informationen suchen und auswählen, also Journalisten und Autoren) und die Umsetzung (das sind die Fachleute, die die Informationen so umsetzen, daß sie in die Informationssysteme eingespeichert werden und eine Anmutungsqualität erhalten, daß die Kunden diese Informationen auch annehmen. In diesen drei Berufsfeldern lassen sich alle Aufgaben im Multimediabereich verorten. Allerdings wird immer wieder darauf hingewiesen, daß eine hohe Fähigkeit und Bereitschaft zur Kooperation, auch über elektronische Medien, gegeben sein sollte und daß dies spezieller Schulung bedarf.

Die Multimedia-Einzelberufe, beispielsweise Multimedia-Produzent, Multimedia-Konzeptionist, Multimedia-Programmierer, Multimedia-Autor, Multimedia-Screen-Designer, Multimedia-Tool-Programmierer (Scholz 1995) lassen sich ohne große Probleme den globalen Berufsfeldern zuordnen. Gleichzeitig sind ihre Curricula - soweit sie überhaupt klar festgeschrieben sind - von einer gewissen Beliebigkeit. Sie enthalten eine bunte Mischung aktueller und traditioneller Inhalte, die möglicherweise aktuell von gewisser Bedetung sind, die sich aber wegen ihrer Schnellebigkeit nur begrenzte Zeit frischhalten werden.

2.3.6 Lehren aus der Entwicklung

Die recht unübersichtlichen Berufsstrukturen um den Computer bedürfen einer Strukturierung, um einerseits in Diskussionen und Planungen über begrifflich definierte Elemente zu verfügen, andererseits aber auch, um wünschbare zukünftige Strukturen veranschaulichen und erarbeiten zu können. Transparenz ist hilfreich, auch wenn sich die Anforderungen recht kurzfristig verändern können und immer wieder Korrekturen am Modell erforderlich sind (weitere Hinweise siehe Dostal 1995b).

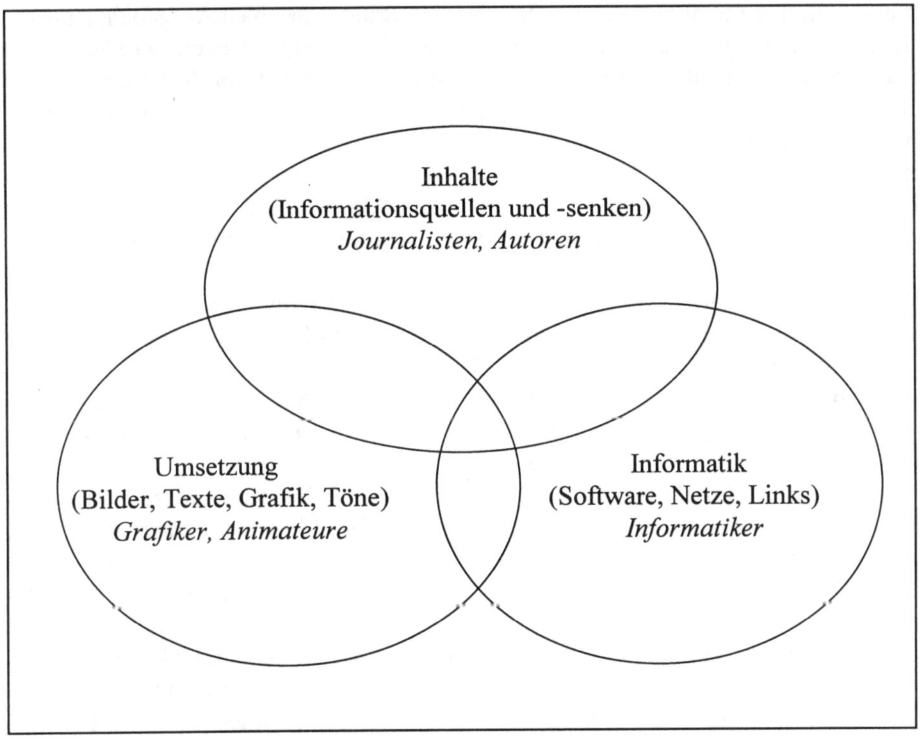

Abbildung 4: Berufsfelder von Multimedia

Zunächst muß geklärt werden, ob es die Profession "Informatik" überhaupt geben soll, ob sie über ein genügend solides Fundament verfügt und ob sie im Sinne einer optimierten Arbeitsteiligkeit einen Platz findet, der durch andere Berufe nicht oder nur hilfsweise ausgefüllt werden kann.

Weiterhin sollte abgeschätzt werden, wie groß das Feld ist, auf das sich die Profession bezieht: Ob es nur jene Aufgaben umfaßt, die von anderen nicht geleistet werden können und für die unbedingt Informatiker erforderlich sind, oder ob auch Überschneidungsbereiche dazugenommen werden sollen, in denen es mindestens möglich ist, daß Informatiker eine kompetente und befriedigende Berufsausübung finden. Andere Berufe verfügen ebenfalls über derartige Überschneidungsbereiche, die sie dann besetzen, wenn die Kernbereiche für die Unterbringung der Absolventen und Berufsangehörigen nicht ausreichen. In diesen Überschneidungsbereichen müßten die Informatiker mit anderen Fachleuten konkurrieren. Bisher ist dies für Informatiker die Ausnahme.

Schließlich muß die Profession abgerundet sein: Kein Berufswähler entscheidet sich für ein Sammelsurium von Berufsinhalten, wenn diese nicht irgendwie integriert sind. Informatik muß sich deshalb bemühen, zu klären, welche Inhalte zum Kernbereich der Profession gehören, welche als nützliche Erweiterung zu akzeptieren sind und welche eher stören und deshalb auszuschließen sind. Alle konsolidierten Berufe - man denke nur an Ingenieure, Ärzte, Ökonomen oder Philologen - zeigen genau diese Professionalität eines abgerundeten, dennoch am Rande variablen Aufgabenkanons.

Es dürfte klar sein, daß die Informatik - obwohl sie vergleichsweise neu ist - nicht als eine vorübergehend erforderliche Nutzungskunde, die mit komfortablen Computern ihre Bedeutung wieder verliert, angesehen werden darf, sondern daß sie, ausgehend von kompetenter Computerentwicklung und -einsatz, weit über diese operativen Aktivitäten als Wissenschaft einzuschätzen ist, die sich um alle Aspekte von Information kümmert und in diesem Feld kompetent ist. In diesem Sinne ist auch das Einsatzpotential von Informatikern weit größer, als es durch die gegenwärtige Verbreitung von Computern definiert werden kann.

Mit der Internationalisierung der Informationsverarbeitung wird die Spezialisierung zunehmen und eine neue Konkurrenz zwischen den Informatikern entstehen, die mit unterschiedlicher Qualifikation auf dem Weltmarkt ihre Leistungen anbieten. Bisher hat sich gezeigt, daß die Informatik, die an den deutschen Hochschulen und Forschungseinrichtungen entwickelt und in Software- und Anwenderunternehmen realisiert wird, durchaus konkurrenzfähig ist.

Um die Übersichtlichkeit der Berufsstrukturen auch international zu verbessern, hat die CEPIS versucht, eine Strukturierung im EISS-Modell vorzunehmen (siehe dazu CEPIS 1992, Dostal 1995b und BCS 1993). Es wurden 40 Tätigkeiten unterschieden, für die jeweils drei bis acht Kompetenzebenen gebildet und diese Cluster dann beschrieben wurden, indem die qualifikatorischen Ausgangsbedingungen, die Aufgaben und die Tätigkeiten sowie die Weiterentwicklungsmöglichkeiten angegeben wurden. Es handelte sich dabei um ein flächendeckendes Kompendium, das aber nicht den gewünschten Erfolg hatte. Leider konnte sich nämlich dieses mit hohem Aufwand entwickelte Modell nicht durchsetzen. Es hat in der Praxis keine Bedeutung erlangt. Die Gründe dafür sind vielschichtig, sie liegen einerseits in der begrenzten Praxisrelevanz, in einem hohen Aktualisierungsaufwand und in Überlegungen der Verbindlichkeit. Obwohl insbesondere große Beschäftiger von Computerfachleuten derartige Strukturen für ihre Personalplanung und Arbeitsplatzgestaltung benötigen, sehen sie dies meist als interne und nicht verallgemeinerbare Leistung an.

2.4 Beschäftigungsbilanzen der Informationstechnik

Es ist immer wieder versucht worden, Beschäftigungsbilanzen der Informationstechnik aufzustellen. In letzter Zeit hat insbesondere das Thema Multimedia angeregt, neuerliche Beschäftigungsbilanzen aufzustellen.

Die Erkenntnisse der beschäftigungsorientierten Innovationsforschung sind eindeutig (siehe dazu die Ergebnisse der Meta-Studie: Dostal 1989): Stimmige und eindeutige Beschäftigungsbilanzen lassen sich nicht aufstellen. Technik wirkt immer gemeinsam mit anderen Einflüssen, beispielsweise mit veränderten Organisationsstrukturen, mit neuen Kostenrelationen, mit verschobener Akzeptanz und/oder anderen Bedarfslagen. Eine Isolation der Wirkungen von Technik oder einzelnen Techniken ist praktisch nicht möglich.

Noch schwieriger wird es, wenn innovative, also neue und noch in der Entwicklung befindliche Techniken betrachtet werden. Bei diesen sind die Wirkungen oft noch gar nicht eingetreten, da zwischen Technikentwicklung und Beschäftigungseffekten immer Zeitverzögerungen auftreten (time lag). Auch ist bei innovativen Techniken die Abgrenzung dessen, was aktuell und später möglicherweise von dieser Technik abgedeckt wird - bezogen auf andere Techniken und bezogen auf deren Einsatz - außerordentlich schwierig. Die Prognose innovativer Techniken und ihrer Wirkungen ist selbst innovativ (siehe dazu Pfeiffer 1971).

Schließlich sind sogenannte Querschnittstechniken wie die Informationstechnik nur integrativ und nicht allein wirksam, sodaß immer das gesamte Phänomen aus Technik, Umfeld, Einbindung und Bewertung geschlossen auftritt und Wirkungen verursacht. So ist es auch bei der Computertechnik, die nur anwendbar ist, wenn die entsprechenden Nahtstellen (Sensoren und Aktoren) vorliegen und wenn Software und Akzeptanz gesichert sind.

Diese komplexen Beziehungen werden darüberhinaus noch dadurch problematisiert, daß auch heute nicht geklärt ist, ob zuerst die neue Technik da ist und danach Anwendungen gesucht werden (Technology Push), oder ob umgekehrt ein gesellschaftlicher Bedarf existiert, für den dann eine geeignete Technik entwickelt wird (Technology Pull).

Trotz dieser Unmöglichkeit, Beschäftigungsbilanzen als Folge einer bestimmten Technik aufzustellen, gibt es immer wieder Aussagen, die glauben machen, es sei möglich, Beschäftigungseffekte vorauszusagen. So hat beispielsweise Roland Berger erklärt, Multimedia würde bis zum Jahr 2000 etwa 5 Mio. neue Arbeitsplätze schaffen (Sturm 1994). Er geht von Umsatzprognosen aus, die für alles, was zur Telekommunikation gehört - Infrastruktur (Leitungen, Vermittlungsstellen, Netze), Endgeräte (PC's, Telefongeräte, Faxgeräte) und Dienstleistungen (Datenbanken, Reparaturen, Informationsanbieter) - eine Verdreifachung des Umsatzes voraussagen. Die Informationsindustrie soll nach dieser Prognose die heutige Rolle der Autoindustrie übernehmen, die knapp 10 Mio. Arbeitsplätze bereitstellt. Eine andere Prognose (Gerlach 1995) beschreibt ein stark steigendes Marktpotential (Tabelle 1). Hier wird das Marktpotential geschätzt, das dann in Arbeitsplätze umgerechnet werden kann. ADL prognostiziert 10 Mio neue Arbeitsplätze in Europa bis zum Jahre 2000 „durch

Multimedia-Einfluß": 3 Mio neue Arbeitsplätze in der Medienindustrie, 2 Mio. neue Arbeitsplätze im Dienstleistungssektor und 5 Mio neugestaltete Arbeitsplätze durch Telearbeit (Kalt 1995). Welsch (1995, S. 876) gibt aber zu bedenken, daß diese Aussagen unvollständig und nicht saldierbar sind. Der Bundesminister für Bildung und Forschung erwartet durch die Verlagerung der Arbeit ins heimische Wohnzimmer einen Investitionsboom von rund 12 Mia. DM, der dann auch zu entsprechenden Arbeitsplätzen führen könnte (Wirtschaftswoche vom 6.7.1995, S. 10).

Tabelle 1: Marktpotential von Multimedia

Jahr	1994	2000
Insgesamt	400 Mio. DM	13.000 Mio DM
davon		
Hardware	44 %	21 %
Software	8 %	40 %
Services und Übertragung	36 %	28 %
Sonstiges	12 %	11 %

Quelle: Gerlach 1995, 7

Natürlich gibt es auch gegenläufige Aussagen, die meinen, daß Umsatzwachstum keine zusätzlichen Arbeitsplätze bringe, sondern nur zu Produktivitäts- und Einkommenserhöhungen führe. Vor allem im Hardwarebereich würde der Kostendruck zu Beschäftigungsabbau führen, von den derzeit 360.000 Beschäftigten bei Telekomfirmen müßten etwa ein Drittel der Mitarbeiter entlassen werden. In den USA würde der schärfere Wettbewerb insbesondere die Anbieter von intelligenten Diensten zu Kosteneinsparungen zwingen, die sich dann auch in Personalkürzungen niederschlagen würden.

Thome macht eine plausible Rechnung auf, indem er einfach überlegt, wie groß der Personalbedarf dann sei, wenn die Informationstechnik optimal eingesetzt würde und wenn gleichzeitig kein Wachstum erfolgte. Dann kommt er zu einem „Horrorszenario" mit der Aussage, daß von 22 Mio. Arbeitsplätzen im Dienstleistungsbereich 6,7 Mio. gefährdet seien, da sie durch Informationstechnik und Multimedia wegrationalisiert werden könnten: „In einem Worst-Case-Szenario werden die durch integrierte Informationsverarbeitung möglichen Einsparungen quantifiziert. Hierdurch werden die Potentiale sichtbar, die durch konsequente Nutzung der Technologien zu erreichen sind." (Thome 1997, 143ff.). Und Welsch dämpft in einer neueren Studie (Welsch 1997) die Hoffnungen auf Beschäftigungswachstum in der

Telekommunikationsbranche. Er gibt an, es würden maximal 154.000 zusätzliche Arbeitsplätze in der Gesamtwirtschaft und in der Telekommunikationsbranche 45.000 Arbeitsplätze entstehen können. Und diese positiven Erwartungen könnten nur dann eintreffen, wenn alle Rahmenbedingungen optimal seien (Welsch 1997, 7ff.).

Mit diesen Aussagen sind die traditionellen Diskussionsmuster auch für das Feld Multimedia wieder aufgetaucht:

In der öffentlichen Diskussion werden vor dem Hintergrund der hohen Arbeitslosigkeit immer wieder bestimmte Techniken als „Jobkiller“ oder „Jobknüller“ klassifiziert. Damit soll deutlich gemacht werden, daß manche Techniken eher Rationalisierung und Beschäftigungsabbau ermöglichen, andere eher durch neue Produkte und Dienste beschäftigungssteigernd wirken. Diese Diskussion wurde intensiv in den 70er Jahren am Beispiel des Mikroprozessors geführt. Zunächst wurde er als Jobkiller verteufelt, da in einigen Beispielen deutlich wurde, daß mit programmierter Elektronik viele mechanische Teile ersetzt werden konnten (Dostal/Köstner 1977). Doch ernsthafte Untersuchungen, wie beispielsweise die Meta-Studie (siehe dazu Dostal 1989), haben deutlich gemacht, daß Beschäftigungsverluste vor allem dort auftraten, wo Unternehmen und Branchen die technische Entwicklung verschlafen hatten, während innovative Unternehmen, auch jene mit Prozeßinnovationen bzw. Rationalisierung, ihre Beschäftigung halten oder noch ausbauen konnten. Dies war eine Folge der innovationsabhängigen Wachstumspotentiale bei Kostenreduktion durch Rationalisierung.

So zeigt sich ein unübersichtliches Bild: Einerseits sind innovative Techniken und Dienste wie Multimedia wichtig, um Beschäftigung halten oder ausbauen zu können, andererseits führen sie immer auch zur Gefährdung bestehender Arbeitsplätze. Technologie- und Beschäftigungspolitik haben in dieser Hinsicht immer wieder gegenläufige Ziele. Dennoch läßt sich der folgende Kompromiß finden: Eine moderate Förderung innovativer Technik und ihrer Anwendung bei gleichzeitiger Abschätzung und Gewährleistung ihrer Sozial- und Gesellschaftsverträglichkeit. Genau dies betreibt die Innovationspolitik bereits seit längerer Zeit. In diesem Sinne nimmt die aktuelle Innovationspolitik (siehe dazu das Programm „Arbeit und Technik“ des BMBF) auch Rücksicht auf die Beschäftigung.

Informationstechnik und Multimedia sind also weder Jobkiller noch Jobknüller. Sie werden rein quantitativ auf die Beschäftigung kaum wirken. Ihre Besonderheit wird darin liegen, daß sie - bei kaum verändertem Arbeitsvolumen - eher qualitative Veränderungen bewirken, also die überkommenen traditionellen Arbeitsformen obsolet machen und neue begünstigen.

2.5 Informatisierung als Voraussetzung für Telearbeit

Die Ausführungen haben gezeigt, daß die Voraussetzungen für die Einführung von Telearbeit außerordentlich günstig sind. Sowohl die geeignete Technik als auch die relevanten Aufgaben stehen zur Verfügung. Die Hälfte der Erwerbstätigen verarbeitet überwiegend Informationen, an zwei Dritteln der Büroarbeitsplätze stehen bereits Computer. In den Haushalten ist die Durchdringung mit Computern zwar noch nicht so weit wie am Arbeitsplatz, aber auch dort dürfte es kein Problem sein, Computer zu installieren und an leistungsfähige Netze anzubinden.

Die Vorarbeiten der Telekom sind geleistet, kaum ein Land in der ganzen Welt hat so eine leistungsfähige und stabile Informationsinfrastruktur wie Deutschland (siehe dazu Abbildung 5).

Diese Voraussetzungen sind auch allgemein bekannt und viele Menschen sind mit der Informationstechnik vertraut. Manche verfügen zuhause bereits über eine Computer- und Multimedia-Ausstattung, die oft besser ist, als diejenige, die sie im Büro zur Verfügung haben. So kommen viele auf den Gedanken, ihre Arbeit auch von zuhause aus zu erledigen, denn die Hürden einer zusätzlichen Ausstattung werden nicht als besonders hoch gesehen. Und die relevanten Aufgaben sind ebenfalls da. Aus dieser Sicht wäre also aktuell eine massive Verbreitung der Telearbeit durchaus möglich.

Der europaweite Vergleich zeigt aber, daß zwar die Technik da ist, die Telearbeit sich in Deutschland aber am zögerlichsten entwickelt hat. Die Frage, warum die Telearbeit in Deutschland noch so wenig verbreitet ist, läßt sich nicht einfach beantworten. Die folgenden Ausführungen sollen dazu einige Argumente beisteuern.

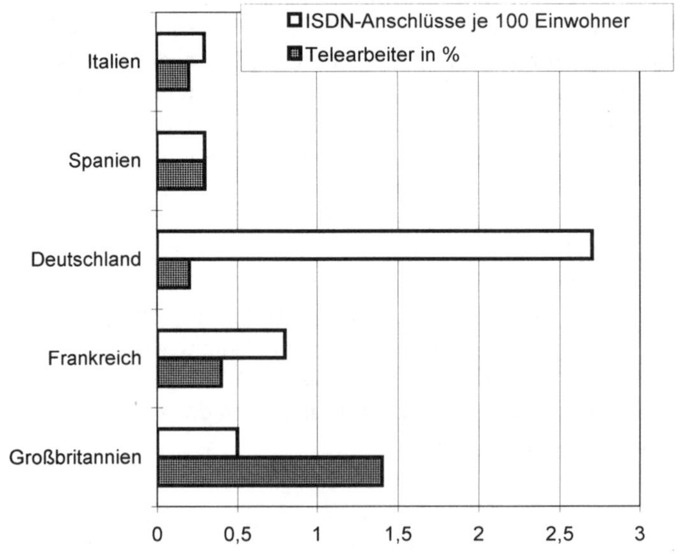

Quelle: Wakiel & Oldenburg, S. 90

Abbildung 5: Telearbeit und ISDN-Dichte

3. Die Öffnung der Erwerbsarbeit

Allerdings zeigen sich neben diesen Strukturveränderungen durch Informationstechnik und Multimedia auch grundlegende Veränderungen in der Erwerbsarbeit. Das standardisierte Normalarbeitsverhältnis, eine Begleiterscheinung der Industriegesellschaft, scheint sich aufzulösen. Vor dem Hintergrund aktueller technischer und gesellschaftlicher Rahmenbedingungen formiert sich gegenwärtig die Erwerbsarbeit neu. Dies hat natürlich auch massive Auswirkungen auf die Gesellschaft insgesamt.

In diesem Aufweichungsprozeß spielt die Telearbeit eine bedeutende Rolle. Sie ist zur Ikone geworden, die plakativ und allgemeinverständlich die Öffnung der Erwerbsarbeit verdeutlicht.

Zunächst haben sich die starren Arbeitszeitmuster aufgeweicht. Bedürfnisse der Arbeitenden nach einer besseren Abstimmung der Arbeitszeit mit den Zeitmustern anderer Aktivitäten und die Wünsche der Arbeitgeber, Betriebszeiten nach dem jeweiligen Kapazitätsbedarf zu bestimmen, ließen sich in variablen Arbeitszeiten zu einem akzeptablen Kompromiß führen. Heute sind die Arbeitszeitmuster nach Lage und Dauer bereits sehr variabel, sodaß es mit der zunehmenden Arbeitszeitflexibilität auch gar nicht mehr sinnvoll ist, Arbeitsvolumen über die Zahl der arbeitenden Personen zu messen.

Kopfbetrachtungen werden obsolet, wenn die Palette der unterschiedlichen Arbeitszeitformen immer breiter wird und manche Beschäftigungsveränderungen allein aufgrund der Teilung von Arbeitsplätzen von einem Vollzeitplatz auf zwei Halbzeitplätze entstehen, ohne daß andere Einflüsse wirken.

Die zunehmende Divergenz von Arbeiten und Leben hat zu einer räumlichen Entkopplung geführt, die durch eine hohe räumliche Mobilität bewältigt wird. Diese Mobilität muß überwiegend von den Arbeitnehmern eingelöst werden und belastet Zeitbudget, Geldbudget und Umwelt.

Parallel hat die Informationstechnik in und zwischen Unternehmen eine räumliche Flexibilisierung ausgelöst: In der Telearbeit auf der Basis moderner breitbandiger Kommunikationstechnik geht es nicht nur um eine zeitliche Öffnung von Erwerbsarbeit, sondern auch um eine räumliche Öffnung bis hin zur globalen Verteilung von Informationsarbeit rund um die Welt.

Die zentralisierende Wirkung der Dampfmaschine, die auch andere Arbeitsumgebungen bis hin zum Büro sehr lange bestimmt hat, verliert jetzt ihre Bedeutung und es entstehen neue Strukturen, die in ihren Konsequenzen heute nur teilweise abzusehen sind. Parallel dazu sind auch die Lebensstrukturen vielfältiger geworden, sodaß heute der Wohnort nicht mehr über den Arbeitsort des „Ernährers" festgelegt werden kann. Familien, Gruppen und andere Lebensgemeinschaften bestehen heute oft aus mehr als einem/einer Erwerbstätigen, sodaß ein flexibler Arbeitsort helfen kann, eine gemeinsame räumliche Allokation zu erleichtern.

Zeitliche und räumliche Offenheit von Erwerbsarbeit sind heute Qualitäten per se und werden immer häufiger und entschiedener gefordert. Es gibt vielerlei Gründe, warum diese Forderungen heute massiver sind als früher. Hier sollen nur die wesentlichsten angeführt werden.

3.1 Überkommene Arbeitsstrukturen

Die heute als Norm bekannte abhängige Erwerbsarbeit ist vergleichsweise jung. Arbeit war in der frühen Menschheitsgeschichte zur unmittelbaren Deckung des Grundbedarfs nötig, sie erfolgte in kleinen Gruppen bereits arbeitsteilig, doch in offener Struktur. Später wurde die Sklaverei organisiert, in der erstmalig abhängige Arbeit im umfassenden Sinne realisiert wurde. Freie unterschieden sich von Sklaven dadurch, daß sie entweder selbstbestimmt tätig wurden oder sich der Arbeit grundsätzlich enthielten.

Die heute übliche räumlich und zeitlich festgelegte, kontinuierlich abzuleistende Erwerbsarbeit ist Begleiterscheinung der frühen Industrialisierung. Mit der Dampfmaschine, die angeheizt wurde und dann kontinuierlich lief, und deren Leistung über Transmissionen nur im nahen Umfeld genutzt werden konnte, war Erwerbsarbeit zu einer räumlich und zeitlich definierten Größe geworden. Künstliches Licht führte zur weiteren Entkopplung von Natur und menschlicher Aktivität und damit zur Erstarrung des Normalarbeitsverhältnisses.

Parallel dazu sind im Militär und in anderen Großorganisationen Arbeitsteiligkeitsstrukturen und Managementmethoden entwickelt und erprobt worden. Auch sie gehen von einer Standardisierung von Arbeitsleistung aus, die im Detail vorgegeben und kontrolliert wurde. Insbesondere im Militär war es nötig, in Friedenszeiten die Soldaten mit irgendwelchen Aufgaben zu beschäftigen, um die Leistungsfähigkeit für den Kriegsfall zu erhalten. So wurde aus Arbeit Beschäftigung.

Diese historischen Entwicklungen bestimmen auch heute noch Formen, Inhalte und Bewertung der Erwerbsarbeit. Sie haben einen Eigenwert entwickelt und haben sich in den Köpfen der Menschen festgesetzt, obwohl sie noch gar nicht so alt sind. Man hat den Eindruck, daß mit der Auflösung der Anforderungsstrukturen des Organisationsrahmen das Normalarbeitsverhältnis einen Eigenwert bekommt, der - wie das in ausgehenden Epochen immer wieder deutlich wird - in eher nostalgischer Weise eine Kritik kaum noch zuläßt.

3.2 Definition des „Normalarbeitsverhältnisses"

Eine exakte Definition des Normalarbeitsverhältnisses ist nicht möglich. Es kann höchstens umschrieben werden. Dennoch steckt es tief in den Köpfen und ist ein Begriff, der allgemein bei der Diskussion um die Arbeit einen hohen Stellenwert einnimmt. Bei der Diskussion neuer, offener Arbeitsstrukturen wird es als Gegenbild verwendet, um deutlich zu machen, wo die Unterschiede zu früher liegen. So führen Miegel/Wahl (1996, 64) die Begriffe „Normarbeitsverhältnisse" und „Nicht-Normarbeitsverhältnisse" ein und führen aus (53 f): „Bei diesen Feststellungen ist jedoch zu berücksichtigen, daß die offiziell erfaßte Erwerbstätigkeit immer nur einen Teil der tatsächlichen Erwerbstätigkeit in einem Land sichtbar werden läßt." Auch Miegel/Wahl geben keine exakte Definition an, sondern definieren die „Nicht-Normarbeitsverhältnisse" enumerativ; es handelt sich um:

- befristet Beschäftigte
- sozialversicherungspflichtig Teilzeitbeschäftigte
- Kurzarbeiter
- ABM-Beschäftigte
- ausschließlich geringfügig Beschäftigte
- Leiharbeitnehmer
- Heimarbeiter
- abhängig Selbständige

In diesem Sinne lassen sich die „Abhängig Beschäftigten in Normarbeitsverhältnissen" mit den folgenden Kriterien umschreiben (siehe dazu auch Hoffmann & Walwei 1998):

3.2.1 Vollbeschäftigungsprinzip

Innerhalb einer grob definierten Altersphase sollten alle Bürger erwerbstätig sein (Normalbiografie). Alternative Rollen werden nur in Ausnahmefällen toleriert: Ausbildung, Mutterschaft, kurzfristige Arbeitslosigkeit. Gestützt wird der Zwang zur Erwerbsarbeit durch ein nur durch sie zugängliches System sozialer Sicherung. Alternative Existenz durch privaten Ausgleich oder durch Kapitaleinkommen werden nur in den Altersrandlagen akzeptiert. Längerfristiger Ausstieg aus der Erwerbsarbeit, auch wenn Nicht-Erwerbsarbeit geleistet wird (Haushalt, Pflege von Familienangehörigen), bedeutet gleichzeitig Abbau oder Verzicht auf soziale Sicherung und Ausschluß aus gesellschaftlicher Einbindung.

3.2.2 Vollzeitprinzip

Die Arbeit sollte sich an den Rahmenbedingungen einer Vollzeitarbeit orientieren, wie sie üblicherweise durch den Tarifvertrag festgelegt ist. Die neueren Entwicklungen besonderer verkürzter Arbeitszeiten (beispielsweise das VW-Modell, siehe dazu

Hartz 1994) haben die normierenden Vorstellungen von einer 35 bis 40 Stundenwoche erschüttert. Dennoch wird als Vollzeit weiterhin die 35 bis 40 Stundenwoche erwartet, die Abweichungen sind singulär.

3.2.3 Kontinuitätsprinzip

Ein zeitweiser Ausstieg aus der Erwerbsarbeit ist nicht vorgesehen. Es gibt zwar Privilegien für besondere Berufe (beispielsweise Forschungsfreisemester bei Hochschullehrern), doch allgemein sind Beschäftigungslücken in der Biografie auf dem Arbeitsmarkt und in der Gesellschaft schädlich und erschweren den Wiedereinstieg. Ein freiwilliger Rückzug aus der Erwerbsarbeit wird nicht verstanden. Es werden Know-How Lücken befürchtet, möglicherweise auch eine individuelle Unabhängigkeit, die auf reduzierte Eingliederungsbereitschaft am Arbeitsplatz schließen lassen könnte. Auch unfreiwillige Unterbrechungen (Arbeitslosigkeit) werden dem Individuum angelastet, auch wenn dies durch globale, individuell kaum änderbare Konstellationen bedingt ist. Im System der sozialen Sicherung reduzieren Erwerbsunterbrechungen die Leistungen oder führen sogar zum Leistungsausschluß.

Bezogen auf die Arbeitszeit wird im Rahmen dieses Kontinuitätsprinzips davon ausgegangen, daß Arbeitszeitmuster langfristig stabil bleiben und daß die Arbeitszeitallokation in klaren Mustern erfolgt. Sonderformen der Arbeitszeit müssen genau begründet werden, wobei die aufgabenbezogenen Gründe einen deutlich höheren Stellenwert haben als die Wünsche der Betroffenen.

3.2.4 Prinzip sozialer Einbindung

Abhängige Erwerbsarbeit ist ein Ort sozialer Integration und Kommunikation. Verglichen mit dem Umfeld außerhalb der Erwerbsarbeit handelt es sich am Arbeitsplatz um ein System reduzierter Komplexität, in dem Aufgaben klar vorgegeben, bewertet und belohnt werden. Kontakte werden erzwungen, Gruppen werden selektiv zusammengestellt, Störer werden langfristig eliminiert. Vollbeschäftigung hat zum Verlust der Kommunikationsmöglichkeiten außerhalb der Erwerbsarbeit geführt (Bedeutungsverlust von Familie, Wohnumfeld, Wirtshaus). Wenn die soziale Einbindung nur noch über die Erwerbsarbeit geboten wird und außerhalb ausgetrocknet ist, ergibt sich daraus ein zusätzlicher Erwerbszwang.

3.2.5 Segmentierungsprinzip

Statuszuordnungen und Qualifikationen wirken in der Erwerbsarbeit als Selektionskriterium. Die Qualifikationspyramide ist institutionell akzeptiert, historisch gewachsene Privilegien werden weiterhin perpetuiert. Arbeitsbewertung erfolgt weniger nach der Leistung oder der Bedeutung der Aufgabe, sondern nach oft undurchsichtigen Maßstäben, die meist unterlagerte Machtstrukturen signalisieren. Für die Menschen ist es ein besonderes Bedürfnis, adäquat beschäftigt zu sein. Unterwertige Beschäftigung wird als Versagen bewertet. Vom Arbeitsmarkt geforderte Kompromißbereitschaft rächt sich durch oft nicht wieder revidierbare Abstufung. Flexibilität wird oft bestraft.

3.2.6 Das „Normalarbeitsverhältnis“

Hier soll das "Normalarbeitsverhältnis" zusammenfassend wie folgt festgelegt werden:

- Abhängig, unbefristet, im Betrieb entfernt von der Wohnung beschäftigt
- Normalarbeitszeit (je nach Tarifvertrag zwischen 35 und 40 Stunden pro Woche), geleistet tagsüber werktags
- Eingebunden in das System sozialer Sicherung
- Berufsausübung basierend auf einer vorgeschalteten Berufsausbildung
- Weiterbildung nur soweit nötig, Umorientierung nur auf Zwang
- Erwerbstätig seit Abschluß der Ausbildung ohne größere Unterbrechungen
- Längere Betriebszugehörigkeit
- Umfangreiche persönliche Kontakte am Arbeitsplatz

3.3 Arbeitsbezogene Grundwerte

Diese altvertrauten Beschäftigungsmuster lösen sich derzeit auf. Das Zerbrechen überkommener Arbeitsstrukturen führt zur Orientierungslosigkeit. Der Status Quo wird zur nicht mehr einlösbaren Wunschvorstellung. Bisher zwar als Ausnahmen schon bekannte Phänomene werden zur Normalität und damit möglicherweise zum Problem:

- Auflösung von betrieblichen Strukturen, Arbeit statt Arbeitsplatz
- Virtuelle Arbeit - Räumliche und zeitliche Entkopplung von Arbeit
- Offene Arbeitsformen: Teilzeitarbeit, Befristete Erwerbsarbeit, Arbeitnehmerüberlassung, Erwerbsarbeit unterhalb der Sozialversicherungspflicht
- Unterwertige Beschäftigung und Arbeitslosigkeit als Massenphänomen
- Integrationsverzicht bzw. -unvermögen innerhalb und außerhalb der Arbeit
- Verrechtlichung von Erwerbsbeziehungen und sozialer Sicherung
- Finanzierungsprobleme bei der Sozialen Sicherung, die Belastungen der Arbeitnehmer steigen und sind auch heute schon kaum mehr tragbar
- Individuelle Überbelastung durch Integration von Erwerbsarbeit und Nichterwerbsarbeit
- Alternative Einkommenssicherung durch Geldvermögen noch unkalkulierbarer

Diese Tendenzen haben zu einer gewissen Ratlosigkeit geführt. Offenbar zerbricht das Normalarbeitsverhältnis und kein stabiles Nachfolgemodell ist zu erkennen. Arbeit und Erwerbsarbeit müssen neu definiert, verhandelt und optimiert werden.

Dieser Prozeß braucht Zeit. Die Sozialpartner und die Politik versuchen mit allen Mitteln, die überkommenen Strukturen weiter zu perpetuieren und hoffen immer wieder darauf, daß durch Wachstum und glückliche Umstände die alten Vollbeschäftigungszeiten mit dem bewährten Normalarbeitsverhältnis wieder auferstehen.

Allerdings ist die Diskussion heute bereits weitergegangen. Nicht alle Begleiterscheinungen des Normalarbeitsverhältnisses werden heute noch so positiv eingeschätzt. Auch hat die Erwerbszentrierung in der Bevölkerung abgenommen. Deshalb ist es durchaus nötig, die arbeitsbezogenen Grundwerte wieder in Erinnerung zu rufen:

3.3.1 Wieviel und welche Arbeit braucht der Mensch?

Der Bedarf nach Arbeit ist individuell sicher unterschiedlich. Es kann aber unterstellt werden, daß jeder Mensch tätig sein will und daß er die Rückmeldung über die Bedeutung seiner Arbeit und über das Arbeitsergebnis braucht, um sich selbst zu bestätigen und sich in die Gesellschaft einordnen zu können. Auch Kontaktmöglichkeiten lassen sich über Arbeit leichter finden und pflegen als in anderen Lebensbereichen.

Die Möglichkeiten der Selbstverwirklichung in der Arbeit werden bereits durch Herkunft und Milieu vorgegeben, in der Berufswahl und -entscheidung weiter determiniert und im Arbeitsprozeß gewährt oder verweigert. Die Menschen versuchen, individuelle Kompromisse in der Erwerbsarbeit und in sonstigen Aktivitäten zu finden.

Ein Verzicht auf Erwerbsarbeit ist nur in Ausnahmefällen freiwillig, meist erfolgt er erst nach Durchlaufen mehrerer Frustrationsstufen. Ganz wesentlich dabei sind die Bewertung alternativer Rollen durch die Gesellschaft und Fragen objektiver und subjektiver sozialer Sicherheit. Derartige Prozesse sind kaum reversibel.

3.3.2 Wieviel und welche Arbeit braucht die Gesellschaft?

Prinzipiell gibt es keine Obergrenze für das Arbeitsvolumen in einer Gesellschaft. Bedarfsgrenzen sind weder aus individueller Sicht noch aus gesellschaftlicher Sicht erkennbar. Arbeitslosigkeit ist immer Zeichen mangelnder Gestaltungsfähigkeit. Wohlstand erfordert das Maximum an Arbeit in bezug auf Qualität und Quantität.

Die Berufs- und Qualifikationsstruktur der Menschen in einer Gesellschaft können nie vollständig dem jeweils aktuellen Bedarf entsprechen. Dennoch wäre es vernünftig, jedem Menschen auch eine arbeitsbezogene Einbindung in die Gesellschaft zu ermöglichen. Eine hohe Kompromißbereitschaft ist bei den Menschen zu finden, wenn nur die Ziele klar und akzeptiert sind. Arbeitsmärkte sind der Ort, wo derartige Anpassungen erfolgen. Wird die Erwerbsarbeit auf ihre funktionale Rolle reduziert, alle sozialen und gesellschaftpolitischen Funktionen getrennt davon organisiert, dann entspannt sich das System der Erwerbsarbeit und ist gleichzeitig in der Lage, eine hohe Variabilität und Flexibilität zu realisieren.

3.3.3 Geht uns wirklich die Arbeit aus?

Grundsätzlich gibt es keine Anzeichen für ein Ende der Arbeit. Solange die Menschen Wünsche haben, solange sie auf neue Ideen kommen, solange sie auch für vermeintlich unsinnige Produkte und Aktivitäten bereit sind, Geld auszugeben, läßt sich kein Ende des Bedarfs feststellen. Umso offensichtlicher wird dies bei Gütern und Diensten, die unsere soziale und gesellschaftliche Infrastruktur bilden: Hier ist der Bedarf - wohl weil er über Umverteilungssysteme finanziert wird - fast unendlich. Auf der anderen Seite wollen die Menschen sich nicht überarbeiten. Befragungen zur tatsächlichen und zur gewünschten Arbeitszeit ergeben schon seit vielen Jahren, daß die Menschen im Durchschnitt etwa 5 - 10 % weniger arbeiten wollen, als sie dies aktuell tun. Wenn es also individuell durchaus Begrenzungen im Arbeitsvolumen gibt, global aber nicht, dann müßte Vollbeschäftigung grundsätzlich möglich sein.

Nur scheint die heutige Arbeitsgesellschaft falsch organisiert zu sein, insbesondere das Normalarbeitsverhältnis scheint nicht mehr den Bedürfnissen zu entsprechen. Sonderformen der Erwerbsarbeit haben heute besondere Konjunktur. Aus diesem Grunde werden neue Arbeitsformen wie auch die Telearbeit mit besonderem Interesse beobachtet, ob nicht diese Alternativen als Arbeit der Zukunft, als die der Informationsgesellschaft adäquate Arbeit besser geeignet wären als ein ängstliches Festhalten an den überkommenen Formen, die sich zwar in der Industriegesellschaft bewährt hatten, die der Informationsgesellschaft aber nicht angemessen sind.

Die These von der Gesellschaft, der die Arbeit ausgeht (Dahrendorf 1982), muß im Sinne der Aussage konkretisiert werden, daß für die Gesellschaft die Organisationsform abhängiger und mit hohen Abgaben belasteter Erwerbsarbeit nicht mehr paßt. Dies wird deutlich durch die Sonderformen von Arbeit, die sich trotz negativer Bewertung immer weiter verbreiten.

3.3.4 Wo liegen die aktuellen Wünsche?

Die Menschen haben sich daran gewöhnt, daß sie Arbeit im Rahmen stabiler Arbeitsplätze leisten und über die Arbeit Zugang in soziale Strukturen finden. Die historischen Wurzeln dieser Arbeitsplatzkultur in Deutschland wurden schon kurz erwähnt. Sie liegen in der Geschichte: Unser heutiges räumliches und zeitliches Arbeitsregime stammt aus der Dampfmaschinenzeit, die Führungsstrukturen immer noch aus dem Militär.

Neue Technik und neue Lebensstile ermöglichen und benötigen aber andere Organisationsformen als die der hochgradig reglementierten Arbeitsplätze im Rahmen abhängiger Beschäftigungsverhältnisse. In Zeiten der industriell geprägten Vollbeschäftigung war es durchaus möglich und wohl auch sinnvoll, den Arbeitsplatz zum

Kern und Ausgangspunkt für soziale Sicherung und für die Einbindung der Individuen in die Gesellschaft zu machen, damals konnten auch die Zusatzkosten verschmerzt werden.

Heute werden diese Arbeitsformen oft umgangen: Arbeit wird zunehmend von Freiberuflern, von geringfügig Beschäftigten, von Leiharbeitnehmern und in befristeten Arbeitsverhältnissen geleistet, offene Arbeitsformen entstehen beispielsweise in Netzwerken, in virtuellen Unternehmen und in der Telearbeit.

Doch werden diese neuen Arbeitsformen auch gewünscht? Hier gibt es große Unterschiede. Ältere, die sich an die rigide Struktur der Arbeitsplätze gewöhnt haben, möchten sie nicht mehr missen. Sie haben sich auf ihr Unternehmen und die staatlichen Absicherungssysteme in jeder Hinsicht verlassen, ihre eigene Vorsorge gekappt und sind nun im wahrsten Sinne „Abhängige". Umfangreiche soziale Sicherungssysteme sind aufgebaut worden, um die Menschen vor Krankheit, vor Arbeitslosigkeit, vor den Unwägbarkeiten des Alters zu schützen. Alles wurde und wird über die abhängige Erwerbsarbeit finanziert. Damit ist sie mit hohen Nebenkosten belastet worden, die heute so schmerzen und die dazu führen, daß viele Auswege gesucht werden: Schwarzarbeit, geringfügige Beschäftigung ohne Versicherungspflicht, Nachbarschaftshilfe, Eigenarbeit, Selbstbedienung, Selbständigkeit.

Jüngere Menschen, die im Arbeitsmarkt oft vor verschlossenen Türen stehen, denken mittlerweile etwas anders: Sie sehen in diesen offenen Arbeitsformen durchaus Chancen und versuchen, sich dort zu arrangieren. Insgesamt heißt das, daß die Menschen - wie früher auch - wieder die Verantwortung für ihre eigene Existenz übernehmen müssen, weil die Arbeitgeber dies nicht mehr für nötig halten (es gibt genügend auch qualifizierte Arbeitskräfte auf dem Arbeitsmarkt jederzeit anzuwerben, auch für befristete Aktivitäten) und dazu auch nicht mehr bereit sind, weil die Geschäfte immer instabiler und kurzfristiger werden.

Damit entsteht ein Bedarf nach sicheren Lebensstrukturen auch außerhalb der abhängigen Erwerbsarbeit. Das können traditionelle Familienstrukturen sein, lokale Inititativen, aber auch globale Netzwerke, in denen sowohl Arbeit als auch Freizeit organisiert werden und gegenseitige Solidarität und Hilfe gefunden werden können. Vielleicht können in dieser Weise die Folgen zerbrechender Arbeitsstrukturen abgemildert werden und neue integrierte und zugleich menschengerechte Lebens- und Arbeitsformen gefunden werden.

3.4 Verschiebungen im Arbeitskräftepotential

Neue Arbeitsformen entwickeln sich immer auf der Basis vorliegender Strukturen des Arbeitskräftepotentials: Wenn sich in einer Gesellschaft diese Strukturen ändern, dann sind auch die Arbeitsformen nicht mehr adäquat. Diese müssen sich also parallel fortentwickeln und an die neuen Strukturen des Arbeitskräftepotentials anpassen.

Folgende Veränderungen im Arbeitskräftepotential sind für diese Betrachtung von besonderer Bedeutung:

3.4.1 Alterung der Erwerbsgesellschaft

Eine besondere Herausforderung unserer Arbeitsgesellschaft liegt in der zunehmenden Alterung (siehe dazu vor allem Wachtler u.a. 1997). Wegen des Geburtenrückgangs und wegen des beschleunigten Strukturwandels sind Veränderungen in der Erwerbsarbeit nicht mehr allein durch den Generationenwechsel zu bewältigen, sondern erfordern auch die Umorientierung bereits Erwerbstätiger, möglicherweise bis in obere Altersgruppen. Dennoch hält sich die Vorstellung, Ältere seinen unflexibel, krankheitsanfällig und nicht mehr leistungsfähig. Aus diesem Grunde nimmt auch die Erwerbstätigkeit bei Älteren eher ab, obwohl die biologische Leistungsfähigkeit der älteren Generationen in den letzten Jahrzehnten deutlich zugenommen hat. Frühverrentung und gleitender Ausstieg aus der Erwerbsarbeit mit Übergangsarbeitslosigkeit scheinen heute die Regel zu sein.

Im Umfeld der Informationstechnik ist ebenfalls eine Personalpolitik zu erkennen, die junge Teams im Vordergrund sieht und in der die älteren Mitarbeiter nur wenig Erwerbschancen finden. Da das dort gewünschte Wissen vergleichsweise neu ist und sich nicht auf langjährige Erfahrungen stützen kann und muß, ist der Vorteil der Älteren, ein stabiles Fachwissen und gesicherte Lebenserfahrungen einbringen zu können, auf dem Markt kaum geschätzt.

Üpping (1998) bietet ein Gegenmodell an, in dem er Älteren neue Chancen zuweisen will: „Inzwischen hat sich ein in die Unternehmenspraxis eingeführtes Modell bewährt, bei dem die Älteren, unter Berücksichtigung ihrer Erfahrung, in die Personalentwicklung systematisch miteinbezogen werden, ja sogar einen besonderen Stellenwert erlangen. ... Entscheidend für die Wertschöpfung des Unternehmens wird aber vor allem der systematische und zielorientierte Einsatz der Erfahrungskompetenz des Älteren sein."

Im Umfeld neuer Arbeitsformen sind insbesondere ältere Personen interessiert, die ihren Arbeitsplatz verloren haben und die - unter realistischen Erwartungen - aus Altersgründen keine Chance auf ein traditionelles abhängiges Arbeitsverhältnis mehr haben. Als freiberufliche Zuarbeiter, möglicherweise mit eigener Büroinfrastruktur und Telekommunikationsanbindung, können sie für Sonderaufgaben recht interessant sein, zumal die Auftraggeber in dieser Form keine langfristigen und möglicherweise unkalkulierbaren Verpflichtungen übernehmen. Hier liegt also ein interessantes Potential auch für Telearbeitsverhältnisse.

3.4.2 Frauenerwerbstätigkeit

Auch Frauen dürften an offenen Arbeitsverhältnissen massiv interessiert sein. Sie sind auch diejenigen, die überwiegend traditionelle Heimarbeit leisten (etwa 90 %), und auch in den Informationstätigkeiten liegt der Frauenanteil vergleichsweise hoch (siehe dazu Dostal & Troll 1995, 15).

Die Frauenerwerbstätigkeit hat in den letzten Jahrzehnten deutlich zugenommen. Das Phasenmodell der Beschäftigung von Frauen - Unterbrechung der Erwerbstätigkeit für eine Familienphase und ein späterer Wiedereinstieg, oft auf niedrigerem Niveau - hat nicht mehr den Stellenwert wie zuvor, und die formalen Qualifikationen, insbesondere junger Frauen, haben sich deutlich erhöht (siehe dazu Engelbrech & Reinberg 1997, 9). In diesem Sinne hat sich auch das Erwerbssystem verändert und hat die früheren Strukturen, in der entweder volle Erwerbstätigkeit auf der einen Seite oder Reproduktionsarbeit auf der anderen Seite eindeutig polarisert auftraten, abgelöst. Durch die höhere Erwerbsbeteiligung der Frauen hat sich der Bedarf nach flexiblen Arbeitsstrukturen naturgemäß verstärkt.

Frauen sind überwiegend in technikfernen Bereichen beschäftigt. Etwa 80 % der Frauen arbeiten auf Arbeitsplätzen, auf denen sie weder berufsbedingt noch von der Tätigkeit her einen Technikbezug aufweisen (Tabelle 2). Bei den Männern liegt dieser Anteil lediglich bei 43 % (Dostal & Troll 1995, 5).

Wird aber der Bezug zu Informationstätigkeiten analysiert, dann zeigen sich hier große Anteile: Während 1993 insgesamt etwa 43 % der Erwerbstätigen diesen Informationsbezug aufweisen, sind es bei den Frauen 56 %, bei den Männern nur 32 %. Frauen sind also verstärkt in jenen Dienstleistungen tätig, in denen Informationsverarbeitung eine dominante Rolle spielt und in denen - zumindest bisher - weniger technische Arbeitsmittel dafür eingesetzt werden. Im Bereich der Informationstechnik haben sich aber die Strukturen mittlerweile verschoben. In den Jahren von 1993 bis heute haben sich die Verwendungsraten von PC's an den Informationsarbeitsplätzen erheblich verstärkt.

Tabelle 2: Technikbezug von Frauen und Männern 1993

	Frauen	Männer
Umfassender Technikbezug	8 %	37 %
Berufsbedingter Technikbezug	3 %	6 %
Tätigkeitsbedingter Technikbezug	9 %	15 %
Geringer Technikbezug	80 %	43 %

Quelle: Dostal & Troll 1995, 5

„Trotz Arbeitsmarktkrise mit dramatischen Beschäftigungseinbrüchen in den alten und vor allem in den neuen Bundesländern nahm die Erwerbsorientierung westdeutscher Frauen auch in den 90er Jahren kontinuierlich zu und blieb bei ostdeutschen Frauen auf hohem Niveau erhalten. Anders als bei den Männern ist in den nächsten Jahren davon auszugehen, daß das inländische weibliche Erwerbspersonenpotential zunimmt. Bei einem gegenwärtig nicht absehbaren Beschäftigungsanstieg wird auch zukünftig die Realisierung der zu erwartenden hohen Erwerbswünsche von Frauen schwierig bleiben. ... Vor allem in Westdeutschland kam es ausschließlich bei Frauen in starkem Maße zu einer Verschiebung von Voll- auf Teilzeitarbeit. ... Werden zukünftig Teilzeitarbeitsverhältnisse, insbesondere mit geringer Wochenstundenzahl, zunehmen und zu Lasten von „Normalarbeitsverhältnissen“ ausschließlich von Frauen wahrgenommen, besteht die Gefahr, daß es - wie in der Vergangenheit - lediglich zu einer Umverteilung von Arbeit, häufig gegen den Willen der Frauen und nur innerhalb der Gruppe der Frauen, kommt.“ (Engelbrech & Reinberg 1997, 12).

3.4.3 Höherqualifizierung

In diesem Zusammenhang muß noch eine weitere Entwicklung gestreift werden, da sie für das Verständnis der ablaufenden Veränderungen wichtig ist: In den letzten Jahren und Jahrzehnten hat sich eine globale Höherqualifizierung ereignet, so daß heute genügend qualifizierte Personen im Beschäftigungssystem zu finden sind, die in der Lage und bereit sind, auch anspruchsvolle Informationsaufgaben zu lösen. Die Berufe im Informationsumfeld sind schon erwähnt worden, doch all dies spielt sich mittlerweile auf einem gehobenen Niveau ab (Tabelle 3). Waren vor 20 Jahren noch 34,9 % der Erwerbstätigen ohne Ausbildung, waren es 1991 nur noch 20,2 % und für das Jahr 2010 sollen nach einer Projektion nur noch 10,1 % zu dieser Gruppe gehören (Tessaring 1994, 11).

Dagegen steigt der Bedarf nach Höherqualifizierten massiv an. „... zeigt die aktualisierte Strukturprojektion, daß sich die Tendenz einer zunehmenden Dienstleistungsorientierung und steigender Qualifikationsanforderungen der Arbeitsplätze fortsetzen dürfte. Im Jahre 2010 würden, je nach Variante, insgesamt 72 - 73 % aller Arbeitskräfte eine berufliche Erstausbildung oder eine Fortbildung benötigen, weitere 17 - 18 % einen Universitäts- oder Fachhochschulabschluß. Der Anteil an Arbeitsplätzen, die keine abgeschlossene formale Ausbildung erfordern, dürfte auf etwa 10% zurückgehen und damit deutlich niedriger liegen als bisher erwartet.“ (Tessaring 1994, 5).

Tabelle 3: Projektion der Qualifikationsstruktur bis 2010

	1991	2000	2010
ohne Ausbildungsabschluß	20,2 %	14,2 %	10,1 %
Lehre, Berufsfachschulausbildung	59,1 %	61,6 %	63,3 %
Fach-, Meister-, Technikerausb.	8,4 %	9,3 %	9,8 %
Fachhochschulausbildung	4,1 %	4,9 %	5,6 %
Universitätsausbildung	8,2 %	9,9 %	11,1 %
Arbeitskräftebedarf insgesamt	100,0 %	100,0 %	100,0 %

Datenquelle: Tessaring 1994, 11, mittlere Variante

Diese Tendenzen zeigen einen Bedarf nach Höherqualifizierung, der - zumindest bisher - auch weitgehend gedeckt werden konnte. Dies wird unterstützt durch die aktuellen Arbeitsmarktdaten, nach denen die (formal) Hochqualifizierten auch ein geringeres Areitsmarktrisiko tragen. Die qualifikationsspezifischen Arbeitslosenquoten sind stark polarisiert (siehe Abbildung 6). Dieses Phänomen zunehmender Arbeitslosigkeit von Ungelernten auf der einen Seite und vergleichsweise günstiger Situation von Hochqualifizierten im Zeitablauf auf der anderen Seite ist ebenfalls ein Indiz für diesen stabilen Trend.

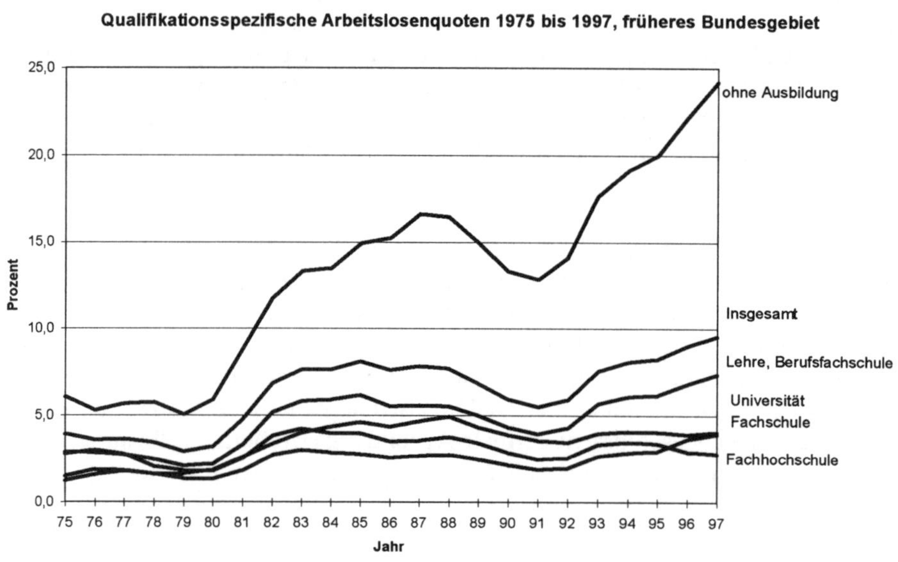

Quelle: Reinberg & Rauch 1998, 3

Abbildung 6: Qualifikationsspezifische Arbeitslosenquoten 1975 bis 1997

Neue Arbeitsformen können auf diesen Trend aufbauen und die dort erkennbaren Potentiale nutzen. Insbesondere Höherqualifizierte legen Wert auf eine eigene Gestaltungsmöglichkeit ihrer Arbeitsstrukturen über die traditionellen Aspekte hinaus und erwarten deshalb auch eine zunehmende zeitliche und räumliche Flexibilität.

3.4.4 Abnahme der Erwerbszentrierung

Bei aktuellen Befragungen gibt es immer wieder Aussagen, daß die Erwerbszentrierung, insbesondere bei jüngeren und bei älteren Personen abnimmt und bereits heute sehr geringe Raten zeigt. Die Vorstellung, Erwerbsarbeit sei die zentrale Komponente der Lebensplanung, scheint nicht mehr flächendeckend vorhanden zu sein. Erwerbsarbeit muß sich zunehmend in Raster einpassen, die anderweitig definiert und gewichtet sind.

„Bei der „Zentralität der Lebensbereiche“ zeigt sich eine Präferenz bei Jüngeren für „Familie/Partnerschaft“ und „Freizeit“ gegenüber „Arbeit“ und bei leitenden Angestellten ein Rückgang des Bereichs „Arbeit“ vom ehemals ersten Platz hinter „Familie“. ... Bei den Einstellungen zu verschiedenen Aspekten der eigenen Erwerbstätigkeit ist eine deutliche generelle Abnahme von sog. akquisitiven Ansprüchen an Erwerbsarbeit (Einkommen, Karriere usw.) zugunsten nicht-akquisitiver Ansprüche (interessante Arbeit, soziale Kontakte, eigene Ideen verwirklichen usw.) festzustellen. ... Insgesamt wird der Trend zu nicht-akquisitiven Ansprüchen stark durch die Einstellungen jüngerer Personen erzeugt.“ (Bolte/Voß 1988, 75f.)

Mit dem Generationenwechsel wird also auch der Bedarf nach flexiblen Arbeitsstrukturen zunehmen und die Rolle der Erwerbsarbeit verändern. Flexibilität wird zunehmend nachgefragt, auch wenn sie mit sinkender Absicherung bezahlt werden muß: „Wahrscheinlich werden Mehrfach-, Teilzeit- und zeitlich befristete Beschäftigungsverhältnisse nicht nur in steigendem Maße von betrieblicher Seite angeboten, sondern auch zunehmend von Personen nachgefragt; sei es als Haupt- oder auch verstärkt als zusätzliche Erwerbsbetätigung. Die Formen des Erwerbsverhaltens werden insgesamt vielfältiger werden, auch bei Beschäftigtengruppen, bei denen „unkonventionelle“ Beschäftigungsverhältnisse als Dauerform bisher nicht in größerem Ausmaß verbreitet waren.“ (Bolte/Voß 1988, 89)

3.5 Bereits erkennbare neue Arbeitsformen

Die Starrheit überkommener Arbeitsstrukturen werden durch vielerlei neue Arbeitsmuster relativiert. Die folgenden Tendenzen sind vielfältig zu erkennen und wachsen in ihrer Bedeutung:

3.5.1 Geringfügige Beschäftigung

Nach dem jüngsten Mikrozensus leisten 1,9 Mio. Personen in Deutschland eine geringfügige Beschäftigung (definiert über eine Obergrenze des Monatseinkommens 1998 in Westdeutschland von 620 DM und in Ostdeutschland von 520 DM, zukünftig einheitlich bei 630 DM) als alleinige Beschäftigung. Daneben gibt es weitere geringfügig Beschäftigte, beispielsweise in Nebentätigkeiten.

Geringfügige Beschäftigung war eine legale Möglichkeit, ohne Einbindung in das Soziale Sicherungssystem erwerbstätig zu sein. Die dort ausgewiesenen Zahlen sind nicht eindeutig: „Die in der öffentlichen Diskussion verwendeten Zahlen über geringfügige Beschäftigung unterscheiden sich im Hinblick auf Niveau, Struktur und Entwicklung teils erheblich.“ (Rudolph 1998, 1). Als Untergrenze werden derzeit etwa 2,2 Mio. Personen, als Obergrenze 5,6 Mio. Personen geschätzt.

Bei der Analyse, inwieweit Betriebe diese Arbeitsform nutzen, kommt Rudolph zu den folgenden Ergebnissen: „... geht der Anteil geringfügiger Beschäftigung mit steigender Beschäftigtenzahl in den Betrieben in der Regel stark zurück. Eine wichtige Ausnahme bildet der Handel, wo auch in den größeren Betrieben relativ hohe Beschäftigtenanteile nicht sozialversicherungspflichtig sind. Im privaten Dienstleistungsbereich werden die höchsten Quoten erreicht, darunter insbesondere im Gaststätten- und Beherbergungsgewerbe sowie bei den überwiegend personenbezogenen Dienstleistungen. Weniger verbreitet sind dagegen die sozialversicherungsfreien Beschäftigungsverhältnisse im Verarbeitenden Gewerbe.“ (Rudolph 1998,16).

Geringfügige Beschäftigung scheint somit eine Arbeitsform zu sein, die aus unterschiedlichsten Gründen von beiden Arbeitsmarktpartnern - Stellenanbieter und Arbeitssuchende - akzeptiert wird, wenn auch möglicherweise wegen mangelnder anderer Angebote. Die zeitliche Flexibilität dieser Arbeitsform ist allein durch die Einschränkung der Arbeitszeit hoch, über die räumliche Flexibilität dieser Arbeitsform liegen derzeit keine Informationen vor.

3.5.2 Arbeitnehmerüberlassung

Heute sind etwa 200.000 Personen in Deutschland in Leiharbeitsverhältnissen nach dem AÜG (ANBA 1998, 205)beschäftigt. Es sind zwar überwiegend gewerbliche Kräfte in dieser Arbeitsform - Büro- und Verwaltungsberufe sind nur zu 12 % aufgeführt (Daten 1. Halbjahr 1997, iwd 1988a, 2), doch auch für telearbeitsrelevante Aufgaben könnte sich die Arbeitnehmerüberlassung eignen.

Leiharbeitnehmer - oder Zeitarbeitnehmer, wie sie die Branche gerne tituliert - sind ebenfalls Vorboten flexibler Arbeitsstrukturen. Bei ihnen übernimmt der Entleiher nur noch begrenzte Arbeitgeberpflichten. Diese werden an den Verleiher bzw. das Verleihunternehmen abgetreten und von diesem nach den Bestimmungen des AÜG im Rahmen einer Lizensierung abgedeckt. Diese Konstruktion erlaubt die Abschätzung der subjektiven Bewertung dieser Aufgaben, denn die Differenz zwischen den Lohnkosten beim Arbeitgeber und den Entleihkosten beim Verleiher markieren die Kosten der so eingekauften Flexibilität. Auch die Fragen der Einarbeitung und betriebsbezogenen Qualifikation zeigen sich in der Arbeitnehmerüberlassung in einem recht klaren Licht. Abgesehen von der möglicherweise höheren Flexibilität der Leiharbeitnehmer scheint es doch viele Aufgaben zu geben, die mit sehr kurzer Einarbeitungszeit zufriedenstellend zu erledigen sind.

Wegen der anderen Tarifstrukturen treten bei den Leiharbeitern manche Einstellungshemmnisse nicht auf: „Den Personalleasern ist das Alter ihrer Arbeitnehmer egal - und ihren Auftraggebern auch. Schließlich sind sie durch Zeitarbeit von tariflichen Zwängen befreit.“ (Becker 1998, 110)

Arbeitnehmerüberlassung meint nicht nur das Verleihen von Arbeitskräften durch spezielle Agenturen an Entleihbetriebe. Es gibt mittlerweile auch gegenseitiges Aus-

leihen von Arbeitskräften zwischen Betrieben (Kollegenhilfe) und die Übernahme von Personaldienstleistungen durch Arbeitskräfteverleiher.

In den USA hat die Arbeitnehmerüberlassung ein deutlich höheres Gewicht - dort sind etwa 1,8 % der Beschäftigten Leiharbeiter im Vergleich zu 0,5 % in Deutschland -, was Rückschlüsse auf die berufliche Abgrenzung und auf die Bereitschaft der Menschen, in wechselnden Arbeitsumgebungen tätig zu sein, zuläßt.

Telekommunikation und Telearbeit könnten sich in diesem Vertragsverhältnis auswirken, allerdings sind derzeit keine konkreten Kombinationsmuster von Telearbeit und Arbeitnehmerüberlassung bekannt.

3.5.3 Befristete Beschäftigung

Auch die Befristung von abhängiger Arbeit ist ein Instrument zur Flexibilisierung von Beschäftigungsverhältnissen. Gesetzliche Maßnahmen haben dies ermöglicht und dazu geführt, daß im Westen etwa 6 %, im Osten etwa 11 % der Arbeiter und Angestellten (Rudolph 1996,1) in befristeten Arbeitsverhältnissen tätig sind (Abbildung 7). Damit sind die Verpflichtungen des Arbeitgebers zur längerfristigen Beschäftigung verringert und erleichtern die Einstellung von Mitarbeitern bzw. Mitarbeiterinnen auch für vorübergehende Aufgaben.

In informationsbezogenen Branchen sind die Raten befristeter Beschäftigung teils sehr hoch, beispielsweise bei den sonstigen Dienstleistungen und bei Organisationen ohne Erwerbscharakter.

3.5.4 Zweit- und weitere Jobs

Die Monostruktur des Hauptarbeitsplatzes scheint sich ebenfalls aufzulösen. Wie in der vorindustriellen Zeit Haupt- und Nebenerwerb gleichermaßen relevant war, scheinen sich derzeit ebenfalls wieder - möglicherweise durch die Risiken, die sich durch die Konzentration auf eine Hauptbeschäftigung ergeben - gemischte Erwerbsstrukturen zuzunehmen.

In einer Umfrage aus der Freizeitforschung (Opaschowski 1996) bei 1512 Berufstätigen gab jeder siebte an, in der Freizeit „viel Geld“ zu verdienen. Die Studie kommt zu dem Schluß: „Unternehmen müßten auf diese ‘außerberufliche Sinnkonkurrenz’ reagieren. ... Die Arbeit sei so zu gestalten, daß sie ‘möglichst nahe an der Freizeit’ liege. Andernfalls drohe ‘eine Leistungsverlagerung vom Berufs- in das Privatleben, bei dem der Zweitjob den Sonntagsausflug verdrängt.’“

Nach einer Untersuchung des DIW gingen 1995 mindestens 2,6 Mio. Menschen neben ihrer hauptberuflichen Tätigkeit einem Zweitjob nach. Der Großteil sind geringfügige Beschäftigungen. Dazu kommen eine nicht genau eingrenzbare Zahl „kleiner Selbständiger“. Telearbeit wäre als Nebenbeschäftigung recht gut und problemlos zu organisieren.

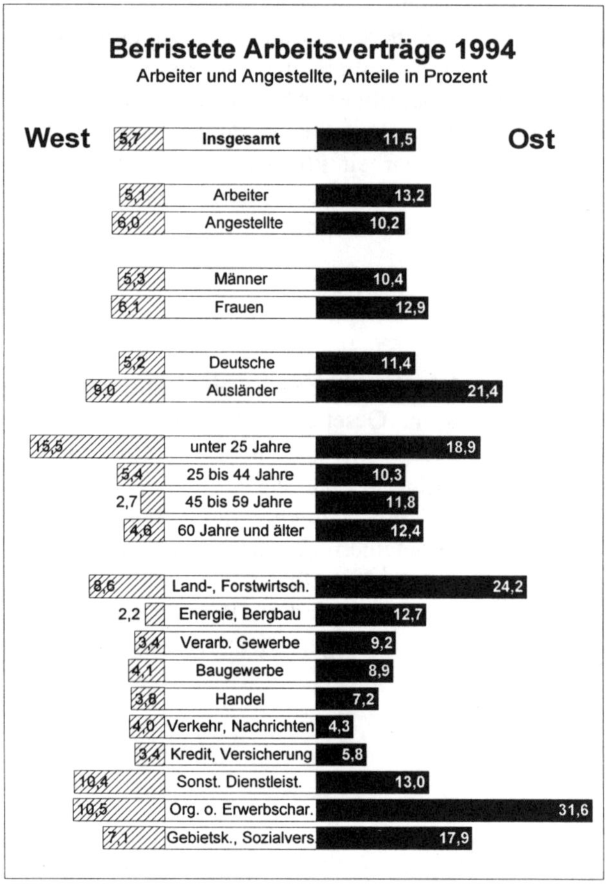

Quelle: Rudolph 1996, 1

Abbildung 7: Befristete Arbeitsverträge 1994

In den europäischen Nachbarländern sind diese zusätzlichen Tätigkeiten ebenfalls weit verbreitet. Nach einer Eurostat-Untersuchung aus dem Jahre 1996 hatten in Schweden 8,9 % der Männer und 7,5 % der Frauen eine zusätzliche Beschäftigung, in Italien lediglich 1,7 % bzw. 0,7 %. „Drei Viertel der Zweit-Jobber finden ihren zusätzlichen Broterwerb im Dienste-Sektor ... kein anderer Sektor bietet eine so breite Palette von verschiedenen Tätigkeiten und flexiblen Arbeitszeitmustern - und kommt insbesondere Neu- und Wiedereinsteigern in den Arbeitsmarkt entgegen.“ (iwd 1996b, 2)

3.5.5 Neue Selbständige

Schon relativ früh wurde das Phänomen der „Neuen Selbständigen“ diskutiert. Damals waren die damit verbundenen Vorstellungen noch sehr aufbauend und positiv: „Die „neuen“ und alternativen Selbständigen können als erste Vorläufer eines neuartigen Gegenbereichs innerhalb einer künftig vielleicht möglichen Dualwirtschaft verstanden werden. Denn sie sind nicht nur ideelle, sondern auch sozioökonomische Träger von Tendenzen der Entstaatlichung und Dezentralisierung, der Entbürokratisierung und Entprofessionalisierung als den denkbaren Gegenbereich einer „Sekundärökonomie“ auszeichnende Merkmale. ... Sie können durch ihre Existenz mit dazu beitragen, daß eine selbstbestimmt-gemeinschaftliche, kommunal und regional verortete Kultur wieder stärker möglich werden kann. Ziel ist ... eine humane Öffnung des „stahlharten Gehäuses“ der modernen Wirtschaftsordnung und ein Aufhalten ihrer „mechanisierten Versteinerung“ (Max Weber),“ (Vonderrach 1980, 169)

Heute, in einer Zeit, in der sich die neue Selbständigkeit bereits in vielen Ausprägungen zeigt, sind die Bewertungen deutlich kritischer: Wenn von neuer Selbständigkeit die Rede ist, dann tauchen sofort Begriffe wie Ausbeutung oder Scheinselbständigkeit auf. „Die „Selbständigen zweiter Klasse“ gelten rechtlich als Unternehmer, stehen aber de facto unter dem Diktat von Firmen. Diese legen die Arbeit, Auftragsabwicklung und Entlohnung bis ins Detail fest und unterbinden jede unternehmerische Freiheit. Je größer die Angst vor Erwerbslosigkeit werde, desto mehr Leute ließen sich auf solche Beschäftigungsverhältnisse ein.“ (FR 1996)

Die aktuelle Situation ist geprägt von einer Diskussion um die Scheinselbständigkeit, zu der es keine einheitliche Definition gibt. Dietrich (1996) gibt drei Modelle an:

- Im BAG-Modell ist Zuordnungskriterium die „persönliche Abhängigkeit“, nach der jene Selbständigen als Scheinselbständige eingestuft werden. die weisungsgebunden tätig sind.
- Im Alternativmodell sind jene als Scheinselbständige verortet, die kein Unternehmensrisiko tragen und die nur einen Auftraggeber haben.
- Im Verbandsmodell sind jene als Scheinselbständige klassifiziert, die regelmäßig nur für einen Auftraggeber tätig sind und die eine für Beschäftigte typische Arbeitsleistung erbringen.

Insgesamt ergibt sich daraus eine Grauzone, in der nach den Analysen 3,9 % der Wohnbevolkerung ab 14 Jahren zu finden sind. Von den Erwerbstätigen sind 2,9 % hinsichtlich ihrer Haupttätigkeit, 1,8 % hinsichtlich ihrer Nebentätigkeit diesem Graubereich zuzurechnen. Allerdings zeigt sich, daß bei Fertigungsberufen die Scheinselbständigkeit nach diesen Kriterien häufiger auftritt als bei technischen und kaufmännischen Berufen.

Der Bundesverband der Freien Berufe hält die gegenwärtige Bewertung von Selbständigkeit und ihren Randformen für wenig hilfreich. „Gerade bei freien Berufen führe der Weg in die Selbständigkeit häufig über Mischformen zwischen Angestelltentätigkeit und Selbständigkeit.“ (Welt 1997). Werden diese Formen rigide bekämpft, dann ist die Schwelle auf dem Weg in die Selbständigkeit so hoch, daß kaum jemand die Chance hat, neu eine echte Selbständigkeit zu begründen.

Aus diesem Grunde bedarf die Bewertung von abhängiger Beschäftigung und Selbständigkeit neuer Impulse. Die traditionelle Sichtweise, daß Selbständigkeit im oberen Einkommens- und Statussegment angesiedelt sei und abhängige Erwerbsarbeit eher im unteren, hat zu einer Regelungssituation geführt, in der Selbständigkeit völlig ungeschützt, abhängige Arbeit übermäßig abgesichert ist. Da jetzt die Grundannahme nicht mehr stimmt, wäre es überfällig, Schutzmechanismen für die neuen Selbständigen aufzubauen, anstatt wegen des mangelnden Schutzes den Weg in die Selbständigkeit im unteren Segment von vorneherein zu verhindern.

3.5.6 Schattenwirtschaft

Neben neuer Selbständigkeit gibt es noch die Schwarzarbeit und die sog. Schattenwirtschaft, in der sich die Erwerbsarbeit den vorgegebenen Richtlinien entzieht. Es handelt sich einerseits um die Übernahme von Aufgaben und Tätigkeiten, die bestimmten Berufsgruppen und Personenkreisen über Lizenzen oder Zugangsregelungen zugewiesen sind, andererseits um die Umgehung der Abführung von Steuern und Sozialversicherungsbeiträgen. Vor allem dort, wo diese Belastungen direkt erfahren werden und wo die Umgehungsmöglichkeiten leicht zu finden sind, hat die Moral der Bevölkerung in dieser Hinsicht offenbar abgenommen.

Klare Zahlen kann es über dieses Phänomen nicht geben, so daß lediglich Schätzungen vorliegen. Diese zeigen aber deutlich, daß die Schattenwirtschaft erhebliches Gewicht hat und daß sie in der Bevölkerung als Tatsache vertraut und als Handlungsoption durchaus genutzt wird. Dabei handelt es sich nicht um die großangelegten Schwarzarbeitsfälle, sondern überwiegend um kleine Dienstleistungen, die neben der offiziellen Verbuchung unter der Hand abgewickelt werden.

Die vorliegenden Schätzungen für Deutschland (Schneider 1998, 10) gehen von einem Volumen von 15 % des Bruttoinlandsproduktes aus und summierten sich 1997 auf 548 Mia. DM. Gründe für die Schwarzarbeit liegen in folgenden Aspekten:

- Vermeidung von direkten Steuern (z.B. Einkommensteuer)
- Vermeidung von indirekten Steuern (z.B. Mehrwertsteuer)
- Vermeidung der Abfuhr von Sozialabgaben
- Nichtberücksichtigung staatlicher Regulierungen
- Komplexität des Steuersystems

Prinzipiell ist die Schwarzarbeit deshalb so weit verbreitet, weil die Abgabenlast auf die Erwerbsarbeit so hoch geworden ist, daß sich die Illegalität lohnt. Wenn die verrechneten Bruttokosten einer Handwerkerstunde um den Faktor 6 bis 7 über dem Nettostundenlohn liegen, dann ist die Bereitschaft zu dieser - illegalen - Arbeitsform recht hoch. Dazu kommt, daß die Schwarzarbeit nicht immer so eindeutig abgegrenzt werden kann von der Nachbarschaftshilfe, evtl. auf Gegenseitigkeit, oder von anderen nicht kontrahierten Tätigkeiten.

Von den Aufgabenstellungen her konzentriert sich die Schwarzarbeit derzeit noch auf die Bereiche Bau, Renovierung, Reparaturen, Gartenarbeit, Landwirtschaft, während informationsbezogene Tätigkeiten eher im Hintergrund stehen. „Schreiben, Übersetzen“ wird als Kategorie genannt, dort soll 8,7 % der Schwarzarbeit ablaufen. Daneben gibt es noch die Kategorie „Sonstige Arbeiten“, in der 24,4 der Schwarzarbeit erbracht wird und in der durchaus auch Informationstätigkeiten versteckt sein können.

3.6 Arbeitslosigkeit

Die Quote der registrierten Arbeitslosen in Deutschland lag im Jahresdurchschnitt 1997 bei 12,7 %, absolut waren es 4,4 Mio. Personen (ANBA 1998, 215). Die Bundesanstalt für Arbeit hat für Arbeitslosengeld 1997 insgesamt 59,2 Mia. DM ausgegeben, für Arbeitslosenhilfe wurden 28,0 Mia. DM ausgegeben (Bundesanstalt für Arbeit 1998, 300f.). Diese hohen Transferleistungen stehen Ausgaben für eine aktive Arbeitsmarktpolitik gegenüber, die ein Volumen von etwa 28 Mia. DM erreichten.

Dieser unausgeglichene Arbeitsmarkt ist eine Erscheinung, die sich im Vergleich mit früheren Verhältnissen - beispielsweise lag die Arbeitslosenquote in Westdeutschland im Jahre 1966 bei 0,7 % - als alarmierend und untragbar darstellt. Offenbar zeigen sich hier nicht nur kurzfristige konjunkturelle Schwächen, sondern auch strukturelle Friktionen, die es nicht mehr möglich machen, zu einer Vollbeschäftigung zu gelangen.

Dieses Phänomen ist nicht auf Deutschland beschränkt, Arbeitslosigkeit höheren Ausmaßes betrifft auch unsere europäischen Nachbarn und die ganze Welt. Offenbar ist Arbeitslosigkeit eine Begleiterscheinung sowohl in Entwicklungsländern, in Industriestaaten und in Ländern auf dem Weg in eine nachindustrielle Gesellschaft. Instrumente zum Abbau der Arbeitslosigkeit werden ständig diskutiert, doch ein Durchbruch ist in keiner Volkswirtschaft bisher gelungen. Vollbeschäftigung, wie sie in Westdeutschland in den 60er Jahren geherrscht hat, scheint ein singuläres Ereignis gewesen zu sein.

Zu berücksichtigen ist bei dieser - notwendigerweise zusammengefaßten - Betrachtung, daß Arbeitslosigkeit kein fester Block ist. Die Bewegungen am Arbeitsmarkt sind sehr intensiv. 1997 gab es in den alten Bundesländern etwa 5,0 Mio., in den neuen Bundesländern 2,3 Mio. Arbeitslosmeldungen. Dies trägt zur Bewältigung des Strukturwandels bei (Autorengemeinschaft 1998, 15 f.).

Die Probleme auf dem Arbeitsmarkt führen bei den Akteuren zu einer fieberhaften Suche nach Möglichkeiten, wie Beschäftigung erhöht werden könnte. Neue Arbeitsformen wie beispielsweise die Telearbeit werden als „Stohhalm“ zur Beschäftigungssicherung immer wieder ergriffen. Dabei sollte aber klar sein, daß der Arbeitsmarkt aus Arbeitskräfteangebot und -bedarf besteht, und daß neuartige Arbeitsformen nicht nur den Bedarf verändern können, sondern auch das Angebot. So ist es außerordentlich ungewiß, ob die Beschäftigungshoffnungen, die mit neuen Arbeitsformen verbunden sind, auch realistisch sind.

3.7 Offene Erwerbsstrukturen als Basis innovativer Arbeitsformen

Aufweichungstendenzen in der Erwerbsarbeit werden derzeit intensiv diskutiert (siehe dazu Miegel/Wahl 1996, 1997a, 1997b, Giarini/Liedtke 1998, Senghaas-Knobloch 1998, Ullrich 1993 und viele andere). Dennoch wird trotz aller Anzeichen der Aufweichung in unserer Gesellschaft das Normalarbeitsverhältnis weiterhin als Norm festgehalten. Seine Bedeutung geht aber immer weiter zurück, da durch eine zunehmende Status- und Zeitflexibilität die Menge der Varianten und der individuellen Regelungen massiv zugenommen haben. Erwerbsarbeit zeigt heute weit mehr Facetten als in der Industriegesellschaft, was zu neuen Allokationen in allen anderen Lebensbereichen führen muß.

„...es macht offensichtlich keinen Sinn mehr, von einer Krise zu reden. Krisen gehen vorüber. Was wir dagegen seit zwei Jahrzehnten erleben, ist der Zerfall einer Gesellschaftsform. Erst jetzt wird deutlich: Die Lohngesellschaft war eine revolutionäre Innovation. Im bitter erkämpften Kompromiß zwischen Kapital und Arbeit wurde zum ersten Mal die existenzielle Unsicherheit, die soziale Verletzlichkeit der Massen aufgehoben. Die Menschen arbeiteten und hatten sicheren Lohn. Darum herum ordnete sich ein ganzes Geflecht von Regulierungen, Beziehungen, sozialen Absicherungen, ein Statut, das die Identität und das Selbstwertgefühl der Bürger begründete. Das Soziale hatte gleichsam den Markt domestiziert. So wurden die industrialisierten Nationen, bei allen Ungleichheiten und Konflikten, immer reicher, die Chancen der Bürger vielfältiger - die soziale Frage schien sich in einem immer währenden Fortschritt aufzulösen." (Castel 1997)

3.7.1 Genese und Blüte der Lohngesellschaft

Die Lohngesellschaft, die wir heute als Normalität einschätzen, ist historisch noch nicht allzu alt.

In der Antike war die Beschäftigung einerseits geprägt durch selbständiges Tätigsein, in dem die Arbeitsleistung je nach den Bedürfnissen von Natur und Jahreszeit bestimmt war. Daneben gab es die Sklaverei, in der Menschen zu Arbeitsleistung gezwungen wurden, gleichzeitig aber auch eine Subsistenzsicherung erhielten, um die Arbeitskraft auch zu erhalten. Als dritte Lebensform gab es diejenige ohne Beteiligung an der Erwerbsarbeit, weil Besitz- bzw. Kapitalressourcen vorhanden waren. Eine Konkurrenz zwischen den Nichtarbeitenden, den Selbständigen und den Sklaven hat es nicht gegeben, die Gesellschaften hatten entsprechende Strukturen entwikkelt, hier keine Überschneidungen oder Widersprüche zu bilden. Leibeigenschaft im mittelalterlichen Europa und die Sklaverei in der Landwirtschaft in den frühen USA setzten die Tradition der Sklaverei fort.

Die Lohngesellschaft entstand erst danach in der frühkapitalistischen Industriegesellschaft. In dieser bestand ein sehr hoher Arbeitskräftebedarf für die Erarbeitung einer industrieorientierten Infrastruktur. Gleichzeitig waren die zur Verfügung stehenden Arbeitskräfte für die anstehenden Aufgaben nicht genügend qualifiziert. Lohnarbeit mit dem Anspruch langfristiger Betriebstreue hat ihre Wurzel in der neu erwachten Verpflichtung der Unternehmen, die Mitarbeiter an die Aufgaben heranzuführen und sie zu den seinerzeit relevanten Arbeitstugenden zu erziehen. Fachlich wurden die Arbeitsaufgaben stark vereinfacht, um das Potential an Arbeitskräften nicht allzusehr zu begrenzen. Die mechanisierte Produktion beruhte auf einem rigiden Zeittakt und erforderte eine hohe Arbeitsmoral, die durch repressive Vorgaben erzwungen wurde. „Wir erwarten von den Leuten, daß sie tun, was ihnen gesagt wird. Unsere Organisation ist so bis ins einzelne durchgeführt, und die verschiedenen Abteilungen greifen so ineinander, daß es völlig ausgeschlossen ist, den Leuten auch nur vorübergehend ihren Willen zu lassen." (Ford 1923, 72) „In einer industrialisierten Gesellschaft bedeutet Einfassung in den Zusammenhang Einfassung in die Arbeitsorganisation und damit Anpassung an die Maschinen. Als Produktionsmittel ist die Leistungsfähigkeit des Arbeiters den Maschinen und dem Material gleichgeordnet und Gegenstand wissenschaftlicher Erforschung der optimalen Nutzbarkeit. ... Die Glücksmöglichkeiten und Ansprüche des Einzelnen haben sich in den von den Erfordernissen staatlicher Wohlfahrt vorgezeichneten Grenzen zu halten. Zuwiderwünschende werden notfalls durch „physische Gewalt" in den Rahmen zurückgezwungen, der die optimale Einsetzung der individuellen Leistungsfähigkeit garantiert." (Baatz 1982, 90f.)

Lohnarbeit bedeutet somit vor allem, daß der Arbeitgeber alle Details der Arbeit steuert und regelt, und daß er insbesondere alle Risiken übernimmt. Er überbrückt den Abstand zwischen einer unregelmäßigen Auftragslage und einer kontinuierlichen Beschäftigung, zwischen Vorleistungen und späterem Ertrag, zwischen Qualifikationserwartungen und dem jeweiligen Angebot und zwischen einer Reihe weiterer auseinanderfallender Aspekte wirtschaftlicher Aktivität. Als Gegenleistung erwartet er die Treue und die ungeschmälerte Arbeitskraft der Mitarbeiter und alleinige Gestaltungsmacht.

Lohnabhängig zu sein, war im vorigen Jahrhundert eher eine Diskreditierung im Gegensatz zu den Selbständigen oder zu den Rentiers, die es nicht nötig hatten, eine Lohnarbeit anzunehmen. Inzwischen ist aber - ausgelöst durch Vollbeschäftigungsphasen und einen speziellen Angestellten- bzw. Beamtenstatus im öffentlichen Dienst - die Lohnabhängigkeit zu einem hochbewerteten Privileg geworden, denn sie bietet Sicherheit in einer zunehmend unsicher gewordenen Welt, hat einen hohen gesellschaftlichen Wert bekommen und ist in der Gesellschaft als Lebensbasis anerkannt. Begrifflich wird dies im „Arbeitsplatz" konzentriert, in der Zugehörigkeit zu einer „Stammbelegschaft" mit lebenslanger Beschäftigungsgarantie.

Die aufscheinende Risikogesellschaft mit zurückgehenden Garantien der Arbeitgeber verstärkt noch die Hochschätzung eines stabilen Arbeitsplatzes. In nostalgischer Verklärung wird die über stabile Arbeitsplätze strukturierte Gesellschaft als einzige gesellschaftliche Organisationsmöglichkeit gesehen. Der stabile Arbeitsplatz ist Dreh- und Angelpunkt gesellschaftlicher Einordnung und Existenz. Nur auf diesem Wege wird auch in Zukunft Existenzsicherheit erwartet. Alternativen - die es auch in der Lohngesellschaft parallel immer gegeben hat - werden als nicht ausreichend tragfähig gesehen, vor allem deshalb, da sich die Menschen nicht langfristig auf sie einstellen konnten.

Allerdings wird die Erwerbsarbeit in diesen Überlegungen nicht mehr mit der Ausschließlichkeit eingegrenzt und bewertet: „Die Arbeitsgesellschaft ist ein Produkt der Neuzeit und durch eine institutionalisierte Vergessenheit der Fülle und Vielfalt von Tätigkeiten charakterisiert, die zum menschlichen Leben gehören. In der Arbeitsgesellschaft ist die Erwerbsarbeit zum alleinigen Dreh- und Angelpunkt gesellschaftlicher Fortschrittsversionen und individueller Lebensentwürfe geworden." (Senghaas-Knobloch 1998, 1).

Denn die Wünsche an die Beschäftigung haben sich im Zeitablauf immer wieder geändert. Durch die weitere Anreicherung der Erwerbsarbeit mit Nebenfunktionen - so hat sich der Arbeitsplatz verselbständigt und besteht aus einem Bündel von Statuszuweisung, von sozialer Einbindung und sozialer Sicherheit, er garantiert ein regelmäßiges Einkommen, möglicherweise auch eine reduzierte Komplexität, er schirmt die Menschen ab von einer Alltagswelt, die schwer kalkulierbar geworden ist - hat der Arbeitsplatz einen Eigenwert erhalten. Jüngere Umfragen zeigen dies auch im Urteil der Betroffenen: Wird nach den wichtigen Elementen des Berufslebens gefragt, dann stehen die Kategorien „Interessante Tätigkeit", „Möglichkeit zur Initiative" oder „Nutzen für die Gesellschaft" nicht im Vordergrund. Dort werden - in West wie Ost - Arbeitsplatzsicherheit, Nette Kollegen und die Bezahlung als wichtig erachtet, also Nebenelemente, die bei Selbständigen in eigener Inititative, in vielen Fällen auch außerhalb der Arbeit abgedeckt werden.

Damit hat der Arbeitsplatz - speziell als Korsett für die Existenz innerhalb der Gesellschaft - eine Bedeutung erhalten, die weit über seine funktionale Rolle in der Wirtschaft hinausgeht. Mit dem Zerbröckeln des Normalarbeitsverhältnisses stehen diese angekoppelten Elemente zur Disposition, denn alle neuen Arbeitsformen beschränken sich auf die Kernelemente der Leistungserbringung und erwarten die Abdeckung der Zusatzbedürfnisse durch andere Stellen. Erwerbsarbeit wird also wieder „pur" kontrahiert, und dies erfolgt am ehesten im Rahmen freiberuflicher oder selbständiger Tätigkeit.

Diese Umwälzungen geschehen schleichend, denn die stabilen Arbeitsplätze gibt es durchaus noch und sie wird es in eingegrenzter Form auch weiterhin geben. Die Tendenzen hin zu offenen Arbeitsformen sind aber deutlich erkennbar, und es ist klar, daß insbesondere jene Menschen besonders intensiv über diese Veränderungen nachdenken, denen der Zugang in die stabilen lebenslangen Arbeitsplätze verschlossen bleibt. Dies sind überwiegend die jungen Menschen, die feststellen müssen, daß die stabilen Arbeitsplätze von Älteren blockiert sind und daß sie nur wenig Chancen haben, einen solchen Arbeitsplatz zu bekommen. Es ist in diesem Zusammenhang ermutigend, daß in einer neueren Umfrage, in der nach dem angestrebten Status gefragt wurde, über die Hälfte der Befragten angab, selbständig werden zu wollen (siehe dazu iwd 1997b, 8 und iwd 1998c,7). Ob aus Mangel an Arbeitsplätzen oder freiwillig: Die Bereitschaft sich in diese neuen Arbeitsformen zu begeben, scheint insbesondere bei den Jüngeren vorhanden zu sein. Dies zeigt, daß neue Generationen die veränderten Bedingungen in der Beschäftigung hinnehmen und möglicherweise bewußt positiv gestalten, damit sie akzeptabel und für die Gesellschaft tragfähig werden. Ein ängstliches Klammern an früher sicher adäquate, heute aber nicht mehr zeitgemäße Arbeitsformen dürfte nicht sinnvoll sein.

3.7.2 Aktuelle Auflösungstendenzen

Die Lohngesellschaft scheint sich an ihren Rändern aufzulösen. Ob nun die Gründe eher bei den Arbeitgebern zu finden sind, die nicht mehr bereit oder in der Lage sind, den Ausgleich zwischen schnell wechselnden Marktbedingungen und einem festen Block an angebotener Arbeit zu bewältigen, oder ob es eher die Wünsche der Menschen sind, flexible Strukturen auch bei der Erwerbsarbeit vorzufinden - der Trend ist deutlich: Das Normalarbeitsverhältnis ist nicht mehr die alleinige Organisationsmöglichkeit von Erwerbsarbeit, sondern eine große Zahl alternativer Formen sind im Entstehen und zeigen bereits eine gewisse gesellschaftliche Relevanz.

Dies alles spielt sich in einer Zeit ab, in der nicht mehr genügend Arbeitsplätze angeboten werden. Während der Bedarf nach Arbeitsplätzen steigt, geht das Angebot zurück.

Hohe Arbeitslosigkeit relativiert die realen Chancen auf eine gesellschaftliche Einbindung über einen stabilen Arbeitsplatz. Neue offene Arbeitsformen bieten keine stabile Beschäftigung mehr an. „Weil unsere Gesellschaft um den zentralen Wert der Arbeit herumgebaut ist, fällt (der moderne Arbeitslose) aus ihr heraus und riskiert dabei alles zu verlieren: Schutz, Identität, Sinn.“ (Castel 1997). Diese Orientierung auf einen stabilen Arbeitsplatz wird umso rigider, je kostbarer dieser Arbeitsplatz wird, je weniger derartige garantierte Arbeitsplätze angeboten werden. Wie bei anderen Veränderungen ergibt sich eine nostalgische Sehnsucht nach früheren Strukturen, die in verklärender Weise die aktuellen Maßstäbe bestimmt.

Denn es ist nicht so sehr die Arbeit an sich, die Ziel und Maßstab menschlicher Existenz wird, sondern vor allem die sozialen Bezüge, die innerhalb des Beschäftigungssystems aufgebaut werden und die soziale Sicherung, die mit der abhängigen Arbeit - insbesondere in Deutschland - eng verknüpft gewährt wird. „Die neuen Spielregeln - Flexibilisierung, Deregulierung, Globalisierung - drängen Millionen aus der Lohngesellschaft; die Mehrheit rutscht in allgemeine Verunsicherung ab. Und ausgerechnet in dieser Situation versagt das System sozialer Vorsorge. Es wird systematisch demontiert. Der gesellschaftliche Zusammenhalt löst sich auf. Wahrscheinlich ist dieser Vorgang irreversibel. Wir werden nicht mehr zur Vollbeschäftigung in ihrer klassischen Form zurückkehren.“ (Castel 1997).

Dies erfordert eine Neukonstruktion des sozialen Sicherungssystems: Als Erwerbsarbeit knapp war und die Menschen für die Erwerbsaktivitäten gewonnen werden mußten, diente das System sozialer Sicherung als Lockmittel. Dabei durften auch keine alternativen Systeme angeboten werden. Sie wurden teils unbewußt, teils gezielt abgebaut. Heute, wo die Wünsche nach der Teilnahme an der Erwerbsarbeit größer sind als die angebotenen Möglichkeiten, muß auch dieser Zwang zur Arbeit über das dort exklusiv angebotene Sicherungssystem nicht mehr aufgebaut werden, sondern es könnte eigentlich den Menschen freigestellt werden, ob sie sich an diesem System beteiligen.

Soziale Sicherung sollte aus diesem Grund von der Erwerbsarbeit abgelöst werden, um nicht aus diesem Grunde eine „Übernachfrage“ nach sozial abgesicherter abhängiger Erwerbsarbeit zu erzeugen.

„Flexibilisierung und Deregulierung haben eine weite Zone gefährdeter Arbeit geschaffen, in die zunehmend auch qualifizierte Arbeitnehmer geraten, die sich noch vor wenigen Jahren in Sicherheit wähnten. ... Die instabile Arbeit löst die stabile Arbeit als dominierende Organisationsform ab - wir steigen aus der Lohngesellschaft aus. Die Wirtschaft wird wieder zur Maschine, die Marginalisierung, Not und Angst produziert.“ (Castel 1997).

Es gibt also heute offensichtlich nicht mehr genügend Arbeitgeber, die für ihre Beschäftigten alle Garantien übernehmen, die für Kontinuität, soziale Absicherung und weitere Qualifizierung sorgen. Solange auf dem Arbeitsmarkt genügend geeignete Mitarbeiter auch für lose Arbeitsverhältnisse rekrutiert werden können, halten sie die Gewährung dieser Garantien nicht für erforderlich. Lediglich für jene Mitarbeiter, die für das Unternehmen von besonderer Bedeutung sind, werden die Arbeitgeber auch zukünftig diese Fürsorge bieten.

Dies begünstigt die weitere Ausbreitung offener Arbeitsformen in einer Gesellschaft, die ihre Arbeitszentrierung verliert und ein neues Verhältnis zur Erwerbsarbeit entwickeln muß. Dabei kann die Telearbeit Auslöser und gleichzeitig Modell sein. In diesem Sinne findet die Telearbeit eine Aufmerksamkeit, die weit über ihre aktuelle Struktur und ihre Potentiale hinausgeht.

4. Das Phänomen Telearbeit

Im Umfeld der beschriebenen Veränderungen - einerseits des Vorhandenseins der neuen Technologien und Infrastrukturen, andererseits der Auflösungstendenzen traditioneller Gesellschaften und Arbeitsstrukturen - sind selbstverständlich neue Arbeits- und Lebensformen zu erwarten. Es hat einen großen Reiz, sich eine utopische Gesellschaft vorzustellen, in der Arbeiten und Leben aufs Beste miteinander abgestimmt sind und nur noch geringe Zwänge existieren, die von den Individuen in ihre Lebensplanung ohne Schwierigkeiten eingefügt werden können. Die frühe Diskussion um die Telearbeit war recht unscharf und wesentlich von diesen Wünschen bestimmt: Dort leben, wo andere Freizeit machen, Arbeit dann leisten, wenn nichts anderes ansteht, Vermeidung von Umweltbelastungen durch Abbau der Pendelei zum Arbeitsplatz. Doch wie bei allen derartigen Utopien verlieren diese Wunschvorstellungen im rauhen Wind der Realität ihre positiven Bewertungen, da sie sich meist auch widersprechen, und werden sie an den bisherigen Mustern gemessen, auch ihre Akzeptanz. Telearbeit hat mittlerweile diese utopische Phase hinter sich gebracht, sodaß heute relativ klar die Möglichkeiten und Grenzen, aber auch Bereitschaft und Vorbehalte, zu erkennen sind.

4.1 Entwicklung der Telearbeit

Bevor die Details der Telearbeit beschrieben werden, soll zunächst die Historie nachgezeichnet und dann das Phänomen in seinen Dimensionen und Aspekten beschrieben werden. Dabei wird deutlich, daß es auch heute durchaus keine stabile und endgültige Abgrenzung dieser Arbeitsform gibt, statt dessen zeigen sich unscharfe und sich wechselweise überdeckende, oft auch undurchsichtige und widersprüchliche Strukturen.

4.1.1 Frühe Versuche

Henselek (1997,1f.) gibt drei Höhepunkte der Diskussion an: Einen ersten in der Mitte der 70er Jahre, als durch die Ölkrise das Pendeln zum Arbeitsplatz durch Telearbeit substituiert werden sollte (daher der Ausdruck „Telecommuting“, was mit Telependeln übersetzt werden kann). Ein zweiter Höhepunkt wird Mitte der 80er Jahre identifiziert, wo umfangreiche Untersuchungen und Bewertungen der Telearbeit stattfanden, in der Realität aber Telearbeit quantitativ (noch) keine Bedeutung hatte. Ein dritter Höhepunkt wird seit Mitte der 90er Jahre berichtet, in dem sich tragfähige Modelle in Form der „Außerbetrieblichen Arbeitsstätten“ entwickelten, die als Kompromiß eine gewisse Akzeptanz fanden.

Ähnlich gibt Godehardt (1994, 3ff.) einen umfassenden Abriß über die Entwicklung des Phänomens „Telearbeit“. Sie findet die gemeinsame Wurzel aller Diskussionen in einer Untersuchung von Nilles (1976), in der vor dem Hintergrund der Energiekrise 1973/74 Alternativen zu den traditionellen arbeitsplatz-orientierten Arbeitsformen gesucht und im „Telecommuting“ gefunden wurden. Damit war eine räumliche Dezentralisierung von informationsbezogener Beschäftigung denkbar geworden. Toffler (1980) griff die Ideen auf und erstellte weitergehende Zukunftsszenarien des Telecommutings und setzte sie anschaulich um.

Parallel dazu hat D. Mertens (1980, 151f.) die „Neuen Grauzonen des Erwerbsverhaltens“ thematisiert und vor allem auf die neue Selbständigkeit hingewiesen. Informelle Ökonomie, Eigenarbeit und Entprofessionalisierung waren damals Stichworte, die alternative Arbeitsformen umschrieben. Auf dem Soziologentag 1982 sind diese Phänomene aus der Sicht der Arbeitsgesellschaft (Matthes 1983) intensiv diskutiert worden. Dahrendorf hielt ein vielbeachtetes Referat „Wenn der Arbeitsgesellschaft die Arbeit ausgeht“ (Dahrendorf 1983, 25-37), das vor allem den Sinn hatte, die verkrustete Diskussion um die Erwerbsarbeit aufzuweichen.

In der Folgezeit gab es verschiedene Projekte zur Erforschung der Telearbeit, doch die empirischen Möglichkeiten waren außerordentlich begrenzt, da es kaum reale Beispiele echter Telearbeit gab und manche Modelle auch das Licht der Öffentlichkeit scheuten, da sie wie auch heute (siehe Kapitel 5.3) nicht immer auf ihre Legalität hin geprüft waren. So dümpelte die Diskussion neben einer sehr zögerlichen Umsetzungspraxis her. Es gab zwar unendlich viele Veröffentlichungen in den unterschiedlichsten Blättern, doch es gab nur wenig konkrete Aussagen.

Von der Informationstechnik-Industrie wurde das Thema eher zurückhaltend behandelt, da die Akzeptanzprobleme bei der Kernkraft und bei der Mikroelektronik noch in guter Erinnerung waren. Man wollte nicht noch ein neues Gebiet der Auseinandersetzung aufreißen und bestätigte zwar die Möglichkeit der Telearbeit, wies aber gleichzeitig darauf hin, daß eine flächendeckende Einführung nicht geplant und wohl auch nicht sinnvoll sei (siehe dazu auch Gitter u.a. 1985).

Die Gewerkschaften machten sehr früh die Telearbeit zum Tabuthema und versuchten unter allen Umständen das zarte Pflänzchen, das hier keimte, auszureißen. Auch Ballerstedt (1983, 316) als Verfasser einer frühen Telearbeitsstudie schreibt: „Gesamtwirtschaftliche und technische Entwicklungen, aber auch unternehmerische Perspektiven lassen nicht darauf schließen, daß wir an der Schwelle zur massenhaften Telearbeit stehen.“

Allerdings konnten die frühen Erwägungen nur auf eine sehr rudimentäre Informationstechnik zurückgreifen, die zudem noch so kostspielig war, daß sie nicht flächendeckend in Haushalten hätte installiert werden können. Damit war die Wirtschaftlichkeit nicht gegeben, sodaß Modellversuche wie die in Baden-Württemberg (Bullinger u.a. 1987) ohne weitere Fortsetzung ausliefen.

4.1.2 Neue Dynamik in den 90er Jahren

Erst zu Beginn der 90er Jahre scheint die Telearbeit nach einem gewissen Dornröschenschlaf wieder aufgewacht zu sein. Im Rückenwind der breiteren Telearbeitsrealisierung bei IBM Deutschland haben viele andere Unternehmen auch in größerem Stil Telearbeit eingeführt, und zwar als längerfristig angelegte Strategie und nicht mehr unter dem Aspekt eines bloßen Modellversuches. Seitdem verfügt die Telearbeit auch in Deutschland über Referenzmodelle und ist auch - mit den Betriebsvereinbarungen von IBM (siehe dazu Glaser 1993 und Glaser & Glaser 1995 sowie Kirrmann 1995) und dem Tarifvertrag der Telekom - organisatorisch abgeklärt und rechtlich eingeordnet.

4.1.3 Entwicklung in anderen Ländern

In anderen Ländern konnte sich die Telearbeit schneller und variantenreicher verbreiten. In den USA hat das Telecommuting auch in der Gesellschaft einen hohen Stellenwert, der sich vor allem aus den folgenden Faktoren ergibt: Telecommuting kann die teilweise sehr zeitraubenden und belastenden Pendelzeiten reduzieren, die Haushalte sind mit Computern besser ausgestattet, die Telekommunikationskosten sind vergleichsweise niedrig, die Mobilitätswünsche sind höher und lassen sich durch Telecommuting eher erfüllen, die Arbeitsvertragsverhältnisse sind weniger reglementiert und eingeengt. Ein Erdbeben in Los Angeles förderte die Telearbeit bei zerstörten Straßenverbindungen (Kulzer 1994). Auch wurde Telearbeit für Randgruppen gefördert (Godehardt führt ein Beispiel der Telearbeit an 30 Arbeitsplätzen in einem Frauengefängnis an (1994, 30)).

In Großbritannien konnte sich Telearbeit auch schneller als in Deutschland ausbreiten, da hier durch die Liberalisierung der British Telecom und durch die Öffnung der Erwerbsarbeit geeignetere Rahmenbedingungen existierten. Auch in Großbritannien sind viele Förderaktivitäten zur Einführung von Telearbeit gestartet worden, wie beispielsweise die Telecottage Association, die Telecenter und Netzwerke unterstützt und 590.000 selbständige Telearbeiter für das Jahr 1994 anführt.

Auch in Irland, Frankreich, Skandinavien, Schweiz und Niederlanden (Weijers u.a. 1992) wurde die Telearbeit als Arbeitsmodell und als Planungsziel realisiert. In allen Fällen ergänzen sich autonome Inititativen größerer Arbeitgeber mit Förderprogrammen, mit denen insbesondere die Chancen ländlicher Räume verbessert werden sollen.

Schließlich zeigen sich zunehmend grenzüberschreitende Telearbeitsprojekte. Waren diese von den großen Fluggesellschaften bereits sehr früh bei der Belegerfassung genutzt worden, so zeigen sich jetzt speziell in diesem Feld stabile Ansätze, mit denen beispielsweise rund um die Uhr an verteilten Stellen über den Globus gearbeitet wird, wobei die Direktkontakte oft außerhalb der üblichen Arbeitszeiten von zuhause aus erfolgen, was dann die grundsätzliche Verlagerung des Arbeitsplatzes aus der Zentrale in den wohnortnahen Bereich erleichtert.

4.1.4 Heutige Situation

Der heutige Entwicklungsstand läßt sich wie folgt umschreiben: Die technischen Voraussetzungen sind geklärt und umsetzbar, die organisatorischen Strukturen sind in vielen Varianten erprobt, die Arbeits- und Aufgabengebiete sind gefunden, sodaß jetzt Telearbeit in breiter Form realisiert werden könnte.

Sehr viele Unternehmen bzw. Auftraggeber und Betroffene haben eigene Erfahrungen gesammelt, sodaß sie das Phänomen gut bewerten und beurteilen können. Es gibt ein eigenes Fachmagazin (Teleworx, das erste Heft erschien im April 1997) und derzeit (Mitte 1998) wird gerade ein nationaler Telearbeitsdachverband gegründet. Damit sind alle Rahmenbedingungen für ein neues Berufsfeld gegeben. Somit ist eine zunehmende Realisierung der Telearbeit zu erwarten.

Allerdings ist es ziemlich sicher, daß die heutigen Vorstellungen über Telearbeit und ihre Organisation nicht unverändert bleiben werden. Die der Telearbeit innewohnende Dynamik wird zu neuen und möglicherweise auch Mischformen führen, die heute nicht oder nur schwer abgeschätzt werden können.

4.2 Definition der Telearbeit

„Eine eindeutige Definition des Begriffs „Telearbeit" hat sich bisher nicht durchgesetzt" (Godehardt 1994, 40). „Vorweg kann festgestellt werden, daß keine allseits anerkannte, hinreichend eindeutige Definition der Telearbeit existiert" (Kordey & Korte 1996a, 10). „Die Diskussion um die Telearbeit wird erschwert durch eine uneinheitliche Begriffsbildung" (Wank 1997,1).

4.2.1 Praktikable Definitionen

Wegen dieser unklaren definitorischen Ausgangssituation werden statt umfassender Abgrenzungen meist vergröberte Umschreibungen verwendet. Kordey & Korte (1996a) nutzen die folgende Telearbeit-Definition:

„Telearbeit bezeichnet die wohnortnahe Arbeit unabhängig vom Firmenstandort an mindestens einem Arbeitstag pro Woche, wobei die (Zusammen-) Arbeit über räumliche Entfernungen hinweg unter primärer Nutzung von Informations- und Kommunikationstechnologien erfolgt und eine Telekommunikationsverbindung zum Arbeitgeber bzw. Auftraggeber zur Übertragung von Arbeitsergebnissen genutzt wird."

Oder kurzgefaßt (Korte 1995):
„Wohnortnahe Arbeit unabhängig vom Firmenstandort unter hauptsächlicher Nutzung von I- und K-Technik.“

Wakiel und Oldenburg (1998, 10) legen in einer offiziösen Schrift der Bundesministerien für Arbeit und Sozialordnung, für Wirtschaft und für Bildung, Wissenschaft, Forschung und Technologie den folgenden Telearbeitsbegriff zugrunde:
„Telearbeit ist jede auf Informations- und Kommunikationstechnik gestützte Tätigkeit, die ausschließlich oder zeitweise an einem außerhalb der zentralen Betriebsstätte liegenden Arbeitsplaz verrichtet wird. Dieser Arbeitsplatz ist mit der zentralen Betriebsstätte durch elektronische Kommunikationsmittel verbunden.“

Reichwald u.a. (1998, 79) definieren kurz und knapp:
„Telearbeit bezeichnet alle Formen der verteilten Aufgabenbewältigung unter Nutzung raum- und zeitüberbrückender Telemedien.“

In der Telearbeit werden also Arbeitsvollzüge via Telekommunikation arbeitsteilig organisiert. Somit sind alle Arbeitskräfte, die für ihre Aufgabenerledigung Telekommunikation benutzen, auch Telearbeiter. Nachdem aber heute der größte Teil der Erwerbstätigen Telekommunikationsgeräte bei ihrer Arbeit nutzen, ist diese sehr weite Definition nicht sinnvoll.

Deshalb sollten engere Definitionen gewählt werden, bei denen nur jene Arbeitnehmer eingegrenzt werden, die die mit der Telekommunkation mögliche räumliche Flexibilisierung nutzen, die also überwiegend außerhalb traditioneller Arbeitsplatzagglomerationen tätig sind. Eine Sonderform ist die Teleheimarbeit, in der Arbeitskräfte daheim mit ihrem Arbeit- bzw. Auftraggeber über multimediale Telekommunikation verknüpft sind.

Ständige und gelegentliche Telearbeit werden unterschieden. Telearbeit zeigt aber sehr viele Facetten, die in ihrer Vollständigkeit selten bedacht werden. Aus diesem Grunde sollen weitere Umschreibungen der Potentiale und Lösungsbeispiele folgen, um die Breite möglicher Realisierungsformen deutlich zu machen und zu zeigen, daß offene Arbeitsformen ohne weitere Veränderungen von Aufgabenstellung und Technik sofort realisiert werden können.

4.2.2 Umschreibung der Telearbeit

Wenn nämlich heute Sachbearbeiter über ihren PC alle relevanten Informationen abrufen können und wenn sie ihre Kommunikation, möglicherweise auch Bildkommunikation, ebenfalls über entsprechende Terminals betreiben können, dann besteht - zumindest von der funktionalen Seite betrachtet - keine Notwendigkeit der räumlichen und zeitlichen Abstimmung in persönlicher unmittelbarer Interaktion mit Kollegen, Vorgesetzten oder Mitarbeitern. Die betreffenden Sachbearbeiter können sowohl räumlich als auch zeitlich entkoppelt die Arbeit leisten, wenn sie über Multimedia-Anschlüsse mit den entsprechenden Endgeräten Zugang zu den Informationen und Kommunikationsmöglichkeiten mit den Kollegen haben.

An einem Beispiel (Lugschitz 1994) sollen die Möglichkeiten geschildert werden, die durch Multimedia ausgelöst werden und in Telearbeit einmünden. Diese Entwicklung ist symptomatisch und erklärt anschaulich die Aufeinanderfolge von Aktionen, die schließlich zur Telearbeit führen können:

Eine Bausparkasse hatte Probleme mit der Speicherung der Akten. Die Archivräume reichten nicht mehr aus, um alle Unterlagen aufzuheben, die Suche war schwierig und zeitraubend, Kunden mußten länger warten, bis ihre Anfragen und Aufträge bearbeitet wurden. So wurden die aktuellen technischen Möglichkeiten untersucht und folgende Lösung eingeführt: „Jeglicher Post- und Aktentransport erfolgt elektronisch. Die Eingangspost wird zuerst gescannt und dann als Bild am Bildschirm an den Arbeitsplatz gesandt. Der/die Bearbeiter/in sieht auf dem Bildschirm das Schreiben in Faksimile-Form, also so, wie es auch auf dem Papier ausgesehen hätte. Dieses Bild kann auch gleichzeitig an mehreren Arbeitsplätzen gelesen und bearbeitet werden. Die Bearbeiter können sich dann aus dem elektronischen Archiv alle weiteren Informationen abrufen, die für die Bearbeitung erforderlich sind. Während der Bearbeitung werden die Informationen der Faksimile-Dokumente in Datenbankinformationen umgesetzt, die dann in das aktuelle Informationssystem aufgenommen werden. So können auch telefonische Anfragen sofort bearbeitet werden, die Wartezeit, bis die Informationen auf dem Bildschirm des/der Bearbeiter/in auftauchen, ist so kurz, daß über diese Zeit das Telefongespräch weiterlaufen kann und keine Unterbrechung erfolgen muß. Papier wird nicht mehr verteilt und aufgehoben, Voraussetzung dazu ist eine hohe Sicherheit der elektronischen Datenspeicherung.

Heute sind die Sachbearbeiter/innen noch in Räumen der Bausparkassenzentrale untergebracht. Doch im Prinzip lassen sich die Arbeitsplätze an beliebiger Stelle einrichten, beispielsweise in dezentralen Filialen, in den Büros der Kundenberater und Vertreter, möglicherweise auch zuhause im Heimbüro. Nötig ist nur ein PC mit Anschluß an das Informationssystem. Ergänzt werden kann die Infrastruktur noch durch eine Kamera und ein Komforttelefon, mit denen auch ein Sicht- und Sprachkontakt hergestellt werden kann. Derartige Systeme sind heute erhältlich und so kostengünstig, daß eine räumliche Verlagerung möglich und in vielen Fällen auch wirtschaftlich ist.“

Ähnliche Auslöser und darauf abgestimmte Modelle sind in allen Branchen und in großer Vielfalt zu finden. Die große Menge der Telearbeitsliteratur zeigt die vielen Beispiele, die immer wieder deutlich machen, daß auch ohne das spezielle Ziel Telearbeit immer wieder Organisationsstrukturen entworfen werden, die zumindest die Telearbeit - in beliebiger Form - als eine Weiterentwicklung ermöglichen.

Eine zu enge Definition des Phänomens ist nach all diesen Erfahrungen für die Diskussion nicht förderlich. Zwar müssen für quantitative Untersuchungen Definitionen zugrundegelegt werden, doch mit weiterer Entwicklung ergeben sich immer wieder neue Ausprägungen. Die seinerzeit angebotene Morphologie der Telearbeit (Dostal 1986, 5) gilt mit einigen Modifikationen auch heute noch. Die derzeit üblichen Organisationsformen der Telearbeit sind in der Übersicht 5 zusammengefaßt (nach Dostal 1986, 5, Kordey/Korte 1996, 14f. und Godehardt u.a. 1997, 20f.). Diese Gliederung (Übersicht 5) wird im Folgenden immer wieder benutzt.

Neben der organisatorischen Zuordnung sind noch die Arbeitsaufgaben, die verwendete Technik, die Personengruppen, der zeitliche Modus, der rechtliche Status und eine weitere Zahl von Dimensionen wie beispielsweise die Dauerhaftigkeit einzelner Fälle relevant. Sie werden im nächsten Kapitel ausführlich behandelt.

Übersicht 5: Struktur der Telearbeit

Teleheimarbeit
Alleiniger Ort der Arbeitsverrichtung ist die Wohnung des Telearbeiters/der Telearbeiterin.

Alternierende Telearbeit
Der Telearbeiter/die Telearbeiterin wechselt in der Regel zwischen den Arbeitsorten Büro und zuhause, evtl. auch dritten Orten, beispielsweise unterwegs.

Arbeit in Telearbeitszentren

Satellitenbüro
dezentrales Arbeitszentrum eines Unternehmens, ausgelagertes Büro

Nachbarschaftsbüro
von mehreren Unternehmen betriebenes Arbeitszentrum in Wohnortnähe der Mitarbeiter/innen

Telehaus/Teleservicezentrum
stellen Telekommunikationsinfrastruktur für die lokale Wirtschaft bereit und bieten eine Mischung aus Service und Telearbeitsplätzen an.

Virtuelle Unternehmen
Zusammenschluß von telearbeitenden Einzelpersonen und/oder Kleinstunternehmen zu einem als Einheit auftretenden Unternehmen

Mobile Telearbeit

Temporärer Arbeitsplatz
Mobile Beschäftigte arbeiten häufig an einem nicht fest eingerichteten dritten Ort, beispielsweise beim Kunden, im Hotel oder auf Baustellen.

Beweglicher Arbeitsplatz
Arbeit in der Bahn, im Flugzeug oder im Auto mit entsprechender Telekommunikation

Die reine definitorische Umschreibung wird immer wieder ergänzt durch Praxisbeispiele und Szenarien sowie durch Glossare. Das soll hier ebenfalls in verkürzter Form geschehen:

Die ZVEI/VDMA-Studie (1995) bietet sechs Szenarien für die Telearbeit an, die wegen ihrer Anschaulichkeit hier aufgeführt werden sollen, um die Vielfalt der Möglichkeiten zu zeigen:

1. Mitarbeiter einer Firma haben ihren Hauptarbeitsplatz zu Hause; in der Firma steht ihnen ein 'Shared Desk'-Arbeitsplatz zur Verfügung, den sich bis zu drei Mitarbeiter teilen. Sie finden sich zu vereinbarten Zeiten in ihrer angestammten Organisation zu Besprechungen bzw. Tätigkeiten ein, die nicht ohne weiteres dezentral durchgeführt werden können.

2. Mitarbeiter einer Firma oder in einer öffentlichen Verwaltung bearbeiten gemeinsam Arbeitsvorgänge über das öffentliche Netz, z.B. Schadensabwicklung in einem Versicherungsunternehmen zwischen verteilten Organisationen.

3. Mitarbeiter einer Firma und/oder Mitarbeiter einer weiteren Firma benutzen Büroflächen, die durch Dritte für diesen Zweck bereitgestellt werden (Satellitenbüro/Nachbarschaftsbüro).

4. Mitarbeiter einer Firma haben keinen stationären Arbeitsplatz. Der Arbeitsplatz kann in einem Hotel (bei Dienstreisen), im PKW oder in konventionellen Büros einer Niederlassung sein. Alle Kommunikationsdienste wie Modacom, ISDN, Modem können für die Kommunikation zwischen den Mitarbeitern oder der Bearbeitung gemeinsamer Vorgänge eingesetzt werden.

5. Selbständige, kleine und mittlere Firmen kooperieren im Sinne eines 'Virtual Enterprise' über ein gemeinsames Netz mit privaten Diensten.

6. Mitarbeiter der Firma A arbeiten mit Mitarbeitern der Firma B an gemeinsamen geschäftlichen Zielen mit Hilfe der Telekommunikation, z.B. Teleengineering. Die technische Plattform für dieses Szenario ist ISDN.

Kreativität und Phantasie sind so breit, daß es kaum möglich sein dürfte, alle denkbaren Varianten der Telearbeit aufzuführen. Fast täglich erscheinen neue Beispiele, in denen innovative Organisatoren ein neues oder zumindest abgewandeltes Telearbeitsmodell vorstellen. Es ist nicht möglich, hier einen vollständigen Überblick zu erhalten.

4.2.3 Glossar wesentlicher Begriffe aus dem Umfeld der Telearbeit

Aus diesem Grunde werden hier neu aufgetauchte Begriffe knapp präzisiert, die im Umfeld der Telearbeitsdiskussion eine Rolle spielen:

Alternierende Telearbeit: Telearbeiter wechseln zwischen den Arbeitsplätzen zu Hause, beim Kunden und im Büro.

Eine **Außerbetriebliche Arbeitsstätte** kann ein Haushalt oder ein Nachbarschafts- bzw. Satellitenbüro sein und bezeichnet ausgelagerte Arbeitsplätze, an denen weiterhin abhängig Beschäftigte tätig sind. Dieser Begriff ist durch den Vertrag der Firma IBM festgelegt worden.

Bodyshopping: Kurzzeitige Beschäftigung einzelner Fachleute zum Abbau von Überstunden oder für die Dauer eines Projekts.

Business-Television „ersetzt die allgemeineren Begriffe „Teleconferencing" und „Videoconferencing" und bezeichnet die Produktion und Verteilung von Fernsehprogrammen für geschlossene Benutzergruppen." (Seibold 1995). Genutzt wird Business-TV vor allem in den Bereichen Managementinformation, Aus- und Fortbildung, Marketing und Vertrieb. Es handelt sich vor allem um eine eindirektionale Bild- und Tonübertragung vom Entstehungsort des Programms zu beliebig vielen Empfangsstationen. Über Audiorückkanäle können die Zuschauer in das Programm eingreifen.

Call-Center sind Servicebüros, die über Telefon angewählt werden können und Dienstleistungen, beispielsweise Auskünfte, Senden von Werbematerial oder Weiterleitung von Störungsmeldungen, anbieten.

Desktop-Videokommunikation (siehe dazu Kuhnert 1995) umfaßt die Erweiterung der Kommunikation zwischen zwei oder mehreren Partnern mit PC und einer zusätzlichen Kamera, mit der der Gesprächspartner oder Dokumente bildlich übertragen und auf dem Bildschirm eingeblendet werden. Dazu existiert meist auch eine Sprachverbindung mit besonderem Komfort. Damit lassen sich Videokonferenzen, zu denen bislang spezielle Studios erforderlich waren, an den Arbeitsplatz verlagern, womit dann eine spontane Kommunikation möglich wird. Desktop-Videokommunikation ist die technische Basis für virtuelle Organisationen.

Distant Working ist der englische Begriff für Fernarbeit.

Fernarbeit ist ein früher Begriff für die räumliche Verlagerung von Arbeit. Er wird manchmal synonym für Telearbeit verwendet.

Global Village ist das „Globale Dorf". Dieser Begriff aus der Telekommunikationsdiskussion meint, daß heute auch Dörfer, also kleine räumliche Einheiten, durch Telekommunikation global werden können, also Anschluß an die weltweiten Informationsnetze bekommt. Damit könnte die weitere Konzentration wieder abflauen und dörfliche Strukturen wieder realisierbar werden.

Groupware sind Softwareprodukte, die die Gruppenarbeit durch Computerhilfe unterstützen, insbesondere die Erstellung anspruchsvoller Software oder anderer Informationsstrukturen (Lewe/Krcmar 1991).

Guerilla-Teleworking: Angestellte, die regulär im Büro arbeiten, sich aber zusätzlich am Wochenende oder während einer Geschäftsreise ins Firmennetz einwählen, gelten nicht als Telearbeiter im eigentlichen Sinne. Die Amerikaner haben für diese vor allem unter Führungskräften verbreitete Spezies einen eigenen Begriff geprägt: „Guerilla-Teleworker" - weil sie immer und von überall arbeiten. (Rieker 1995, 200)

Hausverbundene Arbeit (HVA): Bezeichnung für Teleheimarbeit bei der Allianz Lebensversicherungs AG: 4 Tage Teleheimarbeit und 1 Anwesenheitstag in der Woche, weiterhin abhängiges Arbeitsverhältnis. Höhere Kosten, höhere Produktivität, keine Koordinationsprobleme. Es handelt sich nur um ein Pilotprojekt (Pöltz 1996).

Heimbasierte Telearbeit umfaßt alle Formen der Telearbeit am häuslichen Arbeitsplatz des Mitarbeiters. Dabei werden ausschließliche und alternierende Telearbeit unterschieden.

Hoffice ist die Zusammenfassung von Home und Office. Es meint das Vorhandensein eines häuslichen Büros, das ähnlich ausgestattet ist wie das Büro in der Zentrale bzw. an einem anderen Arbeitsplatz. Dieses Hoffice kann genutzt werden, um privat bedingte Büroarbeiten zu erledigen, beispielsweise die Steuererklärung, Schriftwechsel, Bankgeschäfte, Archivierung u.ä., es kann aber auch für beruflich bedingte Arbeiten genutzt werden.

Joint Editing ist ein Verfahren, mit dem mehrere Autoren einen Text bearbeiten und somit zu abgestimmten Schriftstücken kommen. Dieses Verfahren ist ähnlich aufgebaut wie die Telekooperation.

Mobile Telearbeit bezeichnet das ortsunabhängige Arbeiten mit mobiler Kommunikationstechnik. Als typische Erscheinungsform hat sich das mobile Büro herausgebildet, das hauptsächlich von Außendienstmitarbeitern oder Servicetechnikern genutzt wird.

Nachbarschaftsbüro: Telearbeitszentrum, das von mehreren Unternehmen betrieben wird und Telearbeitsplätze zur Verfügung stellt.

New Work ist ein Begriff, der die neuen Arbeitsformen außerhalb der starren abhängigen repetitiven Arbeit umschreibt. „New Worker arbeiten mal außerhalb, mal innerhalb eines Firmenverbandes. Innerhalb eines Betriebes sind sie in verschiedenen Funktionen einsetzbar ...der Lohn von New Work wird kein statischer mehr sein, der sich an Posten und Positionen mißt. Er setzt sich aus drei Faktoren zusammen: einem Grundgehalt, einem Gruppen-Bonus und einem Individual-Produktivitäts-Bonus." (Horx 1995, S. 33).

Offshore-Programmierung*:* Vergabe von Programmieraufträgen an Unternehmen aus Schwellenländern

On-Site-Telearbeit bezeichnet die Ausführung von Telearbeit am Ort des Wertschöpfungspartners oder -prozesses, wobei die Telearbeitsplätze stationär eingerichtet sind (Wakiel & Oldenburg 1998, 14).

Outworking ist Synonym für den Begriff Fernarbeit.

Satellitenbüro: Dezentrales Arbeitszentrum, um Kundennähe oder flächendekkende Präsenz eines Unternehmens zu gewährleisten.

Tandem-Modell: Hier werden zwei Personen zusammengespannt, von denen jeweils eine zuhause und eine in der Zentrale arbeitet. Für den/die Heimarbeiter/in ist die Person im Unternehmen Ansprechpartner/in. Es erfolgt ein regelmäßiger Wechsel.

Telearbeitszentren sind Nachbarschaftsbüros, in denen Arbeitskräfte gemeinsam Telearbeit für verschiedene Auftraggeber erledigen. Es gibt dazu verschiedene Initiativen von Telearbeitszentren in strukturschwachen Gebieten, in denen eine kleine Zahl von Festangestellten viele freie Mitarbeiter organisatorisch betreuen, die dann ad hoc die jeweils aktuellen Arbeiten erledigen. Für diese handelt es sich eher um Rufbereitschaft bzw. kapazitätsorientierte variable Arbeitszeit.

Telecommuting ist der englische Begriff für Telearbeit. Commuting steht für Pendeln zum Arbeitsplatz, sodaß der Begriff eigentlich mit „Telependeln“ übersetzt werden müßte. Telecommuters brauchen sich also nicht ins Auto oder in andere Verkehrsmittel setzen, um an ihren Arbeitsplatz zu kommen, sondern können diese über Telekommunikation realisieren.

Ein **Telehaus** ist eine Einrichtung der Innovationsförderung, in dem Telekommunikationsanschlüsse und -geräte neuester Ausführung aufgebaut sind, um Interessenten die probeweise Nutzung ohne Investitionen zu ermöglichen. Sie können dann für eine begrenzete Zeit für neue Aktivitäten genutzt werden, bevor dann eine eigene Infrastruktur aufgebaut wird. (weitere Informationen in: Telehaus Oberfranken 1995). Auch Telecottage, Teleservicezentrum

Telekooperation meint lediglich die Zusammenarbeit von Menschen, die räumlich verstreut an einer gemeinsamen Aufgabe arbeiten und über Telekommunikation Informationsaustausch betreiben. Eine andere Definition lautet: „freiwillige Zusammenarbeit von wirtschaftlich selbständigen Unternehmen mit der Absicht, in betrieblichen Teilbereichen gemeinsame wirtschaftliche Ziele zu realisieren unter Verwendung von Informations- und Telekommunikationstechnik.“ (TA Telearbeit 1997, 15). Heute werden dazu über das Telefon hinaus auch weitere Telekommunikationsformen wie Bild- und Textübertragung verwendet.

Telematic Cities sind Städte, die eine besonders gut ausgestattete Telekommunikations-Infrastruktur aufweisen und mit anderen derartigen Zentren mit leistungsstarken Telekommunikationsverbindungen kooperieren. Waren früher für die Stadtentwicklung andere Infrstrukturelemente notwendig und förderlich, können es heute diese Telekommunikationsbezüge sein.

Teleorganisation meint die Bildung von virtuellen Organisationen, in denen Partner an verschiedenen Orten im Projektverbund auf der Basis von Telekommunikation zusammenarbeiten.

Teleport leitet sich ab vom Hafen, der Umschlagsort für Waren und in letzter Zeit auch für Dienstleistungen war. Heute lassen sich diese Strukturen auch auf Informationen anwenden, sodaß der Teleport ähnlich wie die Telematic City ein bedeutender Knoten im Informationsnetz darstellt. Deshalb werden heute auch **Cityports** definiert (Huber 1995).

Teleteaching läßt sich kurz definieren als „moderne Lehrform, bei der der Austausch zwischen Lehrern und Schülern mittels Informations- und Kommunikationstechnik stattfindet (z.B. Videokonferenz)“ (TA Telearbeit 1997, 18).

Teleteaming entspricht der Telekooperation, nur daß beim Teleteaming ein festes Team, das länger zusammenarbeitet, kooperiert, während bei der Telekooperation auch wechselnde Zusammensetzung denkbar ist.

Videoconferencing ist zunächst in speziellen Videokonferenzräumen angeboten worden, in denen die Konferenzteilnehmer über Sprach- und Videokommunikation Besprechungen führen konnten. Heute sind diese Möglichkeiten auch am einzelnen PC gegeben, sodaß der Aufbau und die Unterhaltung derartiger Videokonfernzräume nur noch für spezielle Aufgabenbereiche relevant ist.

Virtuelles Unternehmen: Zusammenschluß von rechtlich unabhängigen und räumlich getrennten telearbeitenden Einzelpersonen oder Kleinunternehmen in einem Netzwerk zu einem „virtuellen“ Unternehmen, das auf dem Markt als eine Einheit agiert und unter einem Firmennamen auftreten kann.

4.3 Unschärfen des Phänomens

Diese eher beschreibende Abgrenzung zeigt eine nicht mehr handhabbare Breite. In diesem Sinne ließen sich nahezu alle Verrichtungen, in denen ein minimaler Teil Informationsverarbeitung enthalten ist, als Telearbeit definieren und realisieren. Dies würde aber die folgende Diskussion über Gestaltung, Akzeptanz und Zukunft so unscharf machen, daß kaum noch klare Aussagen möglich sind. Diese Gefahr ist in der Telearbeitsdiskussion der letzten 20 Jahre immer gegenwärtig gewesen, daß - wie bei dem Witz mit dem Elefanten und den Würmern - alle Themen im Umfeld der Informationstechnik und der Erwerbsarbeit in die Telearbeit eingemündet sind. Der Begriff Telearbeit ist zu einer universellen Ikone geworden.

Aus diesem Grunde sollen die Ränder der Telearbeit deutlich gemacht werden und gezeigt werden, wo sich Telearbeit mit anderen Arbeitsformen vermischt und wo es sinnvoll sein dürfte, definitorische Grenzen zu ziehen. Eine Besonderheit ist das Problem der quantitativen Abschätzung. Hier sind Definitionsprobleme Ursache für weit auseinanderlaufende Einschätzungen.

4.3.1 Selbstbedienung

Am Rande der Telearbeitsdefinition liegen jene Bereiche, die normalerweise nicht zur Telearbeit gezählt werden, die aber ebenfalls irgendwie für dieses Phänomen relevant sind. Sie sollen erwähnt werden, bevor dann Quantifizierungsversuche folgen, um deutlich zu machen, wo nun die Grenze um die Telearbeit gezogen wird.

Deutliches Abgrenzungskriterium soll sein, daß es sich weiterhin um Erwerbsarbeit handelt. Somit sind alle Tätigkeiten, die aus dem Erwerbssystem herausgefallen sind, hier nicht mehr relevant. Auf dieses Phänomen wird in Kap. 7 noch genauer eingegangen.

Damit ist die Kundenselbstbedienung, auch wenn sie vom Phänotyp her mit der Telearbeit weitgehend übereinstimmt, hier nicht berücksichtigt worden. In diesem Fall werden also Aktionen, die zuvor von Sachberarbeitern/innen bewältigt worden sind, von den Kunden selbst übernommen. Selbstbedienung wird auch als „Unbezahlte Teleheimarbeit“ bezeichnet: „Die Kunden leisten hier also konkrete Arbeit, allerdings ohne Erwerbscharakter, d.h. ohne Bezahlung.“ (Schwohnke & Wicke 1986, 172). Die dabei genutzte Technik dient hier in zweierlei Hinsicht:

- Sie dient als Kontrolltechnik, damit der Kunde/die Kundin sich nicht ungerechtfertigt Leistungen erschleicht, die ihm/ihr nicht zustehen. Dazu scheint die

Technik mittlerweise ausreichend leistungsfähig und sicher zu sein. Ein vollständiger Schutz ist sicher nicht möglich, aber es reicht, wenn die Sicherheit so hoch ist, daß die Störfälle ein gewisses Maß nicht überschreiten. Da insbesondere bei den Banken diese Selbstbedienung auch in sensiblen Bereichen (Kontoführung, Geldausgabe) mittlerweile Realität ist, scheinen die vorhandenen Strukturen derartige Selbstbedienung auch in anderen Bereichen, z.B. bei Versicherungen, im Handel und sicherlich auch in der öffentlichen Verwaltung zu ermöglichen.

- Sie dient als Qualifikationsabsenkungstechnik, damit auch Laien Aufgaben übernehmen können, die zuvor von qualifizierten Fachleuten geleistet wurden. Hier wird mit dem sog. Teach-In gearbeitet, also mit einer häppchenweisen Vorgabe kleinster Arbeitsschritte mit jederzeitiger Korrekturmöglichkeit. Es handelt sich also in diesem Fall um einen Technikeinsatz im Sinne des Fordismus, auch komplexe Arbeitsfolgen so in einfachste Elemente aufzuspalten, daß danach die Tätigkeit auch von Unqualifizierten geleistet werden kann. Auch in diesem Feld ist die Technik von einer hohen Flexibilität und Leistungsfähigkeit.

4.3.2 Telelernen

Neben der Kundenselbstbedienung ist auch das Phänomen des Telelernens sehr nah an der Telearbeit angesiedelt. Es ist im Einzelfall nicht immer klar abgrenzbar, wo nun eine Aktivität im Überdeckungsbereich von Lernen auf der einen Seite und Arbeiten auf der andern Seite schwerpunktmäßig zu verorten wäre. Die Definition des persönlichkeitsförderlichen Arbeitsplatzes unterstellt regelmäßiges Lernen am Arbeitsplatz, Übungsfirmen simulieren Erwerbsarbeit, sodaß es sehr schwierig werden dürfte, hier saubere Definitionen vorzulegen. Als Kriterium sollte hier die Erwerbsoreintierung greifen.

Telelernen kann aber auch als Einstieg in die Telearbeit gewertet werden. In einem Projekt wurde studentische Telearbeit mit mobilen PC's ausprobiert: „Zusammenfassend kann gesagt werden, daß die Studierenden den Modellversuch positiv aufnehmen. Die Zeit- und Ortsflexibilität werden gut akzeptiert. So zeigt z.B. die Statistik des WS 1992/93, daß die Nutzung von Telearbeitsmöglichkeiten ab 21 Uhr deutlich ansteigt. Darüber hinaus ist auch am Wochenende der Tele-Kontakt zur Universität recht intensiv, zu Zeiten, an denen diese sonst verschlossen ist. Die Gefahr der „sozialen Verarmung" wird auch bei häufigem dezentralen Arbeiten kaum gesehen." (Bodendorf/Seitz 1994, 147). Auch im Bereich der Fortbildung und Umschulung scheint Telelernen als Fortsetzung und Ablösung der überwiegend auf Papier beruhenden Fernlehrgänge eine wachsende Rolle zu spielen. Gerade durch Multimedia haben sich hier attraktive Möglichkeiten ergeben, die derzeit ausgelotet werden. Es ist damit zu rechnen, daß im Feld des Telelernens für die Betreuer durchaus auch Telearbeit auftritt und daß die so Geschulten zu einer anvisierten späteren Telearbeit sehr viel konkretere Bezüge aufweisen.

Damit handelt es sich beim Telelernen um einen Graubereich, der definitorisch nicht sauber zugerechnet werden kann.

4.3.3 Telekooperation

Ein weiteres Abgrenzungskriterium soll sein, daß Telearbeit nicht schon dort beginnt, wo mit unternehmensübergreifender Kommunikation gearbeitet wird. Jede Vernetzung von getrennten Unternehmen, jedes Outsourcing sollte nicht als Telearbeit bezeichnet werden. Sonst wären nahezu alle Erwerbstätige Telearbeiter, beginnend vom Manager, der mit Kunden und Lieferanten in Beziehung steht bis hin zum Handwerker, der auf der Baustelle mit seinem Mobiltelefon Kontakte pflegt.

Die Kooperationsformen zwischen Unternehmen lassen sich nach Diebold (zitiert nach Hönicke 1996, 38) weiter untergliedern (Übersicht 7). Alle diese Kooperationsformen laufen heute selbstverständlich unter intensiver Nutzung von Informationstechnik ab. Der Schritt zur Telearbeit ist aber erst dann erreicht, wenn kleinste Gruppen oder Einzelpersonen in diese Netzwerke eingebunden werden. Ausschlaggebend für Telearbeit muß immer sein, daß die überkommenen Unternehmens- bzw. Betriebsabgrenzungen individuell überschritten werden, daß also Elemente der Erwerbsarbeit individualisiert „mitgenommen" werden.

4.3.4 Desk-Sharing

Auch das reine Desk-Sharing soll hier nicht unter Telearbeit subsumiert werden, wenn es sich nur darum dreht, daß Unternehmen ihre Büros besser auslasten wollen und für einen Teil oder für alle ihrer Mitarbeiter keine fest zugewiesenen Schreibtische zur Verfügung stellen, sondern nur ein begrenztes Kontingent, auf das die Mitarbeiter ad hoc verteilt werden. Diese Modelle sind noch nicht allzu weit verbreitet, tauchen allerdings in Kombination mit Telearbeit immer wieder auf. Desk-Sharing ohne Telearbeit tritt meist dann auf, wenn sich zwei Halbtagskräfte einen physischen Arbeitsplatz teilen, oder an Arbeitsplätzen, an denen Schichtarbeitsformen üblich sind. Hier gibt es zwar die Tendenz zur Telearbeit, aber Desk-Sharing ist auch ohne diese Verknüpfung möglich. In der Literatur tauchen immer wieder Fälle auf, in denen Desk-Sharing als Vorstufe zur Telearbeit beschrieben wird. Möglicherweise erhöht das Desk-Sharing bei den Mitarbeitern die Motivation für die Teleheimarbeit, weil sie im Unternehmen nun heimatlos geworden sind.

4.3.5 Zweitjobs und offene Arbeitsformen in der Telearbeit

Ein weiteres Phänomen sind Tätigkeiten, die als Zweitjob abgewickelt werden. Hier sollte sehr sorgfältig geprüft werden, ob es sich hier um eine eigenständige Tätigkeit handelt, die für sich gesehen stabil ist, oder ob es sich um „Hausaufgaben" handelt, die ursächlich mit der Ersttätigkeit verbunden sind. Dann kann es durchaus sein, daß lediglich Heimarbeit erfolgt, ohne daß ein tragender Tele-Anteil damit verbunden ist.

Schließlich können die neuen Formen offener Erwerbsarbeit, wie geringfügige Beschäftigung, Arbeitnehmerüberlassung, befristete Arbeitsverhältnisse und schließlich Schwarzarbeit im Rahmen von Telearbeit auftauchen. Sie werden hier nicht als Diskriminanzkriterium verwendet.

Übersicht 7: Kooperationsformen zwischen Unternehmen

Strategische Allianz/Joint-Venture

Kooperation selbständiger Unternehmen zwecks Nutzung komplementärer Ressourcen (Produkte, Services, Logistik etc.) zur Erweiterung bzw. Verbesserung des Marktzugangs. Mündet häufig in einem Joint-Venture.

Arbeitsgemeinschaft (ARGE)

Aktionsgebundene Kooperation selbständiger Partner, vorzugsweise in der Bauwirtschaft z.B. Tiefbau, Staudammprojekte etc.

Kartell

Kooperation selbständiger Unternehmen zwecks Regelung bzw. Beschränkung des Wettbewerbs.

Konsortium

Aktionsgebundene Kooperation selbständiger Partner, vorzugsweise aus der Kreditwirtschaft. Hauptzweck ist die Risikostreuung. Im Vordergrund steht die Plazierung von Neuemissionen (Anleihen, Aktien) am Kapitalmarkt.

Virtuelles Unternehmen

Unbefristeter Verbund selbständig operierender Unternehmen (Konzerneinheiten) unter Ausnutzung komparativer Vorteile der Partner (Marktzugang, Ressourcen). Auflösung nach Zweckerreichung.

4.4 Zurechnung und quantitative Entwicklung

Wegen der eher unscharfen Abgrenzung der Telearbeit und weil das Phänomen so schwer zuzurechnen ist, sind klare Zahlenangaben über die Verbreitung der Telearbeit und bewertende Vergleiche außerordentlich problematisch.

Die heutige Verbreitung ist, wie bereits erwähnt, noch gering. Es ist vor allem ein Definitionsproblem, welche Arbeitsplätze als Telearbeitsplätze gewertet werden. Insbesondere durch die alternierenden Telearbeitsformen drängen sich Doppelzählungen auf, denn je nach Ziel der quantitativen Zuordnung sind Fälle, in denen der „Tele-Teil“, also die Arbeit außerhalb des Unternehmens, recht gering sein kann, kaum richtig zu verorten. Es ist durchaus fraglich, ob gelegentliche Arbeiten zuhause oder an einem anderen Ort sofort zu der Einordnung als Telearbeit führen. Daß gerade diese alternierenden Formen heute und zukünftig ein besonderes, ja fast ausschließliches Gewicht erhalten, macht die Quantifizierung nicht leichter.

Es ist Tradition, sowohl die realiserte Zahl der Telearbeitsplätze bzw. die Zahl der Personen zu erfassen, die Telearbeit leisten, als auch das Potential, also die Zahl der Arbeitsplätze oder der Personen, die aufgrund des jeweiligen aktuellen Aufgabenumfangs in der Lage wären, in Telearbeit ausgeführt zu werden oder Telearbeit zu leisten. Die realisierten Zahlen könnten gemessen werden - hier wird der aktuelle Mikrozensus des statistischen Bundesamtes wertvolle Daten liefern, wie auch eine derzeit laufende Erhebung der Institute Bundesinstitut für Berufsbildung und Institut für Arbeitsmarkt- und Berufsforschung, die ihre Ergebnisse Mitte 1999 vorlegen werden -, während die Potentialzahlen geschätzt werden, ohne daß dazu besondere wissenschaftlich basierte Methoden verwendet würden.

Bei den Potentialzahlen für die Telearbeit in Europa, die empirica immer wieder ausgewiesen hat und die dann von sehr vielen Autoren referiert wurden (siehe dazu Kordey & Korte 1966, 38) handelt es sich um ein „Interessenpotential“. Sie sind wie folgt entstanden: Erwerbstätige und Entscheidungsträger wurden jeweils nach ihrem Interesse an Telearbeit befragt. Die dabei entstehenden Anteile wurden miteinander multipliziert. Mit dem Anteil des Informationsbereichs (siehe Kapitel 2.3.1), der dann mit 40 % angenommen wurde, ergab sich dann ein „realistisches Telearbeitspotential“. Die für 1994 veröffentlichten Zahlen enthält Tabelle 4:

Tabelle 4: Telearbeitspotential 1994 (Werte in %)

Land	D	F	UK	I	E
Interesse bei Erwerbstätigen	42,4	52,6	48,4	48,1	61,4
Interesse bei Entscheidungsträgern	40,4	39,3	34,4	41,8	29,6
Interessenpotential	17,1	20,6	16,6	20,1	18,2
realistisches Telearbeitspotential	6,8	8,2	6,6	8,0	7,3

Quelle: Kordey/Korte 1996, 38

Tabelle 6 enthält Zahlen über die Verbreitung im Jahre 1994 in Europa. Für die USA werden höhere Zahlen gemeldet: 77,3 Mio. Menschen nehmen dort Arbeit mit nach Hause. 39,0 Mio sind Homeworkers, davon 6,6 Mio echte Telearbeiter (Prytasch 1995). Matthies (1997, 19) berichtet: „Telecommute America zählte 1994 rund 9.1 Millionen Telearbeiter und die US-Regierung über 44 Millionen Arbeitskräfte, die in den USA ihrem Job in den eigenen 4 Wänden nachgehen.“

Tabelle 5: Neue Zahlen über Verbreitung von Telearbeit in Deutschland

	Minimum	Mittel	Maximum
Mobile Telearbeit	7.460	497.682	1.228.197
Alternierende Telearbeit	1.473	347.814	856.032
Telearbeit (ausschließlich) zu Hause	260	22.152	67.306
Satelliten-/Nachbarschaftsbüro	72	3.516	11.160
Insgesamt	9.265	871.164	2.162.695

Quelle: Freudenreich/Klein/Wedde 1997, 36

Eine neue Quantifizierung für Deutschland (Tabelle 5) liefert ein breites Datenspektrum. Die deutlich auseinanderliegenden Werte für Minimum und Maximum machen deutlich, daß eine saubere Erfassung der Daten kaum möglich ist und daß alle Zahlenangaben mit Vorsicht zu interpretieren sind.

Insgesamt sind dies zwischen 2 und 3 % der Erwerbstätigen, also etwa soviele wie es Beschäftigte in der Landwirtschaft gibt. Das Potential der Telearbeit dürfte wesentlich höher liegen, vielleicht bei 6 bis 8 Millionen sein, das sind etwa ein Fünftel aller Erwerbstätigen.

In der EU werden immer wieder transnationale Vergleiche angestellt. Auch hier werden Zahlen angeboten (Tabelle 6).

In den USA gibt es sehr euphorische Bewertungen und Prognosen: Derzeit (BddW 1997) gibt es ca. 9 Millionen Telearbeiter, ein jährliches Wachstum von 15 % wird angegeben. Die Einkünfte aus der Telearbeit am PC dürften bis zum Jahre 1998 die Summe von 20 Mia. $ erreichen. Bis zum Jahr 2000 soll die Zahl der Haushalte mit ISDN-Anschluß auf 5 Mio. steigen. Von den kleinen Unternehmen erwarten 80 %, sie müßten mit der technologischen Entwicklung Schritt halten, um konkurrenzfähig zu bleiben. Dies ließe sich aber nur mit Telearbeitern erreichen. Die Telearbeit könne den Unternehmen 25 bis 90 % an Immobilienkosten einsparen.

Dagegen berichtet Rieker (1995,201) „Auch in den Vereinigten Staaten verläuft die Entwicklung allen Prognosen zuwider. Nach jüngsten Untersuchungen des New Yorker Analystenhauses Link Resources ist die Zahl der Telearbeiter im Vergleich zum Vorjahr sogar um gut 10 Prozent zurückgegangen." Die Gründe dafür sind vielschichtig: Bedienungsfreundlichkeit der Technologie ist nicht ausreichend, Sicherheitsaspekte sind nicht geklärt, soziale Probleme wie Isolation und Einsamkeit spielen trotz aller gegenteiligen Beteuerungen weiterhin eine Rolle. Diese Bedenken nähmen nach der Einführung der Telearbeit eher zu als ab.

Neben diesen rein quantitativen Aussagen werden auch heute noch - wie seinerzeit 1985 (Dostal 1985, 478) - Einzelbeispiele angeführt. Godehardt (1994, S. 295ff.) hat wiederum eine große Zahl von Projekten aufgeführt, die deutlich machen, welche große Vielfalt die Telearbeit heute zeigt. Auch Kordey & Korte (1996a, 208ff.) führen wieder viele Beispiele an und berichten Details, die sie über Fallstudien gewonnen haben. Gleichzeitig werden auch länderspezifische Besonderheiten deutlich.

Abschließend ist festzustellen: Telearbeit scheint bisher zwar ein großes Potential, aber nur eine geringe tatsächliche Verbreitung gefunden zu haben, die zudem nur schwer nachgewiesen werden kann. Die zu Beginn der Diskussion im Vordergrund stehende ausschließliche Teleheimarbeit hat Mischformen Platz gemacht, die in großer Vielfalt entstanden sind und die das heutige Gesicht der Telearbeit prägen:

„These decisions (bezüglich der Realisierung der Telearbeit, W.D.) will not be monodirectional; nor will they necessarily be permanent. They will interact with each other to produce new and unexpected patterns; new areas of conflict will arise and, in the resolution of these conflicts, new social forms will be negotiated. Whether telework will remain a useful term for describing some of these forms is anyone's guess." (Huws 1991, 29f.). Telearbeit bleibt also gestaltbar und variabel.

Tabelle 6: Telearbeiter in der EU

Quelle:	1994	% of population 15 years (Bangemann)	1997	% of Workforce (Chain)
Germany	149.000	0,22	800.000	2,1
France	215.000	0,47	300.000	1,2
UK	563.000	1,21	4.000.000	14,0
Italy	97.000	0,20	100.000	0,4
Spain	102.000	0,32	100.000	0,6
Ireland	32.000	1,21	40.000	0,4
Denmark	9.000	0,22	10.000	0,3
Netherlands	27.000	0,22	14.000	2,1
Belgium	18.000	0,22	20.000	0,5
Luxembourg	1.000	0,22	1.000	0,5
Portugal	25.000	0,32	30.000	0,6
Greece	17.000	0,20	20.000	0,5
Total	1.255.000	0,44	6.280.000	4,0

Quellen: Bangemann 1996, 12; GAT Chain 1998, 6

Sie ist prinzipiell offen und noch nicht erstarrt wie andere Phänomene im Bereich der Erwerbsarbeit. Allerdings ist diese offene Definition gefährlich, da sie zuläßt, daß Interessengruppen Telearbeit in ihrem Sinne definieren und abgrenzen, dabei zu abweichenden und widersprüchlichen Aussagen kommen und somit die Fachwelt und Öffentlichkeit verwirren. Sicher ist allerdings, daß das Phänomen Telearbeit heute eine wichtige Rolle nicht nur in der Diskussion, sondern auch in der Erwerbsrealität spielt, und daß sich die Strukturen noch nicht so verfestigt haben, daß keine Gestaltungsalternativen mehr existierten. In den folgenden Kapiteln sollen daher zunächst die heutigen Telearbeitsformen auf ihre organisatorischen, rechtlichen und wirtschaftlichen Kriterien hin genau analysiert werden, dann soll auf die Akzeptanz der Telearbeit bei den verschiedenen Akteuren eingegangen werden. Schließlich soll dann die zukünftige Entwicklung dieser Arbeitsform mit ihren vielen Varianten diskutiert werden.

4.5 Grenzen der Zuordnung

Diese Ausführungen haben gezeigt, daß es keine abschließende und allgemeingültige Definition für die Telearbeit gibt. Einerseits kann Telearbeit sehr eng abgegrenzt werden, sodaß nur noch die ausschließliche Teleheimarbeit übrigbleibt, die in der Praxis derzeit und auch zukünftig kaum relevant sein dürfte. Andererseits kann sie sehr breit abgegrenzt werden, sodaß fast alle Erwerbstätigen, die irgendwann Telekommunikation bei der Arbeit nutzen, als Telearbeiter definiert werden können. Dies erklärt auch das breite Spektrum der quantitativen Zuordnungen und - zumindest teilweise - die Unterschiede bei den internationalen Zahlen. Beispielsweise könnten die hohen Zahlen, die aus den USA berichtet werden, lediglich auf einer lässigeren Begrifflichkeit beruhen, während in Deutschland der Wunsch nach exakter und rigider Etikettierung nur geringe Werte liefert.

Die hier beschriebenen Abgrenzungen sind sicherlich nur eine Momentaufnahme im Prozeß der weiteren Entwicklung der Interpretation dieser neuen Phänomene. Sie werden sich zukünftig erheblich ändern. In den folgenden zwei Kapiteln soll diese eher unscharfe Abgrenzung weiterhin zugrunde gelegt werden. In Kapitel 7, in dem die Zukunft der Telearbeit diskutiert werden soll, wird eine neue, rigide Definition zugrunde gelegt, die von der heute üblichen erheblich abweicht.

Im Prinzip drängt sich nämlich der Verdacht auf, daß Telearbeit als klar abgrenzbare Arbeitsform weder definiert noch abgegrenzt werden kann. Es ist wie mit anderen neu aufkommenden Phänomenen: Bevor die Gesellschaft überhaupt derartige Phänomen zur Kenntnis nimmt, sind sie an wenigen Stellen bereits realisiert, sind aber nicht wahrgenommen und haben keine eigene begriffliche Eigenständigkeit. Später werden sie entdeckt, hochgespielt und breit diskutiert. Dann werden viele benachbarte Elemente in diese neue Struktur hereingeholt und schlicht umetikettiert. Später erfolgt dann wieder eine saubere Neuabgrenzung, die sich auf die Kernstrukturen zurückzieht.

In der Telearbeit scheinen wir uns derzeit in dieser euphorischen Zwischenphase zu befinden. So könnte es sein, daß Telearbeit bereits wesentlich früher vollzogen wurde, ehe davon gesprochen wurde. So ist anzunehmen, daß immer wieder „Fernarbeit“ mit elektronischen Informationshilfen realisiert wurde, beispielsweise im Militär oder bei Steuerflüchtlingen, die im Inland per Haftbefehl gesucht wurden und deshalb vom Ausland ihre Unternehmen weitergeführt haben. Erst in den letzten Jahren, im Zuge einer breiteren Realisierung, wurde diese Arbeitsform von den Medien aufgegriffen, dann aber unmäßig aufgebauscht. Dies läßt sich aus der Tatsache erklären, daß insbesondere Journalisten diese offenen Arbeitsformen selbst verwirklicht haben, zuhause und unterwegs tätig waren, und dies mit den neuen Möglichkeiten der Telekommunikation angereichert haben. Zukünftig wird sich die Einschätzung dieser Arbeitsform wieder normalisieren müssen.

5. Einordnung der Telearbeit in überkommene Arbeitsstrukturen

Wie bereits erwähnt, sind die jeweiligen Rahmenbedingungen entscheidend für den Erfolg neuer Arbeitsformen. Dies gilt auch für die Telearbeit, die zunächst in Form einer unverbindlichen Idee entstand und nun eingeordnet werden muß in gewachsene und verfestigte Strukturen. Prinzipiell ist deutlich geworden, daß sehr viele Tätigkeiten in unserer Volkswirtschaft für Telearbeit geeignet sind und daß die meisten Menschen die in der Telearbeit aufscheinende Gestaltungsfreiheit gerne nutzen würden. Dabei meinen sie auch meistens, daß sie ihre beruflichen Aufgaben in Form von Telearbeit - würden sie geringfügig modifiziert - zumindest teilweise abwickeln könnten und daß diese Form der Arbeit auch produktiver sein könnte.

Daneben ist die organisatorische Einbindung der Telearbeit wesentliche Erfolgsbedingung für die Unternehmen und die betroffenen Telearbeiter. Eine adäquate Verortung der Telearbeit dürfte nicht ganz einfach sein, da wenig Erfahrungen existieren und die meisten bekannten Fälle singuläre Beispiele sind, die nur selten verallgemeinert werden können. Allerdings hatten die Unternehmen und ihre Planer mittlerweile genügend Zeit, um sich geeignete Organisationsformen auszudenken.

Die rechtlichen Rahmenbedingungen sind schon sehr früh im Detail behandelt worden, was in einer umfangreichen Literatur dokumentiert wurde. Schon früh wurde klar, daß die einseitige Dominanz abhängiger Beschäftigung industriellen Charakters mit ihrer mittlerweile langen Tradition des Arbeitnehmerschutzes das Arbeitsrecht und begleitende Rechtsgebiete so massiv geprägt hat, daß alternative Arbeitsformen rechtlich quer dazu liegen und in den vorhandenen Rahmen nicht friktionsfrei eingeordnet werden können.

Organisatorische und rechtliche Rahmenbedingungen haben dazu geführt, daß sich die Sonderform der „Außerbetrieblichen Arbeitsstätten" als tragfähiger und realisierbarer Kompromiß durchgesetzt hat. Dies ist gut begründbar, aber vor der derzeitigen Arbeitsmarktlage nicht in allen Teilarbeitsmärkten verständlich. In der Praxis sind deshalb diese Außerbetrieblichen Arbeitsstätten vor allem dort zu finden, wo die Arbeitsmärkte ausgeglichen sind.

Die Wirtschaftlichkeit der Telearbeit ist vor allem von der jeweiligen Organisations- und Rechtsform abhängig. Es ist vor dem Hintergrund der gegebenen Möglichkeiten überraschend und für die Telearbeit in Deutschland symptomatisch, daß gerade jene Form besondere Unterstützung erfährt, die im Prinzip die wenigsten Rentabilitätsgewinne zu bringen in der Lage ist.

5.1 Organisatorische Einbindung der Telearbeit

Für die Organisatorische Einbindung sollen hier die einzelnen Typen nach Übersicht 5 unterschieden werden. Sie seien hier noch einmal aufgeführt:

- Teleheimarbeit
- Alternierende Telearbeit
- Arbeit in Telearbeitszentren
- Virtuelle Unternehmen
- Mobile Telearbeit

Reichwald u.a (1998, 81) definieren aus Sicht der Organisationstheorie die folgenden vier Typen organisatorischer Allokation für die Telearbeit:

- Home-based Telework: Telekooperation vom häuslichen Arbeitsplatz aus
- Center-based Telework: Bündelung von Telearbeitsplätzen in hierfür eingerichteten Telezentren
- Mobile Telework: Ortsunabhängiges Arbeiten an einem mobilen Arbeitsplatz
- On-site Telework: Telearbeit am Standort des Wertschöpfungspartners (Kunde, Lieferant etc.)

Diese Arbeitsformen lassen sich als permanente oder alternierende Formen betreiben. Damit sind die oben aufgeführten Strukturen abgedeckt, wenn die alternierende Telearbeit und die virtuellen Unternehmen lediglich als zusätzliche Dimension behandelt werden.

Für diese weitgehend konstitutiven organisatorischen Merkmale der Telearbeit sollen nun die folgenden Aspekte als Dimensionen diskutiert werden:

5.1.1 Aufgabenabgrenzung

Für Telearbeit sind offenbar nur Informationsaufgaben geeignet, die über Telekommunikationseinrichtungen transportiert werden können. Immer wieder werden entsprechende Listen erstellt (beispielsweise Dostal 1986, 3; Godehardt 1994, 122; Henselek 1997, 18), in denen ohne Strukturierung jene Aufgaben und Tätigkeiten aufgeführt sind, die auch den Informationsbereich definieren (s.o.). Diese Abgrenzungen haben durch die neuen Möglichkeiten von Multimedia eine deutliche Ausweitung erfahren, sodaß mit breiteren Kommunikationskanälen auch jene Aufgaben telegeeignet werden, die zunächst auf der zeichenweisen Ebene kaum denkbar waren, beispielsweise das Telelernen mit der Nutzung von Videosequenzen und einer komplexen Lernlogik, oder Beratungsaufgaben mit einer Beobachtung der Reaktionen des Gegenübers bis hin zur Telechirurgie. Es ist bei konsequenter Analyse erstaunlich, wie viele Arbeiten, von denen bisher angenommen wird, daß sie nicht auf die reine Informationsebene verlagert werden können, bei entsprechender Analyse und Durchdringung dann doch so zergliedert und organisiert werden können, daß eine - zumindest teilweise - Anwendung von Telearbeit möglich wird.

In Sonderfällen ist dies auch früher schon versucht und realisiert worden. So haben - wie bereits erwähnt - steuerflüchtige Unternehmer bereits in den 60er Jahren ihre Betriebe aus dem Ausland gesteuert, ohne persönlich aufzutauchen, oder - dieses Beispiel wurde dann aber schließlich nicht verwirklicht - in der geplanten Wackersdorfer Wiederaufbereitungsanlage für Kernbrennstoffe wurden alle Arbeitsabläufe bis hin zur Montage und Instandhaltung der Anlage über Telehandhabung geplant und in Szene gesetzt. Ähnlich wie bei der Automatisierung im Produktionsbereich gibt es wohl kaum Aufgaben und Abläufe, die - natürlich bei entsprechendem Aufwand - nicht so gestaltet werden könnten, daß mit Telearbeit einzelne Teile oder die komplette Verrichtung abgewickelt werden könnte. Ob dies der Aufgabe angemessen ist und/oder ob dies den aktuellen Wirtschaftlichkeitskriterien entspricht, ist eine andere Frage. Doch prinzipiell sind sicherlich mehr Aufgaben und Tätigkeiten in Form von Telearbeit abzuwickeln, als dies landläufig vermutet wird.

Neben der Aufzählung einzelner Aufgaben sind auch Strukturierungen hilfreich. Szyperski u.a. (1982, 14ff.) und Höring u.a. (1992, 401f.) unterscheiden einerseits den Aufgabentyp - Führungsaufgaben, Fachaufgaben, Sachbearbeitung und Unterstützungsaufgaben - andererseits Merkmale - Inhalt der Aufgaben, Problemlösungscharakter der Aufgaben, Strukturierbarkeit und Formalisierbarkeit der Aufgabenerfüllungsprozesse, Fachwissen und Anlaß der Arbeit. Derartige Zuordnungen sind aber außerordentlich problematisch, da hier Tathandlungen und Denkhandlungen gemeinsam ablaufen und nicht alles beobachtbar und analysierbar ist.

Die Beobachtung und Analyse wird zusätzlich erschwert durch die Einheitlichkeit des Terminals auch bei unterschiedlichster Aufgabenstellung und -abwicklung. Aus diesem Grunde bringen Beobachtungen wenig Erkenntnisgewinn. Auch die detaillierte Analyse von Informationsprozessen nach unterschiedlichsten Kriterien (siehe dazu Spinner 1997) ist dabei nur begrenzt hilfreich.

Es dürfte sinnvoll sein, die folgenden Aufgabentypen zu unterscheiden, da daraus wesentliche Folgerungen abgeleitet werden können:

- Projektbezogene Aufgaben, in denen die Aufgabenstellungen pauschal vorgegeben werden können und bei denen dann zwar in Interaktion mit Kollegen, Kunden und Auftraggebern das Ergebnis erarbeitet wird, in denen aber eine eigene Gestaltungsflexibilität gegeben ist. Im Grenzfall wird die Arbeit nach Auftragsvergabe allein auf eigene Verantwortung bis zum Endergebnis vollständig geleistet und dann en bloc abgenommen und honoriert. Eine Kontrolle während der Leistungserstellung ist nicht erforderlich, erst das Endergebnis ist Gegenstand detaillierter Prüfungen.

- Demgegenüber gibt es die Bereitschaftsaufgaben, bei denen - wie beispielsweise in einem Call-Center - ein Kommunikationsanschluß für eine vereinbarte Zeit besetzt sein und dazu eine definierte Arbeitskapazität bereitgehalten werden muß, wobei es dann nicht darauf ankommt, ob diese auch wirklich in Anspruch genommen wird. Hier erfolgt die Honorierung nach der Anwesenheits- bzw. Bereitschaftszeit. Eine Kontrolle über die tatsächliche Bereitschaft wird hier die Regel sein.

Zwischen diesen beiden Polen von Aufgabenstellungen gibt es selbstverständlich auch Mischformen, bei denen beispielsweise Projektaufgaben im Hintergrund und eine Ansprechbereitschaft im Vordergrund angeboten werden. Dies ist eigentlich die Regel bei betrieblichen Arbeitsplätzen. Bei Telearbeit sind diese Mischformen eher problematisch und es bedarf einer Aufgabentrennung, da die beiden Typen völlig unterschiedliche Organisationsformen erfordern. Darauf wird noch eingegangen.

Daneben lassen sich die Aufgaben noch nach anderen Kriterien einteilen, beispielsweise nach

- der Intensität der persönlichen Kommunikation
- den Anwesenheitserfordernissen
- dem Erfordernis, auf schriftliche Unterlagen und Dokumente zurückzugreifen
- der Meßbarkeit der Arbeitsergebnisse
- dem Grad der Arbeitsteiligkeit

In der Literatur werden unendlich viele Kriterien für geeignete Telearbeitsaufgaben angegeben, sodaß daraus eigentlich der Schluß gezogen werden muß: Alle Aufgaben, die - auch nur hilfsweise - auf die Informationsebene übertragen werden können, lassen sich in Telearbeit realisieren. Damit sind bereits alle Bürotätigkeiten auch telemäßig abzuwickeln. Bei Mischaufgaben lassen sich wesentliche Teile - eben jene informationsbezogenen - in neuer Form über Telekommunikation abwickeln. Nur jene Aufgaben, die bisher in Analysen als „Handarbeit am Produkt“ oder „Pflege von Menschen oder Tieren“ klassifiziert wurden, entziehen sich weiterhin der Telearbeit. Doch auch hier besteht durchaus die Tendenz, allen begleitenden informationsverarbeitenden Aktivitäten eine steigende Bedeutsamkeit zuzuweisen.

Die derzeit geführte Diskussion um Call-Center zeigt diese Zuweisungen deutlich: Es ist nicht die Möglichkeit der Nutzung von Telearbeit, die die Einrichtung der Call-Center besonders fördert, sondern eine neue Arbeitsteiligkeit und Aufgabenzuweisung, die zum Teil auch den Sinn hat, besonders belastende Aufgaben so zu organisieren, daß die betroffenen Erwerbstätigen derartige Aufgaben nicht in einem Vollzeitarbeitsplatz leisten müssen. Aus diesem Grunde arbeiten von 1998 tätigen 150.000 Call-Center-Mitarbeitern etwa die Hälfte in Teilzeitformen. Der Umstieg in Telearbeit ist hier nur ein kleiner Schritt und wird in den nächsten Jahren sicherlich breit vollzogen.

5.1.2 Arbeitsteiligkeit

Fragen der Arbeitsteiligkeit brechen neu auf, wenn durch Telearbeit die betreibsfern geleisteten Aufgaben nicht mehr die gewohnte Unterstützung erhalten, wenn sie allein wegen neuer räumlicher (und zeitlicher) Allokation ausgeweitet werden. Die Frage von Job Enlargement und Job Enrichement sollen hier nicht neu aufgerollt werden, doch es ist schon sehr wichtig, Fragen einer durch die Hintertür der Telearbeit einerseits auftauchenden Aufgabenvermischung, andererseits Aufgabentrennung zu behandeln.

Arbeitsteiligkeit wird überwiegend dort relevant, wo Menschen mit auf dem Markt knappen und wertvollen Qualifikationen sich auf jene Tätigkeiten konzentrieren sollten, die ihren Wert ausmachen. Alle nicht unbedingt selbst zu lösenden Aufgaben sollten sie an andere weitergeben. Dazu können auch instrumentelle Aufgaben wie das Bedienen eines Computers gehören. Beispielhaft wird dies wie folgt beschrieben: „Manager, die effektive Leistungen erbringen wollen, müssen mit ihrer Zeit knausern und immer wieder überprüfen, welchen Nutzen eine bestimmte Tätigkeit bringt. Sie müssen sich ununterbrochen fragen, ob sie die Aufgabe, mit der sie gerade beschäftigt sind, wirklich selbst erledigen müssen oder ob sie nicht an andere zu delegieren ist. ... Manager, die in dieser Weise ständig kritisch ihre Arbeitsweise und -effektivität überprüfen, dürften einen Computer an ihrer Arbeitsstelle gar nicht dulden.“ (Stolz 1997,5).

Ähnliches gilt für alle anspruchsvollen Aufgaben in der Informationsverarbeitung, sodaß durchaus die Fragen einer auf die Telearbeit abgestimmten Arbeitsteiligkeit hohe Priorität haben sollten. „Organisation ist immer dann notwendig, wenn eine Aufgabe zu bewältigen ist, die nicht von einer Person in einem Schritt erledigt werden kann. Dieses grundlegende Organisationsproblem beinhaltet zwei Aspekte: Die geeignete Aufteilung der Aufgabe und die Koordination der resultierenden Einzelaktivitäten. Dieses Problem existiert gleichermaßen in klassischen „Same Time / Same Place“-Strukturen wie auch unter den neuen Bedingungen des „Anytime / Anyplace“.“ (Reichwald u.a. 1998, 74).

Arbeitsteiligkeit muß also bei der Realisierung von Telearbeit neu definiert werden. Eine Einführung von Telearbeit ohne Veränderung der Arbeitsteiligkeit ist nicht möglich. Entweder wird sie von Anfang an entsprechend auf die Telearbeit abgestimmt, oder sie „mendelt“ sich im Laufe der Erprobung aus. In nahezu allen Telearbeitsprojekten, die in der Literatur dokumentiert sind, wird eine Drift veränderter Aufgaben- und Arbeitsteiligkeit berichtet. Die Bedingungen dafür sind aber andere: Während bisher die Struktur der Arbeitsteiligkeit überwiegend nach inhaltsbezogenen und qualifikationsorientierten Kriterien erfolgte, kommen jetzt noch Kriterien der Telefähigkeit hinzu. Diese können traditionell optimierte Strukturen so massiv verändern, daß sie problematisch bis hin zur Unausgereiftheit werden. Dieser Prozeß der Abstimmung ist nicht trivial und erfordert längerfristige Offenheit, aber auch die Bereitschaft, immer wieder den Kern einer tragfähigen Arbeitsteiligkeit zu suchen.

In diesem Zusammenhang ist auch die Frage einer durch Telearbeit optimierten Arbeitsteiligkeit und einer darauf aufbauenden Beruflichkeit aufzuwerfen. Die üblichen Verlautbarungen gehen undifferenziert von der Vorstellung aus, vorhandene

Berufsabgrenzungen könnten auch bei Telearbeit so bleiben - sie hätten sich schließlich bewährt -, zusätzlich müßten lediglich instrumentelle Fähigkeiten für den Umgang mit Computer und Multimedia gelernt werden. Diese Vorstellung läßt sich anhand der bisherigen Erfahrungen nicht belegen. Es sind weit mehr Aspekte für Telearbeit relevant bis hin zu Grundeinstellungen und Mentalitäten. Darauf wird noch eingegangen.

5.1.3 Spezifischer Qualifikationsbedarf für Telearbeit: „Telekompetenz"

Bei den Telearbeitern wird eine „Telearbeitskompetenz" gefordert, die im wesentlichen Eigenorganisation, Selbstmanagement und soziale Kompetenz zur effektiven Zusammenarbeit mit virtuell organisierten Vorgesetzten und Kollegen umfaßt.

Parallel dazu wird deshalb die Idealfigur des Telearbeiters / der Telearbeiterin beschrieben: Hohe Selbstmotivation und Selbstdisziplin, Zielorientiertheit, Unabhängigkeit von Störungen durch das Wohn- und Familienumfeld, Verantwortungsbewußtsein, Einsicht in die eigenen Grenzen - nahezu alle auch in konventionellen Arbeitsstrukturen positiv bewertete Faktoren werden auch für die Telearbeiter hochgeschätzt. Dann sind natürlich alle Führungs-, Leitungs- und Kontrollfunktionen nicht mehr so wichtig und erhalten nur noch eine Nebenrolle. Es sind die typischen Eigenschaften, die Selbständige entweder von Anfang an mitgebracht haben oder in ihrer Tätigkeit gelernt haben.

Immer wieder werden spezifische Schulungen für Telearbeit angeboten. Mit diesen Inhalten sollen potentielle Telearbeiter/innen auf die Telearbeit hin qualifiziert werden. Als Inhalte werden beispielsweise die folgenden - übrigens für eine Lehrgangsdauer von 8 Monaten - angeboten (ibis 1997):

- Homogenisierung des EDV-Basiswissens
- Die neue Form der Arbeit - Telearbeit - und deren rechtliche Aspekte
- Berufsbezogenes Marketing zur Sicherung des Lehrgangserfolges
- Die neue Form der Übermittlung von Auftrag und Ergebnis - Arbeit mit und in Netzen
- Individuelle praktische Erprobung in virtuellen Übungsfirmen und im Tele-Praktikum mit telepraktischer Unterweisung

Recht blumig werden die Telearbeiter unter dem Motto „Telearbeiter sind 'Botschafter des Fortschritts'" (ibis-Prospekt) in diese doch eher unspezifischen Unterweisungen gelockt. Zugleich wird - dies wird durch spezielle politische Programme vermittelt - die Vorstellung geweckt, es gäbe genügend Telearbeitsaufträge, es brauchte dazu nur das spezielle Aufbauwissen, und schon stünde einer erfolgreichen Telearbeit nichts mehr im Wege. Qualifizierung wird leicht unglaubwürdig, wenn sie vorgibt, Beschäftigungsprobleme lösen zu können.

Garbe (1998) gibt die folgenden Anforderungen an das Bildungssystem des 21. Jahrhunderts an:

- Speicherung, Aufbereitung und Strukturierung des Wissens

- Lebenslanges Lernen zwingt zu einer Umverteilung der Investitionen innerhalb des Bildungssystems
- Lernen am Arbeitsplatz und Lernen in der Freizeit sind gleichberechtigt.
- Flexibilität des Lernens nimmt zu (Ort, Zeit, Sozialform)
- Lernen in Organisationen wird wichtiger (einzeln, in Gruppen, grenzüberschreitend)
- Lernende Organisationen entstehen, daraus ergibt sich eine höhere Flexibilität der Organisationsstrukturen
- Der Einzelne muß sich zwischen Persönlichkeitsentwicklung, Unternehmensansprüchen und globalen Lebensstilen zurechtfinden.

Daraus wird dann der Begriff des Telelearning abgeleitet, in dem ein Datennetz im Zentrum steht, das durch eine Serverfarm und eine Mittlerplattform erweitert ist. Auf der einen Seite gibt es Informations-Input durch Schulungszentren, Universitäten, Akademien, Bildungsinstitute, Verlage, Fernseh- und Rundfunkstudios, auf der anderen Seite stehen die Lerner, zu Hause, in der Schule und am Arbeitsplatz. Neue Methoden, neue Philosophien jenseits der Infrastruktur werden nicht erwähnt. Aus heutiger Sicht scheint das Telelernen noch in den Kinderschuhen zu stecken. Multimedia bietet viele neue Optionen, es bedarf aber noch erheblicher Entwicklungsanstrengungen, eine echte Konkurrenz zu den überkommenen Lernformen aufzurichten.

Der Zusammenhang zwischen Telearbeit und Telelernen wird immer wieder beschworen, doch zunächst ist das verbindende Glied lediglich eine universelle Infrastruktur aus Netz und Geräten, die gleichermaßen für Telelernen und Telearbeit verwendet werden kann. Die besonderen Qualifikationsbedarfe für die Ausübung der Telearbeit sollten sinnvollerweise auch über Telelernen erworben werden. Grundsätzlich ist die Vorstellung, eine neue Arbeitsform bedürfe begleitender Schulung und Aufklärung, sicherlich richtig, doch die praktische Umsetzung ist derzeit, in einer Erprobungsphase ohne klare Zielkonturen, sehr schwierig. Ernstzunehmende Fachpublikationen und Ratgeber zur Telearbeit (Kordey & Korte, 1996a, Matthies 1997, Godehardt u.a. 1997 oder Wakiel & Oldenburg 1998) erwähnen spezifische Qualifikationen denn auch nicht. Lediglich bei Kordey & Korte wird berichtet, daß Telearbeit zunehmend von Höherqualifizierten ausgeübt und jene für Geringqualifizierte eher abgebaut würde.

Telearbeit dürfte in vielen Elementen eher abstrakte Fertigkeiten erfordern, da in der isolierten Situation und dem Zwang, für jedwede Kommunikation die Informationstechnik auch zu nutzen, Qualifikationslücken nicht so leicht überspielt werden können wie in einer betrieblichen Umgebung. Dies sind aber eher grundlegende und berufsimmanente Qualifikationselemente und nicht jene, die schnell und ohne großen Aufwand aufgesetzt werden können.

5.1.4 Arbeitszeitmuster und -allokation

Für die Betrachtung der Arbeitszeitmuster sind nur jene Elemente der Telearbeit relevant, die als wohnortnahe Arbeit, also Telearbeitsaktivitäten, die in der Wohnung selbst oder in speziellen Zentren abgewickelt werden, die in der Nähe der Wohnung liegen. Wohnortnahe Arbeiten können selbstverständlich andere Arbeitszeitformen zeigen, als dies bei wohnungsferner bzw. wohnortferner Arbeit der Fall ist. Je kürzer der Weg zur Arbeitsstätte ist, umso kurzzeitiger und umso häufiger können die Arbeitszyklen werden, da der zusätzliche Aufwand des Weges zur Arbeit nur noch wenig ins Gewicht fällt und damit die Nutzung der Zwischenzeiten besser möglich wird.

Telearbeit kann somit in kleinsten Zeitpaketen ablaufen. Dies kann sich aus der Arbeitsaufgabe her ergeben, kann aber auch aus den persönlichen Umständen des Telearbeiters / der Telearbeiterin gewünscht sein. Außerdem ist es von Bedeutung, wer die zeitliche Allokation der Arbeit bestimmt.

Dazu soll zunächst die Art der Arbeit differenziert werden: Auf der einen Seite gibt es Aufgaben bzw. Arbeiten, bei denen eine ständige Bereitschaft ohne eine kontinuierliche Auslastung erforderlich ist, auf der anderen Seite gibt es Projektarbeiten, deren zeitliche Allokation weitgehend in das Belieben des Projektbearbeiters / der Projektbearbeiterin gestellt werden kann.

Ständige Bereitschaft

Bei der ständigen Bereitschaft ohne kontinuierliche Auslastung geht es meist um Auskunftsarbeitsplätze, beispielsweise um die Bedienung von Hotlines oder Notrufnummern: Es geht darum, daß für die Kunden ständig ein Ansprechpartner / eine Ansprechpartnerin zur Verfügung steht. Diese Aufgaben lassen sich natürlich technisch durch Speicherung lösen (Anrufbeantworter), doch dies ist für den Anrufer /die Anruferin wenig komfortabel. Heute werden diese Aufgaben oft durch Sekretariate übernommen, die dann durch spezielle Dienstleister, beispielsweise durch Call-Center oder durch Sachbearbeiter in Nebenfunktion unterstützt und möglicherweise abgelöst werden. Je nach Auslastung werden mehr oder weniger Personen engagiert, die dann oft in Schichtarbeit die ständige Bereitschaft garantieren müssen. Um Nachtarbeit zu vermeiden, können diese Funktionen auch global verteilt werden, es können Dienstleister zugeschaltet werden, die in USA oder Japan diese Funktionen dann übernehmen, wenn in Deutschland gerade nicht die Normalarbeitszeit herrscht.

Bezogen auf die Arbeitszeit muß in Zukunft (wieder) unterschieden werden in Bereitschaftszeit bzw. Wartezeit und Zeit der unmittelbaren Inanspruchnahme. Diese Wartezeit läßt sich in der häuslichen Umgebung besser nutzen als in außerhäusigen Arbeitsumgebungen. Deshalb kann es sein, daß Arbeitnehmer/innen auch bereit sind, Arbeitszeitstrukturen zu akzeptieren, die „perforiert“ sind, d.h. aus mehreren kürzeren Zeitabschnitten bestehen. Bisher war es bei derartigen Arbeiten üblich, daß für die Wartezeiten zusätzliche Arbeitsaufgaben gesucht und integriert wurden, als sog. Hintergrundarbeiten, die den Sinn hatten, die für die Hauptaufgaben nicht genutzte Arbeitszeit nützlich zu verwenden. Diese waren möglicherweise unterwertig und für die Haupttätigkeit manchmal auch störend.

Projektaufgaben

Bei Projektaufgaben geht es um die Erstellung von kompletten Produkten oder Dienstleistungen, bei denen das Ergebnis im Vordergrund steht. Die Genese der Erstellung ist zweitrangig, Hauptsache ist, daß die Vorgaben zum vereinbarten Termin erfüllt werden. Diese Aufgaben lassen sich auslagern, sie lassen sich durch zuliefernde Unternehmen, durch Selbständige oder Freiberufler erfüllen, da weitgehend autonom gearbeitet werden kann. Eine Kontrolle durch den Auftraggeber könnte zwar gleichwohl erfolgen, da die Informationssysteme auch zur Koordinierung und Kooperation genutzt werden können, doch dies ist nur zur Absicherung beider Partner nötig.

Die für die Zielerreichung erforderliche Arbeitszeit ist in diesem Fall nicht vorgegeben und wird auch im Nachhinein nicht gemessen und bewertet. Damit ist das Arbeitstempo auch offen, die Arbeitsgeschwindigkeit liegt im Belieben des Auftragnehmers, soweit die vorgegebenen Termine eingehalten werden. In diesem Fall ist also der Arbeitszeitbezug aufgelöst und nur noch eine Terminfestsetzung für die Ablieferung der Ergebnisse festgesetzt.

Diese zeitliche Entkopplung kann aber in der Mikrosicht zu neuen zeitlichen Zwängen führen, wenn durch Vernetzung mit Projektpartnern Zwischentermine eingehalten werden müssen und der Zeitrahmen für die Erledigung der Aufträge so eng wird, daß die volle zeitliche Kapazität eingebracht werden muß, möglicherweise mit Arbeitszeiten, die weit über denen derzeit in abhängiger Beschäftigung geleisteten liegen. Aus manchen Telearbeitsbeispielen wird von zunehmender Nachtarbeit ohne entsprechenden Ausgleich berichtet: „Die schwankende Auftragslage führt häufig zur Unter- bzw. Überschreitung des von den Frauen gewünschten Arbeitszeitrahmens.“ (Goldmann/Richter 1986, 18). Allerdings sind neuere Stellungnahmen wesentlich ausgeglichener: „Es scheint jedoch die Annahme gerechtfertigt zu sein, daß TelearbeiterInnen ... sehr wohl selbstverantwortlich mit den neuen Freiheiten umzugehen wissen. ... weicht nur ein geringer Prozentsatz der befragten TelearbeiterInnen ... von Zeiten außerhalb der Regelarbeitszeit ab.“ (Online Forum Telearbeit 1997, 27).

Neue Kombinationen

Die neuen Möglichkeiten zeitlicher Allokation erleichtern die Kombination der Erwerbsarbeit mit weiteren Aktivitäten. Hier ist zu unterscheiden, ob die Allokation selbstbestimmt erfolgen kann - bei der Projektarbeit ist dies meist der Fall, bei Bereitschaftszeiten weniger -, und welche weiteren Aktivitätsoptionen vorliegen. Telearbeiter können viel leichter als Belegschaften in Betrieben individuelle zeitliche Muster einrichten oder vereinbaren, die es ihnen erlauben, zusätzliche Aktivitäten durchzuführen. Dies können Betreuungsaktivitäten oder Hausarbeit sein, aber auch zweite und weitere Erwerbstätigkeiten, die sie in eigener Initiative suchen, und die sich mit der Bereitschaftsforderung für die erste Tätigkeit verbinden lassen. Dies könnte traditionelle Heimarbeit sein oder auch zusätzliche Telearbeitsaufgaben, möglicherweise für andere Auftraggeber.

Diese neuen Möglichkeiten sind immer eine wesentliche Motivation für Telearbeit gewesen und werden auch in Zukunft eine herausragende Rolle spielen.

Arbeitszeit bei der betriebsgebundenen Arbeit

Bei der alternierenden Telearbeit und bei jenen Formen, bei denen weiterhin Teile des Arbeitsvolumens wohnungs- bzw. wohnortfern zu leisten sind, sind die Arbeitszeitmuster für diese Teile von besonderer Bedeutung. Die Tradition der Kern- und Gleitzeiten, die sich in traditionellen Arbeitsverhältnissen entwickelt hat, wird sich nun auf die alternierenden Telearbeitsformen so auswirken, daß die Anwesenheitszeiten, da sie insbesondere für Koordination und Abstimmung verwendet werden, zeitlich einer stärkeren Rigidität unterliegen. Bei Telearbeitsmustern mit einem „Jour fixe" ist diese Anwesenheitszeit festgelegt und nicht mehr variabel. Insgesamt ist so eine Polarisierung bei den Arbeitszeiten zu erkennen, in denen die Heimarbeit flexibler wird, die sonstigen Zeiten (in der Zentrale, beim Kunden oder an anderen Orten) eher inflexibler.

5.1.5 Telemanagement

Die Kontroll- bzw. Managementstrukturen und Kooperationsformen werden auch als Telemanagement bezeichnet. Telemanagement umfaßt alle Aspekte der Leitungsaktivitäten im Umfeld der Telearbeit. Fragen der Koordination, Kooperation und Führung von Telearbeit sind heute nur wenig geklärt, es gibt kaum Untersuchungen hierzu (Reichwald u.a. 1998,133). Es geht darum, wie Manager mit dem Phänomen Telearbeit und konkret mit den Telearbeitern umgehen. Hier dürfte ein wichtiger Schlüssel für den Erfolg der Telearbeit liegen.

Manager haben häufig das Gefühl, bei neuen Arbeitsformen wie der Telearbeit Macht und Status zu verlieren: „Ein befragter Manager erklärte sogar, es sei ein wesentlicher Bestandteil seiner Arbeitsqualität, die ihm unterstellten Mitarbeiter auch arbeiten zu sehen. Deshalb bedeute Telearbeit für ihn einen Verlust, für den er finanziell zu entschädigen sei." (Groothuis 1998, 96)

Die Betrachtungen über die Wirtschaftlichkeit der Telearbeit argumentieren mit der Abwesenheit oder mit dem begrenzten Zugriffs des Managements, um daraus eine höhere Produktivität abzuleiten. Dies wird dann verständlich, wenn Telearbeit nicht als abhängige Arbeit, sondern als eher offene Leistungserstellung betrachtet wird. Gerade die Ergebnisorientierung der Telearbeit ohne Festlegung der detaillierten Leistungsabfolge scheint vor allem dort nützlich zu sein, wo kreative, anspruchsvolle Aufgaben anstehen, wo auch im betrieblichen Umfeld die Kontroll- und Führungsstrukturen sehr locker und offen sind.

So sind bei Telearbeit Anwesenheitskontrollen, Blickkontrollen oder Stichproben durch die Vorgesetzten kaum noch realisierbar. Sie müssen durch Führung durch Zielvorgaben und Leistungsstandards ersetzt werden (siehe dazu Henselek 1997, 38f.). Verhaltens- und Verfahrenskontrollen sollten deshalb durch Ergebniskontrollen ersetzt werden. Dies ist mit dem Verfahren des Management by Objectives definiert, das entweder autoritär durch Zielvorgaben oder partizipativ durch Zielvereinbarungen detailliert wird.

Als wesentlicher Hemmschuh bei der Einführung der Telearbeit wird die Uninformiertheit des Managements genannt. Deutsche Manager sehen überwiegend solche Tätigkeiten als telearbeitsfähig, die bereits mit der Informationstechnik der 80er Jahre realisierbar gewesen wären (Kordey & Korte 1996, 40). Daneben wird offenbar auch ein Machtverlust befürchtet, wenn die Informationen nicht mehr selektiv verteilt werden. Auch die Frage, ob es sich um eine Mißtrauensorganisation oder eine Vertrauensorgansiation handelt, entscheidet über die Art und Weise und damit über den Erfolg von Telearbeit.

„Das Dreigestirn Leistung, Ergebniskontrolle und Vergütung bietet einen guten Ansatz, die Potentiale von Telearbeitern zu nutzen.“ (Kienbaum 1996, 49). Die Problemfaktoren und Methoden sind in Abbildung 8 zueinander in Beziehung gesetzt.

Dabei werden aus organisatorischer Sicht die folgenden Aspekte von besonderer Bedeutung sein:

Der Kontrollverlust im Vergleich zu betriebsinternen Beschäftigungsformen erfordert klarere Zielvereinbarungen, um darüber auch zu einer fundierten Ergebniskontrolle zu kommen. Wichtigstes Mittel für diese Verhandlungen ist das Mitarbeitergespräch.

Leistungsdefizite müssen analysiert werden und können durch ein spezielles Vorschlagswesen und durch Qualitätszirkel ausgeglichen werden.

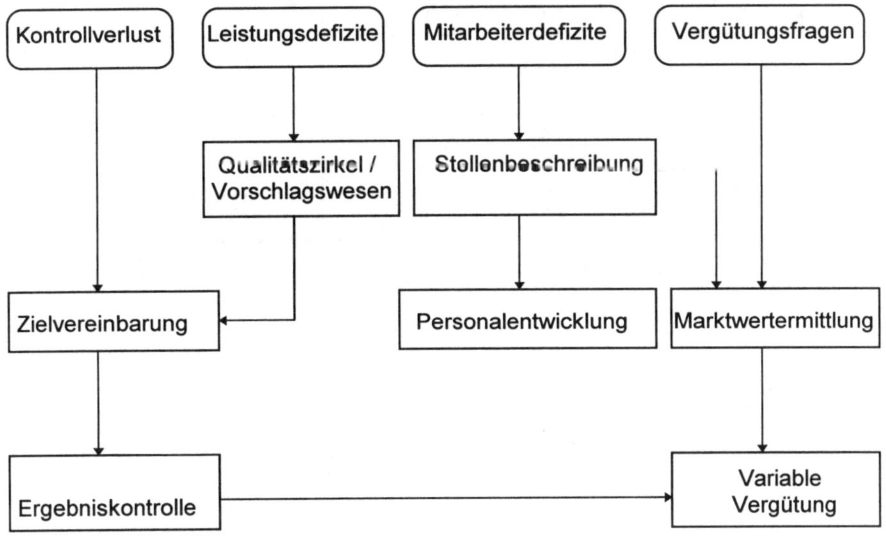

Quelle: Kienbaum 1996, 50

Abbildung 8: Problemfaktoren und Methoden

Mitarbeiterdefizite sind nur erkennbar, wenn eine Stellenbeschreibung vorliegt und wenn eine Personalentwicklungsplanung erfolgt. Diese Stellenbeschreibungen sollten in bezug auf das „Mobilisierungspotential" der Stelleninhaber analysiert bzw. ergänzt werden. Daraus läßt sich ein „Mobilitätskoeffizient ermitteln (Abbildung 9)

Kienbaum (1996, 57) gibt vor, daß bei einem Mobilitätskoeffizienten größer als 50 % Telearbeit sinnvoll sei, ab 70 % sei sie zur Produktivitätssteigerung unausweichlich. Hier wird also aus organisatorischer Sicht ein regelrechter Zwang zur Einführung von Telearbeit aufgebaut.

Insgesamt scheinen also für das Management von Telearbeit vor allem folgende Faktoren ausschlaggebend:

- Klare Vorgaben bezüglich der Inhalte
- Eindeutige Zieldefinition
- Besondere Schlüsselqualifikationen bei den Telearbeitern
- Offener, auf Vertrauen beruhender Führungsstil
- Konsistentes Wertesystem
- Ausreichende Qualifikationen

Beispiel eines Personalleiters			
Ist-Aufgaben	%	Zentrale Erledigung notwendig in %	Mobile / Dezentrale Erledigung möglich in %
Personalplanung	100	10	90
Personalbeschaffung	100	10	90
Personalverwaltung	100	40	60
Personalentwicklung	100	40	60
Entlohnungssysteme	100	10	90
Sozialwesen	100	40	60
Öffentlichkeitsarbeit	100	10	90
Summe	700	160	540

540 / 700 = Mobilitätskoeffizient = 77 %

Quelle: Kienbaum 1996, 57

Abbildung 9: Bestimmung des Mobilitätskoeffizienten einer Stelle

Diese Vorstellungen sind weder neu noch speziell auf Telearbeit eingrenzbar. Eher sind sie eine gute Grundlage für alle offenen und eher selbständigen Arbeitsformen. Offenbar hat die Dominanz abhängiger Beschäftigung manche dieser eigentlich selbstverständlichen Grundlagen an den Rand gedrängt. Vielleicht haben aus dem Militär ins Management übernommene Strukturen hier einigen Schaden angerichtet.

5.1.6 Vergütung für Telearbeit

Die Vergütung für Telearbeiter sollte marktüblich sein und kann deshalb nur durch Marktvergleiche ermittelt werden. Je offener die Tätigkeitsstrukturen werden, umso eher muß die Vergütung erfolgsbasiert sein und weniger auf der eingebrachten Arbeitszeit beruhen. Hier werden langfristig die Strukturen selbständiger Beschäftigung durchschlagen. Der Bezug zu betriebsgebundenen Tätigkeiten wird sich umso stärker auflösen, je ähnlicher die organisatorischen Rahmenbedingungen der Telearbeit der der Selbständigkeit werden.

Bei der Bemessung der Vergütung sind die jeweiligen Kostenarten, wie sie bei der Wirtschaflichkeitsbetrachtung (siehe 5.4) angeführt werden, zu berücksichtigen. Je abhängiger das Arbeitsverhältnis ist - im Grenzfall volle Abhängigkeit bei den Außerbetrieblichen Arbeitsstätten -, umso detaillierter müssen die einzelnen Kosten und Zuschüsse bestimmt und austariert werden. In den vorliegenden und kommentierten Tarifverträgen, die immer die Organisationsform der Außerbetrieblichen Arbeitsstätten zur Grundlage haben, werden die für den Heimarbeitsplatz anfallenden Kosten durch eine Aufwandsentschädigung abgedeckt, die neben dem Arbeitslohn gewährt wird. Diese Entschädigung soll ein Ausgleich für die Raumnutzung, die Raumpflege und für die Telekommunikationskosten bieten. Das Equipment wird in diesen Fällen meist vom Arbeitgeber gestellt und gewartet.

Bei selbständiger Telearbeit sieht dies völlig anders aus: In den meisten Fällen erfolgt eine pauschale Vergütung für die Erledigung der Aufgabe, die dann auch für alle weiteren Aufwände beim Telearbeiter / bei der Telearbeiterin ausreichen muß.

Möglicherweise werden sich - ähnlich wie bei der Arbeitnehmerüberlassung - Agenten finden, die zwischen den Auftraggebern und den Telearbeitern als Moderatoren agieren und einerseits mit dem Auftraggeber ein Pauschalhonorar vereinbaren und den Telearbeitern im Sinne Außerbetrieblicher Arbeitsstätten einen Arbeitsvertrag anbieten. Bisher sind aber derartige Strukturen noch nicht erkennbar.

5.1.7 Statusverschiebung durch Telearbeit

Es dürfte sinnvoll sein, die Einordnung der Telearbeit in die traditionellen Beschäftigungsmuster zu reflektieren. Offensichtlich kommt es zu einer Konvergenz selbständiger und abhängiger Arbeit, indem die selbständige Arbeit durch Telekommunikation stärker angebunden wird, während sich abhängige Arbeit durch Telekommunikation weiter öffnet.

In diesem Mittelfeld entsteht dann eine neue Form von Erwerbsarbeit, die vermutlich ein Kompromiß einerseits selbständiger, andererseits abhängiger Arbeit sein dürfte. In der aktuellen Diskussion wird eingesehen, daß es eines klaren organisatorischen Rahmens bedarf, um die Telearbeit als akzeptable Arbeitsform breit zu realisieren. Dieser Kompromiß ist in organisatorischer Hinsicht folgendermaßen zugeordnet:

- Die Aufgaben werden geschlossen auf das Ziel hin definiert und ausgehandelt. Die einzelnen Schritte werden zwar besprochen, bleiben aber offen. Lediglich bei eng verzahnten Arbeiten ist die Koordinierung auch während der Projektabwicklung enger. Aus dem Management wird eine Moderation.
- Die Verantwortlichkeiten werden klar festgelegt. Aus Managementvorgaben werden Vertragsbestandteile. Die Partner sind nicht mehr in einem klaren Leitungs- und Untergebenenverhältnis, sondern weitgehend gleichberechtigt.
- Die Leistungsbewertung erfolgt nach den Vereinbarungen inhalts- und ergebnisbezogen und nur in Ausnahmefällen über die benötigte Zeit. Dazu ist es aber nötig, die Vorgaben zuvor sehr genau auszuhandeln und festzulegen.

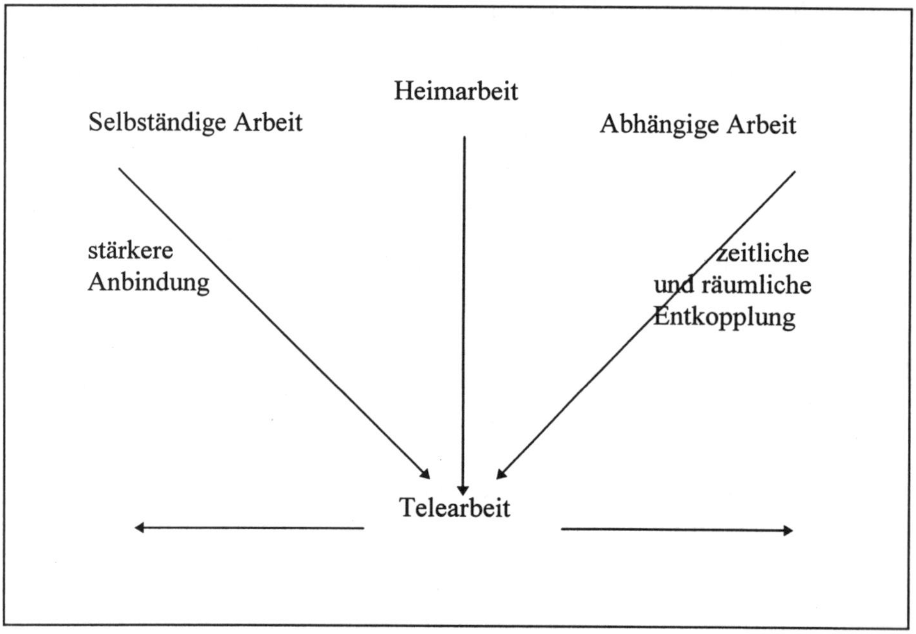

Abbildung 10: Konvergenz der Statuspole bei Telearbeit

Da in unserer Arbeitnehmergesellschaft die abhängige Beschäftigung als Normalform und als zentrales Leitbild fixiert ist, sind alle Formen offener Arbeitsstrukturen mit großen Vorbehalten verknüpft. In diesem Zusammenhang wird insbesondere das Phänomen der „Scheinselbständigkeit“ (siehe dazu Dietrich 1996) als Unterlaufen sozialer Standards und von vertraglichen Normen der abhängigen Erwerbsarbeit eingeschätzt. Telearbeit kann hier diesen Trend verstärken und wird aus diesem Grunde besonders wachsam verfolgt.

Die derzeit einzig „saubere“ Organisationsform der „Außerbetrieblichen Arbeitsstätten“ ist sicherlich auf Dauer nicht tragfähig und nur als Übergangserscheinung einzuschätzen, denn sie ist im Grunde genommen unausgewogen und der tatsächlichen Offenheit der Telearbeit nicht angemessen. Langfristig werden eher die virtuellen Unternehmen Bedeutung erhalten, wobei nicht der Extrempol des voll virtuellen Unternehmens, sondern sich Mischformen der Unternehmen mit Freelancern, Stammbelegschaften und Randbelegschaften sich entwickeln dürften. In bezug auf die Telearbeit lassen sich diese drei Gruppen wie folgt verorten:

- Selbständige Dienstleister

Selbständige Dienstleister, oft auch als Freelancer bezeichnet, sind hochspezialisiert und werden nur für eine spezielle Projektaufgabe verpflichtet. Sie übernehmen die Aufgabe über einen Werkvertrag, als Auftragnehmer übernehmen sie die Erstellung einer klar definierten Leistung - entweder eine festgelegte Bereitschaftszeit oder die Erfüllung eines Auftrages - und verhalten sich wie Lieferanten oder Servicebüros. In diesem Fall gibt es kein Arbeitgeber-Arbeitnehmerverhältnis, es erfolgt keine soziale Absicherung und keine weitere Betreuung. Infrastruktur- und Kommunikationskosten müssen üblicherweise vom Auftragnehmer abgedeckt werden.

Diese Freelancer werden zeitlich begrenzt zuarbeiten und ihr spezifisches Know-How einbringen. Sie werden ihren Arbeitsort und die genutzten Kommunikationselemente in eigener Einschätzung einbringen und nutzen. Ihr Markt ist international, ihre Spezialisierung jeweils aktuell marktbezogen. Sie sind für ihre weitere Qualifizierung selbst verantwortlich. Aktuell sind für diese Gruppe Aufgaben wie beispielsweise die Bewältigung der Umstellung auf das Jahr 2000 oder die Euro-Umstellung, also Aufgaben mit einer deutlichen zeitlichen Fixierung und absehbarem Zielzeitpunkt, relevant. Durch die Internationalität sind auch die Konkurrenzbeziehungen international und nicht kleinräumig zu sehen, hier konkurrieren auch unterschiedliche Bildungssysteme, verschiedene Formen sozialer Einbindung und sozialer Sicherung.

- Abhängige Kernbelegschaften

Abhängige Kernbelegschaften repräsentieren den Kern des Unternehmens und werden für längere Zeiträume beschäftigt. Sie müssen deshalb mit dem Unternehmen „mitgehen“, was bedeutet, daß sie Veränderungen akzeptieren und mittragen müssen. Sie benötigen also eher Schlüsselqualifikationen, eine hohe Loyalität zum Unternehmen, Lernbereitschaft und Flexibilität. Als Belohnung übernimmt das Unternehmen eine stabile Unterstützung und Betreuung, soziale Absicherung und möglicherweise eine Garantie lebenslanger Beschäftigung, soweit das Unternehmen auf einen langfristigen Bestand hin ausgerichtet ist.

Es gibt immer wieder Fälle, in denen für das Unternehmen wichtige Freelancer zur Sicherung dieser Fachqualifikationen, möglicherweise auch zur Monopolisierung, in die Stammbelegschaften nachträglich aufgenommen werden. Umgekehrt sind viele Telearbeitsverhältnisse dadurch ausgelöst worden, daß Mitarbeiter aus der Stammbelegschaft sich soweit spezialisiert haben, daß sie durch das Unternehmen nicht mehr voll ausgelastet werden konnten und ihnen empfohlen wurde, auch für andere Auftraggeber tätig zu werden - meist als gestufter Übergang in den Ruhestand.

- Randbelegschaften

Schließlich gibt es heute schon Randbelegschaften, die auf Arbeitsplätzen minderer Qualität - befristet, ausgeliehen oder geringfügig - beschäftigt sind. Hier verzichten die Unternehmen auf eine langfristige Bindung, da sie der Meinung sind, sie könnten für die jeweilige Arbeitsaufgabe jederzeit kompetenten Ersatz finden. Dies erfolgt heute oft über kurzfristig kontrahierte Dienstleister, aber auch zunehmend durch Telearbeiter.

Auch hier gibt es Verschiebemechanismen. Randbelegschaften können Rekrutierungspotential für Kernbelegschaften sein. Ein Abstieg von Mitarbeitern von Kernbelegschaften in Randbelegschaften kommt immer wieder vor.

- Mischformen

Zwischen diesen Polen liegen Mischformen, die sich nicht immer zielrein zuordnen lassen. Im Prinzip handelt es sich bei diesen Mischformen nicht um Telearbeit im Sinne der engeren Definition, da hier lediglich bekannte neue räumliche Allokationen realisiert werden, die voll in den traditionellen Strukturen aufgehoben sind. Der Status der Mitarbeiter entspricht in der Regel einer traditionellen abhängigen Beschäftigung. Über den Zeithorizont wird selten etwas ausgesagt.

Im Umfeld der Telearbeitsdiskussion werden sie aber immer wieder als telearbeitsspezifisch erwähnt:

- Nachbarschaftsbüros/Telehäuser:

Arbeitende aus einer Kleinregion finden ein gut ausgestattetes Büro vor, mit dem sie mit ihren jeweiligen Arbeitgebern/Auftraggebern kommunizieren, sie haben Kontakt mit anderen Telearbeitern, die für andere Arbeitgeber/Auftraggeber tätig sind. Ihr Weg zur Arbeit ist kurz. Diese Form wird insbesondere aus regionalpolitischen Gründen gerne propagiert. Telehäuser sind somit immer wieder als Nukleus neuer Initiativen gefördert worden.

- Satellitenbüros:

Hier richtet ein Arbeitgeber externe Büros ein dort, wo Mitarbeiter zuhause sind, und nutzt diese als ausgelagerte Büros. Dazu gibt es viele Erfahrungen durch räumlich bedingte Auslagerungen, immer dann, wenn die zentralen Bürokapazitäten nicht mehr ausreichen und zusätzliche, oft entfernt liegende Büros zusätzlich genutzt werden müssen. Für die Arbeitnehmer ändert sich Status und soziale Einbindung nur geringfügig.

- Virtuelle Unternehmen:

Unternehmen nutzen verstärkt die Zuarbeit von Freelancern und Freiberuflern, auch die Zusammenarbeit mit Service-Büros, und können somit ihren Bestand an festen Mitarbeitern reduzieren. Extremfall ist das virtuelle Unternehmen, in dem alle Akteure nur lose durch Auftrageber-/Auftragnehmerbeziehungen miteinander verknüpft sind. Nach außen wirken sie aber auch in diesem Fall als Unternehmen mit eigener Identifikation.

Diese Überlegungen und in der Praxis häufig anzutreffenden Phänomene zeigen, daß die Telearbeit durchaus Erwerbsarbeit insgesamt modifizieren wird und daß die damit einhergehenden Möglichkeiten sich auch dort auswirken werden, wo die Telekommunikation als Auslöser nur eine randständige Rolle spielt.

5.2 Die rechtlichen Rahmenbedingungen der Telearbeit

Wie bereits erwähnt, sind die Rechtsfragen bei der Telearbeit von besonderer Bedeutung. Dies hat die folgenden Gründe:

- Abhängige Arbeit ist detailliert geregelt und hat durch die mit ihr verknüpfte soziale Absicherung einen hohen Stellenwert in der Gesellschaft und in den rechtlichen Normen. Sie gilt als Normalfall von Erwerbsarbeit.
- Selbständige Arbeit ist weitgehend ungeregelt und ist traditionell in einem oberen Segment angesiedelt, in dem der/die Selbständige sich selbst um seine/ihre Absicherung kümmern muß.

Zwischen diesen beiden Polen liegt ein offener Bereich, in dem sowohl „Scheinselbständigkeit“ als auch „Scheinabhängigkeit“ herrschen kann. Die rechtlichen Fragen zielen darauf, wo Telearbeit - solange sie keinen eigenen Rechtsstatus gefunden hat - eingeodnet werden soll. Zusätzlich gibt es noch den Rechtsstatus der Heimarbeit, der möglicherweise ebenfalls für die Teleheimarbeit angewendet werden könnte. Schließlich ist zu überlegen, ob für die Telearbeit - in all ihren Ausprägungsformen - ein eigener gesetzlicher Rahmen erstellt werden sollte (siehe dazu Weichsel u.a. 1985).

5.2.1 Diskussion der letzten 15 Jahre

Ausgehend von der Battelle-Studie von Ballerstedt u.a. (1982), in der bereits auf die rechtlichen Schwierigkeiten eingegangen wurde, gibt es eine reiche Fülle von Arbeiten, die die rechtlichen Einordnungsprobleme der Telearbeit thematisieren: Müllner 1985, Wedde 1986, Kappus 1986, Kilian, Borsum & Hoffmeister 1986, Wedde 1994, Fenski 1994, Wank 1997, Wedde 1997a, Wank 1998, und viele andere.

„In der Literatur ist umstritten, welchen Rechtsstatus der Telearbeiter hat. Dies muß für die einzelnen Erscheinungsformen der Telearbeit jeweils gesondert geprüft werden.“ (Wank 1998,193). Gerade diese einzelfallorientierte Vorgehensweise hat kaum Transparenz gebracht und führt immer wieder zu unklaren Strukturen, die auch im Zeitablauf nicht deutlicher geworden sind.

Müllner (1985) gliedert die rechtliche Gestaltbarkeit wie folgt:

- Rechtsgrund für die Tätigkeit
- Sonstige arbeitnehmerähnliche Personen
- Umgehungstatbestände
- Telearbeit innerhalb eines Arbeitsverhältnisses
- Betriebsverfassungsrecht
- Schutz der Privatspäre
- Tarifwesen
- Mietrecht

Resümierend kommt Müllner zur folgenden Aussage: „Die Rechtsordnung stellt bereits heute ein breit gefächertes Instrumentarium zur Regelung von Telearbeit bereit. Im Rahmen der Privatautonomie sind viele Gestaltungsformen möglich.“

(1985,180). „Die rechtspolitische Gestaltung der Telearbeit sollte zum Ziel haben, die Chancen der Telerbeit zu fördern und gleichzeitig die sozialen Risiken zu minimieren. Letztlich ist auch in diesem Bereich ein Ausgleich zu finden zwischen einer marktwirtschaftlichen Ordnung und dem Sozialstaatsprinzip. Die freie Marktwirtschaft lebt entscheidend von der unternehmerischen Initiative einzelner; je stärker deshalb die Entwicklung in Richtung Arbeitnehmergesellschaft verläuft, desto schmaler wird die gesellschaftliche Basis der marktwirtschaftlichen Ordnung. Der Wandel zur Informationsgesellschaft sollte den Trend zur Arbeitnehmergesellschaft zumindest abschwächen, wobei das Ziel die Schaffung wirklich selbständiger Existenzen und nicht nur rechtlich selbständiger, aber wirtschaftlich abhängiger Erwerbstätiger darstellt." (Müllner 1985,182).

Demgegenüber wurde schon sehr früh versucht, die Telearbeit durch gesetzliche Regelungen zu domestizieren, möglicherweise sogar zu verhindern. Es lag ein Entwurf eines Fernarbeitsgesetzes (Weichsel u.a. 1985) vor, das die bei den Außerbetrieblichen Arbeitsstätten üblichen Strukturen vorgab, allerdings in einigen Bereichen deutlich darüber hinausging, was derzeit in den Tarifverträgen und Tarifvereinbarungen festgelegt ist. Diese Elemente umfassen die Zulässigkeit der Telearbeit nur für bestimmte Personengruppen und nur dann, wenn sie im öffentlichen Interesse liegt, ein Benachteiligungsverbot, keine Nachtarbeit und keine Arbeit auf Abruf. Sogar ein Zusatzurlaub für Telearbeiter wurde vorgegeben. Dieser Entwurf hat dieses Stadium nicht verlassen und ist heute nicht mehr aktuell.

Zwölf Jahre später wird zusammengefaßt: „Das Rechtsgutachten hat gezeigt, daß Telearbeit den arbeitsrechtlichen Rahmen unverändert läßt, der in Abhängigkeit vom jeweiligen Beschäftigungsverhältnis besteht. Die Umsetzung dieses Rahmens ist aber insbesondere bei der alternierenden und der Telearbeit zu Hause schwierig. Nachbarschafts- und Satellitenbüros in den bisher bekannten Ausgestaltungen stellen sich dagegen weitgehend problemlos dar. Es wird daher die Umsetzung der notwendigen gesetzlichen Anpassungen durch ein Artikelgesetz empfohlen. Dadurch können sowohl allgemeine rechtliche Modifikationen und Ergänzungen vorgenommen werden als auch telearbeitsspezifische Notwendigkeiten berücksichtigt werden. ... Die Schaffung eines Telearbeitsgesetzes erscheint als nicht sinnvoll, da zum einen viele der angesprochenen Probleme allgemeiner Natur sind und sich nicht auf den Bereich der Telearbeit beschränken und zum anderen als Folge eines Telearbeitsgesetzes neue Abgrenzungsschwierigkeiten zu anderen Arbeitsformen zu erwarten sind." (Wedde 1997a, 99f.).

Andere Autoren stellen dies in einen größeren Rahmen: „Die Entwicklung zu einer Risikogesellschaft führt zur Ausbildung neuer Beschäftigungsformen, die sich vielfach durch einen höheren Grad an Selbständigkeit vom Normalarbeitsverhältnis unterscheiden. Gleichzeitig erweist sich die Annahme, ein Selbständiger sei grundsätzlich zur eigenen Daseinsvorsorge fähig, ein Arbeitnehmer dagegen nicht, nicht länger als tragfähig. Vor diesem Hintergrund ist es die Aufgabe des Arbeitsrechts, den Wandel zu mehr Selbständigkeit zu begleiten. Dazu ist eine Neubestimmung eines an die veränderten Bedingungen angepaßten Arbeitnehmerbegriffs erforderlich. Betrachtet man die geschichtliche Entwicklung, so kann man eine fortlaufende Anpassung des Arbeitnehmerbegriffs an veränderte Umweltbedingungen feststellen. Es kann davon ausgegangen werden, daß sich diese Entwicklung auch in Zukunft fortsetzt." (Holzgräbe 1997, 29f.)

Im Rahmen dieses Buches soll die rechtliche Seite nur am Rande behandelt werden, obwohl sie massiv auf andere Bereiche der Telearbeit ausstrahlt. Es gibt hierzu genügend Literatur (s.o.), dazu kommen die laufenden Veröffentlichungen beispielsweise in den Fachzeitschriften *Computer und Recht* sowie *Arbeit und Arbeitsrecht.*

5.2.2 Sensible Rechtsfragen der Telearbeit

Bei der bisherigen Diskussion um die Telearbeit haben die Rechtsfragen einen bedeutenden Stellenwert eingenommen. In den Ratgebern zur Telearbeit haben die Rechtsfragen eine große Bedeutung, denn es dürfte sehr schwierig sein, Organisationsformen zu finden, die dem Phänomen Telearbeit gerecht werden und gleichzeitig rechtlich sauber sind.

Zunächst ist festzuhalten: „Das Arbeitsrecht ist das Schutzrecht der abhängig tätigen Bevölkerung. Es ist nicht, wie der Wortlaut vermuten lassen könnte, das Recht menschlicher Arbeit schlechthin." (Holzgräbe 1997, 1f.). Im Rahmen der Abklärung der rechtlichen Situation von abhängigen Selbständigen (Scheinselbständigen) sind aktuell die jeweiligen rechtlichen Verortungen offengelegt worden (siehe dazu Dietrich 1996).

Als Quintessenz der bisherigen rechtlichen Bewertung lassen sich die folgenden Aussagen machen:

Aus rechtlicher Sicht kann der Telearbeiter weiterhin Arbeitnehmer sein, auch wenn die Kontrollmöglichkeiten des Arbeitsgebers eingeschränkt sind. Im Vordergrund stehen die folgenden rechtlichen Aspekte:

- Zutrittsrecht des Arbeitgebers, der Arbeitnehmervertreter, staatlicher Stellen, wie der Gewerbeaufsicht
- Kontrolle der Leistungen des Arbeitnehmers, und zwar in zeitlicher und inhaltlicher Hinsicht
- Anwendung arbeitsschutzrechtlicher Bestimmungen
- Sozialversicherungsschutz

Daneben haben die folgenden Partizipationsrechte des Betriebsrates Bedeutung:

- Weitere mögliche Partizipation des Betriebsrates
- Mitwirkungsrecht des Betriebsrates bei Einrichtung eines Telearbeitsplatzes
- Mitbestimmung bei der Lage der Arbeitszeit und der Pausen
- Mitwirkungsrecht des Betriebsrates im Rahmen des Arbeitsschutzes und der Gestaltung von Arbeitsplatz, Arbeitsablauf und Arbeitsumgebung

Individualrechtliche Fragestellungen ergeben sich aus den folgenden Komplexen:

- Zwang der Aufnahme von Telearbeit
- Unfallversicherungsrechtliche/haftungsrechtliche Fragen
- Aufwandsersatz für die Infrastruktur zu Hause

Bei Datenschutz und Datensicherung gelten für den häuslichen Arbeitsplatz dieselben Bedingungen wie für den im Betrieb.

Wird ein anderer Rechtsstatus als der eines Arbeitnehmers vereinbart, dann lassen sich derartige offene Arbeitsstrukturen nur solange aufrechterhalten, bis ein Rechtskonflikt entsteht, in dem dann durch die Gerichte (im Normalfall) die Arbeitnehmereigenschaft doch bestätigt wird. Dann sind entsprechende Nachzahlungen durch den Arbeitgeber zu leisten, beispielsweise müssen dann die Beiträge zur Sozialversicherung nachgezahlt werden. Derzeit erfolgen in solchen Fällen Vergleiche, Urteile werden kaum gesprochen.

Ein Sonderfall ist die Einstufung der Teleheimarbeit als Heimarbeit. In diesem Gesetz sind Mindestkriterien festgelegt, die für einfache Fertigungsaufgaben entwikkelt wurden. Für informationsbezogene Aufgaben mit besonderen Qualifikationsanforderungen sind diese Strukturen nicht gedacht und kaum anwendbar (siehe dazu Brandes u.a. 1993).

Damit sind insbesondere die für die Unternehmen interessanten und auch finanziell attraktiven Telearbeitsformen mit freien Mitarbeitern oder Selbständigen rechtlich nicht stabil und deshalb nicht in großem Stil realisierbar.

Wenn die Rechtsordnung in anderen Ländern das abhängige Arbeitsverhältnis weniger rigide schützt, dann ist dort mit einer Ausbreitung der Telearbeit in offenen Arbeitsformen eher zu rechnen. Mit der Internationalisierung wird es dann neue Konkurrenzbeziehungen geben, in denen schnell deutlich wird, daß Telearbeit in offenen Arbeitsformen wirtschaftlicher und unproblematischer realisiert werden kann.

5.2.3 Empfehlungen an den Gesetzgeber

Wedde führt in seinem Forschungsbericht an den Bundesministerium für Arbeit und Sozialordnung die folgenden Empfehlungen zur weiteren Klärung an den Gesetzgeber an (1997a, 101ff.):

Statusfragen und Probleme der Scheinselbständigkeit:

- Legaldefinition des Arbeitnehmerbegriffs.

Individualrechtliche Fragen der Telearbeit:

- Stärkung der gesetzlichen Anspruchsgrundlage bzw. Schaffung allgemeingültiger Regelungen im Rahmen des Arbeitsvertragsgesetzes.
- Verbesserung der gesetzlich normierten Informations- und Beratungsrechte der Beschäftigten in der Planungsphase.
- Festschreibung des Freiwilligkeitsprinzips.
- Ausweitung der kollektivrechtlichen Zustimmungsverweigerungs- und Widerspruchsgründe.
- gesetzliche Verankerung von Grundsätzen zur Haftung und Haftungsbegrenzung.

- eindeutige gesetzliche Zuweisung des Betriebsrisikos in die Sphäre des Arbeitgebers, verbunden mit einer Beweislastregelung zugunsten des Arbeitnehmers.
- Präzisierung der datenschutztechnischen und -organisatorischen Minimalvoraussetzungen in der Neufassung des Bundesdatenschutzgesetzes, unter denen die Verarbeitung personengebundener Daten bei Telearbeit zulässig ist.
- Definition von Klassen und Arten personenbezogener Daten, deren Verarbeitung unter den Bedingungen der Telearbeit unzulässig ist.
- Festschreibung von Auslauffristen zur Erleichterung der Rückkehr in den Betrieb.
- Einführung einer Beweislastumkehr bezüglich der Feststellung der Mindestzahlen des § 23 KSchG für den Fall, daß kein direkter Kontakt zum Betrieb besteht.
- Einfügung einer entsprechenden Ergänzung in den Katalog des § 1 KSchG zur Verhinderung der Ableitung einer Kündigung aus der Verweigerung des vertraglich vereinbarten Zutrittsrechts.

Zutrittsrechte zu Telearbeitsplätzen
- Präzisierung der einschlägigen Rechtsnormen.
- Einfügung einer entsprechenden Ergänzung in den Katalog des § 1 KSchG zur Verhinderung der Ableitung einer Kündigung aus der Verweigerung des vertraglich vereinbarten Zutrittsrechts
- Gewährleistung des Arbeitsschutzes bei Telearbeit
- Verdeutlichung der gesetzlich normierten Verantwortlichkeiten der Arbeitgeber für den Arbeitsschutz an geeigneter Stelle
- Verankerung technischer oder organisatorischer Kontrollen
- Schaffung betrieblicher oder überbetrieblicher Aufsichtsinstanzen
- ggf. Ausbau einschlägiger Mitbestimmungsrechte von Betriebs- und Personalräten

Arbeitsrechtlicher Betriebsbegriff:
- Allgemeine Legaldefinition des Betriebsbegriffs.

Beteiligungsrechte von Betriebs- und Personalräten:
- Schaffung von telearbeitsspezifischen Mitbestimmungsrechten der Betriebs- oder Personalräte
- Ausbau bestehender Rechtspositionen
- gesetzliche Begründung von Kommunikationsmöglichkeiten zu den außerhalb der Betriebsstätte Tätigen unter gleichberechtigter Nutzung elektronischer Dienste und Netze.
- ggf. Ausweitung der Freistellung kollektiver Interessenvertreter
- ggf. Einbeziehung im Ausland Tätiger in den Anwendungsbereich der kollektivrechtlichen Regelungen

Gewerkschaftsarbeit:

- gesetzgeberische Anpassung der Zugangsberechtigung des § 2 Abs. 2 BetrVG

Telearbeit für Behinderte:

- gesetzgeberische Anpassung des SchwbG
- Förderung behindertengerechter Telearbeitszentren

Überbetrieblicher Arbeitsschutz:

- Ausbildung der Gewerbeaufsichtsbeamten entsprechend den aktuellen Anforderungen in der Informationsgesellschaft

Aus diesen Vorstellungen wird die ganze Breite der Erfordernisse deutlich, die notwendig werden, wenn Telearbeit für die Betroffenen genauso stabil und sicher organisiert werden soll, wie dies in der klassischen abhängigen betriebsbezogenen Erwerbstätigkeit erfolgt ist. Die ursprünglich von Müllner positiv gesehene Tendenz zur Selbständigkeit im Rahmen der Enwicklung der Telearbeit (s.o.) wird heute - zumindest aus rechtlicher Sicht - nicht mehr als relevant erachtet. Wank (1997,45) bemerkt zwar noch „zur rechtsdogmatischen Einordnung des Telearbeiters... - Die Arbeit zu Hause legt auf den ersten Blick die Qualifizierung als Heimarbeiter oder ihm Gleichgestellten nahe, unter entsprechender Anwendung des Heimarbeitsgesetzes und einer Reihe von Sonderregelungen." und „ - Schließlich ist die Qualifizierung als Selbständiger in Betracht zu ziehen, welche dann lediglich die Anwendung der allgemeinen Bestimmungen des Bürgerlichen Gesetzbuches zuläßt." Doch Wedde (1997a, 249 f.) bemerkt dazu: „Kommt es zur notwendigen Erhöhung der Regelungsdichte, geht dies auf Kosten der Vorteile, die vor allem von Seiten der Arbeitgeber mit Telearbeit verbunden sind. Die erforderliche Rücksicht auf gesetzliche Vorgaben schmälert den betriebswirtschaftlichen Nutzen dieser Arbeitsform. Dies kann jedoch kein Grund dafür sein, auf die empfohlenen gesetzlichen Maßnahmen zu verzichten. Die gesetzlichen Positionen von Beschäftigten allein aus Kostengründen reduzieren zu wollen, widerspräche dem Schutzcharakter des Arbeitsrechts."

Die rechtlichen Zuordnungen der Telearbeit sind somit abhängig von dem Weltbild derer, die die vorhandene Rechtslandschaft in Hinblick auf die Allokation der Telearbeiter durchgehen. Sie kommen grundsätzlich zu konträren Ansichten:

- Telearbeiter als schutzbedürftige Menschen mit geringer Verhandlungsmacht - dann sind die Weddeschen Vorgaben zu berücksichtigen, oder
- Telearbeiter als Selbständige mit hoher individueller Verhandlungsmacht - dann greifen freiberufliche Formen ohne detaillierte Regelungen, wie sie Müllner empfahl.
- Telearbeiter im Geflecht virtueller Unternehmen und als Folge von Outsourcing, bei dem der Arbeit- bzw. Auftraggeber unscharf wird und damit seine Verantwortung nicht mehr eingelöst werden kann (siehe dazu Trittin 1996).

Ein Mittelweg - bis zu einem gewissen Grade schutzbedürftig, aber deutlich selbständiger als Abhängige - wird rechtlich nicht angeboten und wohl auch nicht gewünscht, obwohl - und dies soll im folgenden deutlich werden - gerade hier die Zukunft der Telearbeit liegen dürfte.

5.3 Die derzeit zulässigen Formen der Telearbeit

Heutige Telearbeit kann nur tragfähig sein, wenn sie sowohl in organisatorischem Sinne handhabbar und in rechtlichem Sinne sauber ist. Aus den in Übersicht 5 angeführten Alternativen kristallisieren sich derzeit die folgenden als realisierbar heraus:

- Abhängige Erwerbsarbeit in Telearbeitszentren
- Alternierende Telearbeit im Status abhängiger Arbeitnehmer („Außerbetriebliche Arbeitsstätten")
- Telearbeit als Selbständige(r)
- Telearbeit in Heimarbeit

Von diesen Alternativen ist die erste durchaus konventionell, sie entspricht voll einem beliebigen Dienstleistungsunternehmen. Daß Telearbeitszentren unter der Rubrik Telearbeit überhaupt diskutiert werden, liegt lediglich darin begründet, daß sie unter dem Rückenwind der Telearbeitseuphorie entstanden sind und als Ergebnis regionalpolitischer Förderaktivitäten Lieblingskind von Politikern sind. Sie ließen sich meist nur wegen der eingebrachten Fördermittel aufbauen und halten. Möglicherweise sind sie ihrerseits bereit, Aufgaben an Teleheimarbeiter weiterzugeben und dadurch alternierende Telearbeit zu fördern.

5.3.1 Die Außerbetrieblichen Arbeitsstätten als aktueller Kompromiß

Durch Betriebsvereinbarungen und Tarifverträge - besondere Schrittmacherfunktion übten diejenigen der IBM Deutschland und der Deutschen Telekom aus - ist das Modell der „Außerbetrieblichen Arbeitsstätten" begründet worden.

Dieses Modell läßt den Status des abhängig, sozialversicherungspflichtig beschäftigten Arbeitnehmers unangetastet und ändert lediglich den Arbeitsort für Anteile der Leistungserbringung. Damit gelten alle Arbeitnehmerrechte weiter mit Ausnahme derer, die über das Grundgesetz prior geregelt sind, beispielsweise das Zugangsrecht zur Privatwohnung.

Es erfolgt eine Ausstattung des Heimarbeitsplatzes durch den Arbeitgeber, die laufenden Mehrkosten werden ebenfalls übernommen.

Für den Arbeitnehmer besteht eine jederzeitige Rückkehroption in den Betrieb, ohne daß diese Rückkehr besonders begründet werden muß. In der Praxis werden wegen der doppelten Ausstattung auch alternierende Arbeitsmuster möglich, in denen derzeit überwiegend eine Hälftung der Arbeit im Betrieb und zuhause erfolgt. Dieses Modell ist rechtlich „wasserdicht", von den Sozialpartnern in verschiedenen Betriebsvereinbarungen und Tarifvertägern festgezurrt und stellt eine zwar unwirtschaftliche, aber gangbare Alternative dar. Die Unwirtschaftlichkeit ergibt sich aus der doppelten Arbeitsplatzausstattung und aus den zusätzlichen Kommunikationskosten, die einseitig vom Arbeitgeber abgedeckt werden müssen. Sie werden durch eine erwartete höhere Produktivität, einen geringeren Krankenstand und durch die Weiterbeschäftigung von eingearbeiteten Fachkräften in besonderen persönlichen Lagen zumindest teilweise ausgeglichen. Es gibt derzeit kaum Fälle, in denen außerbetriebliche Arbeitsverhältnisse neu mit externen Bewerbern abgeschlossen wurden, in der Regel handelt es sich um langjährig eingearbeitete Mitarbeiter, die von einer betrieblichen Tätigkeit für eine begrenzte Zeit in eine derartige Telearbeit umsteigen wollen oder müssen.

Ein Vergleich von fünf Betriebsvereinbarungen zur Telearbeit (siehe dazu Online Forum Telearbeit 1997, 51ff.) macht deutlich, daß nahezu alle derartigen Regelungen weitgehend einheitlich konzipiert sind:

- Der Arbeitnehmerstatus bleibt erhalten.
- Der Arbeitsplatz bleibt erhalten, evtl. aber in Form des Desksharing.
- Telearbeit kann jederzeit beendet werden und die volle betriebliche Tätigkeit wiederaufgenommen werden.
- Telearbeit ist immer freiwillig und für alle Beschäftigte nach den gleichen Kriterien möglich.
- Der Arbeitgeber trägt die volle Verantwortung für Arbeitssicherheit und Gesundheitsschutz.
- Der Anteil selbstbestimmter Arbeitszeit sollte so groß wie möglich sein.
- Die Arbeitszeiterfassung erfolgt überwiegend durch die Telearbeiter selbst.
- Das Zutrittsrecht zur Wohnung kann nur einzelvertraglich zwischen Arbeitgeber und Telearbeiter festgelegt werden.
- Die Aufwandserstattung für Aufwendungen im Zusammenhang mit der Telearbeit erfolgt durch den Arbeitgeber. Dabei sind aber Pauschalierungen möglich.
- Die Haftung des Arbeitnehmers beschränkt sich auf Vorsatz und grobe Fahrlässigkeit.
- Die Mitwirkungs- und Mitbestimmungsrechte des Betriebsrates werden auf die Heimarbeiter ausgeweitet.

Außerbetriebliche Arbeitsstätten sind also der Versuch, die in einer Zeit der Vollbeschäftigung ausgehandelten Arbeitsbeziehungen in einen neuen Arbeitsmarkt und in eine Zeit offener Arbeitsverhältnisse hinüberzuretten. Nicht die rechtlichen und vertraglichen Rahmenbedingungen werden an die neue Arbeitsform angepaßt, sondern die Arbeitsform wird in die überkommenen und in der Industriegesellschaft bewährten Regelungsstrukturen hineingepreßt. Dies geschieht nicht nur wegen der Rechtsunsicherheit alternativer Modelle, sondern auch wegen der Nähe zu traditionellen Verwaltungs- und Führungsformen, die nicht kurzfristig umgekippt werden können.

„Doch die tageweise Telearbeit schränkt gleichzeitig auch den Nutzen ein, die sich Manager und Politiker von dieser Arbeitsform versprochen haben. Die Situation ist paradox: Die einzig praktikable Form der Telearbeit ist gleichzeitig die mit dem geringsten Einsparpotential." (Rieker 1995, 205)

Ob diese Außerbetrieblichen Arbeitsstätten wirklich auch langfristig die heutige Bedeutung behalten werden, kann bezweifelt werden. In Kapitel 7 sollen die Argumente aufgeführt werden, die eher gegen diese These sprechen. Die Öffnung der Erwerbsarbeit wird weiter gehen als nur die räumliche und zeitliche Entkopplung bei Beibehaltung überkommener Rahmenbedingungen.

5.3.2 Selbständige Telearbeit

Statt des Modells der außerbetrieblichen Arbeitsstätten sind selbständige Arbeitsformen insbesondere für Menschen hoher Verhandlungsmacht gut geeignet. Wie bereits bei den Rechtsfragen erwähnt, ist für alle anderen die Gefahr der „Scheinselbständigkeit" von besonderer Brisanz, da hier möglicherweise Personen wegen ihrer geringen Verhandlungsmacht in ungeschützte Arbeitsverhältnisse abgeschoben werden.

Prinzipiell lassen sich nahezu alle Aufgaben und Tätigkeiten in selbständiger Form realisieren und dies läßt sich auch gut begründen. Eine Gesellschaft von Selbständigen ließe sich durchaus konstruieren. Moderne Organisationsmodelle gehen schließlich vom „Intrapreneur" aus, also von innerbetrieblichen Unternehmern hoher Entscheidungskraft, die - möglicherweise unter dem Schutz eines stabilen und konkurrenzfähigen Unternehmens - sich wie Selbständige gebärden, ihre Aufgaben verinnerlichen und auch den Erfolg ihrer Initiativen und Mühen weitgehend ernten können. Erfolgversprechende Elemente selbständiger Tätigkeit werden also auch in betrieblicher Umgebung geschätzt und gefördert.

Gleichzeitig erlauben die heutigen Kommunikationsmittel eine engere Kooperation von Selbständigen im Rahmen größerer Projekte. Denn es ist heute kaum noch erkennbar, ob die jeweiligen Leistungen von einem einzelnen selbständigen Arbeitnehmer erbracht werden oder ob diese wieder in einem irgendwie gearteten Netzwerk stecken. Dies läßt sich immer nur graduell abgrenzen und noch schwieriger nachweisen. Der Begriff virtueller Unternehmen ist in diesem Zusammenhang sicherlich recht treffend und aussagekräftig. Im Prinzip entsprechen sie den modern strukturierten Unternehmen.

In der Telearbeit ist auch die formale Selbständigkeit sehr naheliegend, da Selbständige meist Arbeiten und Leben zu integrieren bestrebt sind und da sie selbst entscheiden können, wann und wo sie am günstigsten arbeiten. In diesem Sinne dürften die meisten Selbständigen immer schon gewisse Telearbeitsformen realisiert haben, sodaß die Telearbeit für sie keinen besonderen Neuigkeitswert aufweist. „Trotz bestehender Anfangsschwierigkeiten sehen die „Neuen Selbständigen im Netz" ihre neue Arbeitsform und Arbeitsweise als durchaus positiv. Die Arbeit im Netz bietet zahlreiche Möglichkeiten und Perspektiven zur privaten wie auch beruflichen Entfaltung. Neben der Umsetzung eigener Ideen, einem neuen Verantwortungsgefühl - auch gegenüber möglichen Mitarbeitern und Angestellten - bietet der neue Freiraum Platz für Gestaltungsmöglichkeiten des privaten und beruflichen Lebens. Die überwiegende Zahl der Befragten würde daher sich - vor die Wahl gestellt - jederzeit wieder für eine freiberufliche oder selbständige Tätigkeit entscheiden." (Oertel & Wölk 1997, III).

Deshalb wäre es eigentlich naheliegend, jede Form von Telearbeit als selbständige Arbeit zu organisieren. Selbst alternierende Telearbeitsformen könnten im Rahmen selbständiger Tätigkeit abgewickelt werden, wenn die heimbasierte Tätigkeit als dominant und die betriebszentrierte Tätigkeit als Zusatz definiert würde.

Die aktuell aus arbeitsmarktpolitischer Sicht hoch bewertete Gründung neuer Existenzen wird auf selbständige Telearbeit nicht ausgedehnt. Die Rechtfertigung der Förderung der Selbständigkeit erfolgt meist nach der Vorstellung, Selbständige würden ihrerseits wieder abhängige Mitarbeiter einstellen, die dann Beiträge in das soziale Sicherungssystem einzahlten (siehe dazu Wießner 1998, 5). Da selbständige Telearbeiter aber meist allein tätig sind, geht für sie die Rechnung nicht auf. Es sei denn, die Tätigkeit mündet in eine betriebliche Struktur ein, in der die Mitarbeiter abhängig beschäftigt werden. „Prinzipiell ist die selbständige Erwerbstätigkeit im Netz eine erfolgversprechende Alternative, um (drohende) Arbeitslosigkeit zu überwinden. Geringe Investitionen für die Ausstattung mit Computer und Online-Anschluß sowie der mögliche Verzicht auf Gewerberäume senken die Startkosten. Auch lassen sich diverse Beispiele aufzeigen, wo der ehemalige Arbeitgeber den Start in die Selbständigkeit durch Werkverträge ermöglicht und so Know-How für sein Unternehmen erhalten hat." (Oertel & Wölk 1997, II).

So ist die selbständige Tätigkeit im Rahmen von Telearbeit eigentlich unerwünscht und wird schnell in den Bereich der Scheinselbständigkeit verortet. Häufig ist von Pseudounternehmern die Rede, da keine herausragende Wirtschaftskraft und Position erwartet wird. Allerdings wird konzediert, daß die Entscheidungsfreiheit, sich als selbständig oder angestellt einzuordnen, unter das Grundrecht der freien Berufswahl fällt und damit nicht restriktiv entschieden werden darf.

Um den Weg in die Selbständigkeit zu erleichtern und ihr Risiko zu reduzieren, wird das folgende GmbH-Modell für Freiberufler, Selbständige und Lohnunternehmer beschrieben (Baaten u.a. 1995):

- „Selbständige gründen eine GmbH und stellen sich selbst als gleichberechtigte Geschäftsführer an. Wichtig: Keiner darf die andern beherrschen können.
- Die monatliche Vergütung muß vom persönlichen Einsatz des Geschäftsführers abhängig sein. Abgegolten sind damit Weihnachts- und sonstige Sozialentgelte und Aufwendungen zur Altersversorgung.
- Geschäftsführer und GmbH schließen vertraglich ein abhängiges Beschäftigungsverhältnis aus. Nur so sparen sie tatsächlich die Beiträge zur gesetzlichen Sozialversicherung.
- Gegen Lohnausfall bei Krankheit müssen sie sich privat absichern.
- Die 50.000 Mark Stammkapital für die GmbH lohnen: Die Geschäftsführer sparen nicht nur die Sozialbeiträge, sondern auch die Gewerbesteuer, wie sie etwa Gemeinschaften bürgerliches Recht (GbR) zahlen müssen."

Bei Journalisten haben sich in den letzten Jahren die folgenden Formen neben den hauptberuflich freien Journalisten eingebürgert:

- Arbeitnehmerähnlicher freier Journalist
- Pauschalisten, Feste Freie, Ständige Mitarbeiter

Gerade in Berufen im Informationsbereich ist die freiberufliche bzw. selbständige Telearbeit sehr naheliegend und findet dort eine hohe praktische Relevanz. Hier entsteht ein Gegenmodell zu den Außerbetrieblichen Arbeitsstätten, das in der nächsten Zeit sicherlich eine steigende Bedeutung erreichen wird. Allerdings sind die Einflußmöglichkeiten ausgeuferter Rechtsbeziehungen überraschend weitreichend: „Auch hier (bei Telearbeit, W.D.) ist das Kriterium der „persönlichen Abhängigkeit", wie sie das BAG für freie Mitarbeiter definierte, wichtig: Nach diesem Katalog kann zum Beispiel bei on-line-Telearbeit die Tätigkeit inhaltlich durch die vom Arbeitgeber genutzte Software vorstrukturiert sein. Sieht man einmal von hochqualifizierten Programmiertätigkeiten ab, ist häufig on-line-Telearbeit direkt an Arbeitsanweisungen des Arbeitgebers gebunden und mittels der gespeicherten Daten auch kontrollierbar. In solchen Fällen liegt ein Arbeitsverhältnis (und kein Auftraggsverhältnis, W.D.) vor." (Pickshaus 1995,61)

Soll also Telearbeit als selbständige Arbeit Bestand haben, dann ist es aufgrund der derzeitigen organisatorischen und gesetzlichen Regelungen nötig, die Rahmenbedingungen im Detail festzulegen und zu dokumentieren. Dabei muß sehr sorgfältig ein Gegenbild zur abhängigen Beschäftigung konstruiert werden, um nicht in deren Nähe zu geraten. Gelingt das nicht vollständig und wird dies nicht umfassend begründet, dann fallen alle diese Arbeitsformen zurück in die abhängige Arbeit und werden - meist durch richterliche Entscheidung - als Scheinselbständigkeit mit allen ihren Folgen verortet.

5.3.3 Telearbeit als Heimarbeit

Heimarbeit in klassischer Form schien lange Zeit ein Auslaufmodell zu sein. Zählungen zeigten die geringe Relevanz der klassischen Heimarbeit: Während um die Jahrhundertwende noch 5 % der abhängig Beschäftigten in Heimarbeit tätig waren (etwa 500.000 Personen), liegt der Anteil heute bei etwa 0,5 %.

Allerdings wird von einer Dunkelziffer von 40 % ausgegangen (Brandes u.a. 1993, 561). Heimarbeit wird zu 90 % von Frauen ausgeübt. Die rechtlichen Rahmenbedingungen der Heimarbeit sind durch das Heimarbeitsgesetz (HAG) fixiert.

Telearbeit wird auch als „Neue" Heimarbeit bezeichnet, wobei bei dieser Gegenüberstellung eine wichtige Unterscheidung in „On-line"- und „Off-line"-Tätigkeit erfolgt, da insbesondere die „Off-line"-Tätigkeit eher den traditionellen Heimarbeitsformen entspricht. Und auch hier werden noch Differenzierungen vorgenommen (siehe Übersicht 7).

Übersicht 7: Teleheimarbeit

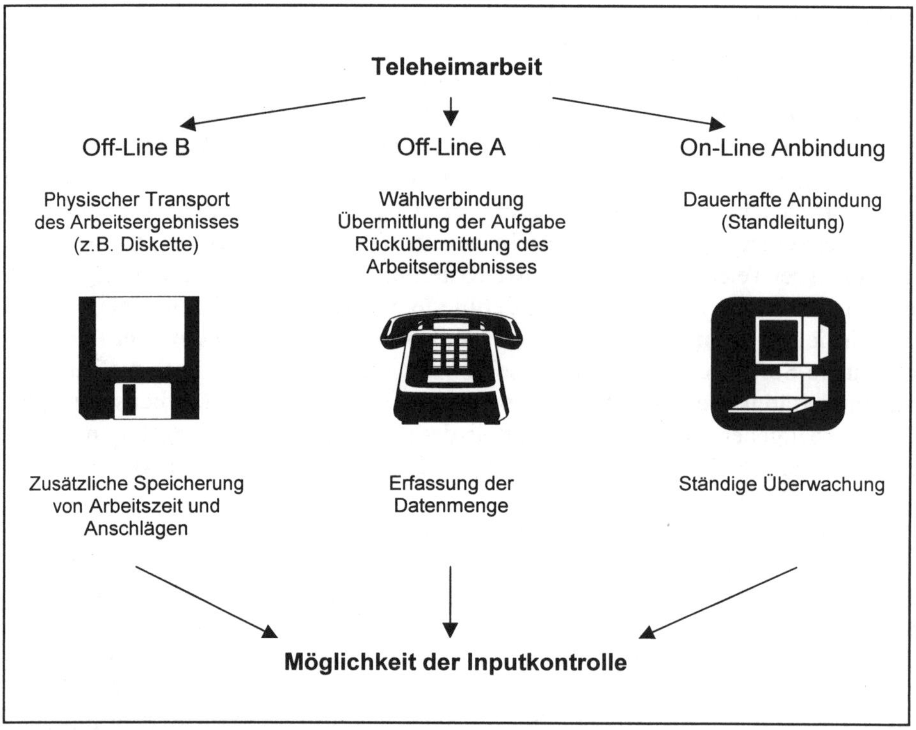

Quelle: Brandes u.a. 1993, 563

5.3.4 Telehäuser und ähnliche Telearbeitsmodelle

Wie bereits erwähnt, sind diese Telearbeitsmodelle eigentlich ganz normale Arbeitsplätze, die lediglich als „Trittbrettfahrer" der Telearbeitseuphorie einzustufen sind. Sie sollen - ähnlich wie die Außerbetrieblichen Arbeitsstätten - das Risiko selbständiger Telearbeit mindern und gleichzeitig weitere wirtschaftspolitische und raumordnungsbezogene Ziele verfolgen. Sie sind Folge der Erkenntnis, daß eben nicht alle Menschen eine beliebige Mobilität zeigen (können) und daß gleichzeitig Unternehmer nicht bereit sind, ihre Arbeitsplätze dort anzubieten und einzurichten, wo es die Mitarbeiter gerne hätten. In Zeiten des Arbeitskräftemangels gab es viele „verlängerte Werkbänke" in strukturschwachen Gebieten, die aber in wirtschaftlichen Krisenzeiten sehr schnell wieder aufgelöst wurden.

Möglicherweise sind Telehäuser mit ihren Organisatoren und Förderern jene Moderatoren, die - wie bei der Arbeitnehmerüberlassung - die unternehmerische Aufgabe der Organisation und des Ausgleichs zwischen Werkverträgen auf der einen Seite und individuellen Arbeitsverhältnissen auf der anderen Seite übernehmen. Ob sie auch ohne Förderung überlebensfähig wären, kann heute noch nicht abschließend geklärt werden. Es fehlt einfach noch die Erfahrung und das Bewußtsein, insbesondere bei den Auftraggebern. Übereinstimmend wird von den Mitarbeitern dieser Telehäuser geklagt, es kämen nicht genügend und selten anspruchsvolle Aufträge. Vielleicht ist das eine Frage der Erfahrung und der Marktvorbereitung und -entwicklung. Offenbar müssen diese Telehäuser eine „kritische Masse“ erreichen, um auch einen entsprechenden und zufriedenstellenden Markt zu erreichen.

5.4 Die Wirtschaftlichkeit der Telearbeit

Wirtschaftlichkeitsaspekte haben in der Telearbeitsdiskussion schon immer eine besondere Rolle gespielt. Vor allem die Einsparung von Räumlichkeiten beim Arbeitgeber und die von Pendelkosten beim Arbeitnehmer sowie die Bedeutung zusätzlicher Kommunikationskosten sind landläufig bekannt und werden immer wieder angeführt.

5.4.1 Methoden und Elemente der Wirtschaftlichkeitsbetrachtung

Im Zuge der weiteren Analyse der Telearbeit gibt es mittlerweile ausführliche Checklisten und Bewertungen der Wirtschaftlichkeit (beispielsweise Kordey/Korte 1996,171 ff., Godehardt u.a. 1997, 74 ff., Matthies 1997, 95 ff.), die allerdings je nach gewählter Organisationsform und den weiteren Rahmenbedingungen durchaus zu sehr unterschiedlichen Ergebnissen führen.

Brand & Krian (1997, 5 ff.) geben folgende Kosten- und Nutzenkategorien an, die eine detaillierte Wirtschaftlichkeitsberechnung ermöglichen sollen. Sie sind aber implizit auf Außerbetriebliche Arbeitsstätten hin bezogen:

Kostenfaktoren:

Organisations-/Kommunikationskosten

- Einmalige Projektvorbereitungskosten
- Einrichtungskosten für Telearbeitsplätze
- Betreuungs- und Motivationskosten

Schulungs- und Einweisungskosten

- Einmaliger Schulungsbedarf der Telearbeiter bei Installation des Telearbeitsplatzes
- Höherer laufender Schuluungsbedarf der Telearbeiter im Vergleich zu Büroarbeitern

Infrastrukturkosten

- Technische Voraussetzungen innerhalb des Unternehmens und am Telearbeitsplatz (z.B. TK-Anlage, Router)
- Wartungskosten für die Infrastruktur

Kosten der Arbeitsplatzausstattung

- Einrichtung zusätzlicher Arbeitsplätze für Telearbeiter (z.B. Möbel für Telearbeitszimmer)
- Materialkosten für die Ausstattung des Telearbeitsplatzes (z.B. Endgeräte: Computer, ISDN-Telefon inkl. Anschluß)

Raum- und Mietkosten

- Zuschuß zu Raum- und Mietkosten durch Arbeitgeber

Sprachkommunikationskosten

- Höhere Kosten, da Telefonate mit der Zentrale über öffentliche Netze erfolgen

Datenkommunikationskosten

- Höhere Kosten, da Datenzugriffe auf zentrale Datenbestände über öffentliche Netze erfolgt

Sonstige Kosten

- Weitere vom Arbeitgeber bezuschußte Kosten
- Höhere Kosten der Wartung und Versicherung
- Höhere Kosten für Ausfallzeiten wegen längeren Anfahrtszeiten für Wartungsdienst

Nutzenfaktoren:

Produktivitätssteigerung

- Bessere Anpassung der Arbeitszeit an den individuellen Zeit- und Lebensrythmus
- Stärkere Autonomie und Eigenverantwortung; Job-Enrichement/Job-Enlargement
- Ausgeprägteres Bewußtsein für „leistende" Arbeitszeit und „nichtleistende" Freizeit
- Reduzierung von Redundanz bei persönlichen Gesprächen
- höhere Flexibilität bei der Wohnortwahl; angenehmere ruhige Arbeitsumgebung
- höhere Motivation durch allgemein bessere Vereinbarkeit von Familie und Beruf

Fehlzeitenverringerung

- Keine anfahrtsbedingten Fehlzeiten (z.B. Glatteis, Erdbeben, Überschwemmung)

Einsparung bei Wiedereingliederungskosten

- Bestehender Kontakt zu Arbeitnehmern im Erzeihungsurlaub durch Telearbeit

Einsparung bei Einarbeitungskosten neuer Mitarbeiter

- Geringere umzugsbedingte Fluktuation (z.B. neue Arbeitsstätte des Ehegatten)

Überstundenreduktion

- Flexible Arbeitszeiten der Telearbeiter (keine zusätzlichen Kosten für sonst anfallende Überstunden)

Einsparung Arbeitsplatz-Ausstattung

- Geringerer Bedarf an Arbeitsplatz-Ausstattung im Büro (Computer, Drukker, Software, Wartung), z.B. teilen sich mehrere Telearbeiter eine Büroarbeitsplatz-Ausstattung

Raum- und Mietkosteneinsparung

- Geringerer Mietbedarf neuer Räumlichkeiten bei Unternehmensexpansion

Sonstige Gemeinkostensenkung

- Geringerer Bedarf an Mitarbeiterparkplätzen
- Geringere arbeitsplatzbezogene Abgaben
- Geringere Energiekosten

Wie bei allen Wirtschaftlichkeitsberechnungen sind die Kosten meist sehr detailliert erfaßbar, der Nutzen aber oft nur qualitativ abschätzbar. Dies gilt für die Wirtschaftlichkeitsabschätzungen für die Telearbeit ganz besonders, da hier Produktivitätssteigerungen in besonderem Maße unterstellt werden. Alle Wirtschaftlichkeitsaussagen gehen von dieser höheren Produktivität aus, weil die Individuen meinen, daß sie, könnten sie ihre Arbeit frei gestalten, diese auch zielreiner und konzentrierter erledigen würden. Im Prinzip ist dies ein Affront gegen die Arbeitsplaner, die sich immer wieder bemüht haben, optimale Arbeitsstrukturen aufzubauen und zu pflegen. Wenn nun die Telearbeiter erklären, allein durch die eigene Gestaltung ihrer Arbeitsumgebung und ihrer Arbeitsmuster könnten sie die Produktivität massiv erhöhen, dann zeigt dies die Begrenztheit einer Arbeitsgestaltung durch Dritte und die Bedeutung von Akzeptanzaspekten. Als Gegenbild wird in diesem Fällen oft die Selbstausbeutung angeführt.

So werden die zusätzlichen Kosten des Teleheimarbeitsplatzes und die Kosteneinsparungen in der Zentrale sehr exakt gegenübergestellt. Bei den Kommunikationskosten zeigen sich dann erhebliche Abweichungen je nach der Inanspruchnahme der Telekommunikation und nach der Tarifentfernung. Allgemein werden die Einrichtungskosten für den häuslichen Telearbeitsplatz höher eingeschätzt als bei Büroarbeitsplätzen, die laufenden Kosten dürften gleich sein (TA Telearbeit 1997, 13).

Schließlich bleiben aber noch erhebliche nicht quantifizierbare Wirtschaftlichkeitsaspekte, die überwiegend auf der Nutzenseite vermutet werden: Eine steigende Produktivität, bessere Arbeitsqualität, höhere Flexibilität. „Wie bereits beschrieben, ist der Nutzen von Telearbeit vielschichtig und oft sehr schwer in barer Münze zu messen. ... Erst bei einer längeren Beobachtung von Telearbeits-Projekten wird aber deutlich, an wie vielen Stellen weitere Kosten entfallen.“ (Matthies 1997, 100).

Zusammenfassend meint Pfletschinger (1997, 39 f.): „Der größte Nutzen aus Telearbeit ergibt sich m.E. aus dem Denkanstoß, den Telearbeit auslöst. Zum einen muß die bisherige Aufbau- und Ablauforganisation überprüft, zum anderen ein Wechsel des Führungs- und Kontrollstils vorgenommen werden. Dies hat in vielen Fällen ein Aufbrechen der alten, hierarchischen Strukturen zur Folge. ... Daher ist es abschließend nicht möglich, ein präzises und gleichzeitig allgemeingültiges Urteil über die Wirtschaftlichkeit von Telearbeit abzugeben.“

5.4.2 Abbau von Arbeitsplätzen in der Zentrale

Ganz wesentlich ist die Frage, inwieweit bei einer breiten Einführung von Telearbeit noch Arbeitsplätze im Betrieb vorgehalten werden müssen. Dieser erhebliche Kostenfaktor kann entweder ganz wegfallen, wenn die Unternehmen ihre Büros schließen und nur noch Telearbeit zulassen - dies ist aus mehreren Fällen bekannt, wo insbesondere europäische Büros US-amerikanischer Unternehmensberatungen aufgelöst wurden und die Mitarbeiter auf das Heimbüro verwiesen wurden - oder es ändert sich nichts, wenn - wie bei den Außerbetrieblichen Arbeitsstätten - die jederzeitige Rückkehroption garantiert wird. Die Realität liegt wohl in der Mitte. Hug (IBM Deutschland) berichtet 1996: „Unter flexiblen Arbeitsplätzen verstehen wir eine Gesamtstruktur, die es ermöglicht, daß für 2 - 3 Mitarbeiter nur 1 Büroarbeitsplatz zur Verfügung steht. Die Praxis zeigt, daß die Mitarbeiter das Konzept „Flexible Arbeitsplätze" nach einer Übergangszeit sehr gut akzeptieren." (Hug 1996, 3). Längerfristig erwartet er, daß in der IBM für 100 Mitarbeiter nur noch 10 Arbeitsplätze vorgehalten werden, wie das in den USA heute schon sei. Und von den 10 seien dort meist nur drei besetzt. Und das Modell der Tandem-Telearbeit (Schmidt 1996) - hier teilen sich zwei Mitarbeiter einen Arbeitsplatz in der Zentrale - hat ebenfalls zu Einsparungen bei dem vorzuhaltenden Büroraum geführt: „Aufgrund der hohen Anzahl bereits realisierter Außerbetrieblicher Arbeitsplätze konnten die damit verbundenen Einsparungen an Büroraum bereits effektiv genutzt werden. Statt des zweiten Verwaltungsgebäudes im Norden der Stadt wird am alten Standort Kolde-Ring ein Gebäudeteil saniert und erweitert sowie ein zusätzlicher Büroturm errichtet. Bei der dazu erforderlichen, befristeten Auslagerung weiterer Abteilungen konnte auf die Anmietung bisher eingeplanter, teurer Bürocontainer verzichtet werden."

Auch bei der Firma Sony konnten erhebliche Kosteneinsparungen durch Auflösung von zehn Niederlassungen der zentralen Vertriebsgesellschaft erzielt werden. Ohne Veränderung des arbeitsrechtlichen Status der Mitarbeiter wurden für diese als Ersatz für die Büros in den Niederlassungen „Home Offices" eingerichtet. Gleichzeitig wurden aber auch die Aufgabenzuweisungen verändert, denn Innendienst und Verwaltung wurden weiter zentralisiert und Managementebenen und -kapazitäten eingespart (Informationen Info Forum 2000).

Desksharing erlaubt also deutliche Kostenreduzierungen, insbesondere in Ballungszentren mit hohen Büromieten.

5.4.3 Telearbeit für Selbständige

Das Kosten-/Nutzenkalkül für Telearbeit sieht für Selbständige deutlich anders aus. Ein 1995 veröffentlichtes Beispiel (Pittscheidt 1995, 207) macht deutlich, daß Individuen häufig anders rechnen. Vom Unternehmen getätigte Infrastrukturausgaben, der Zwang zur Sozialversicherung und die unterschiedliche steuerliche Veranlagung lassen sich individuell möglicherweise in eigener Regie in subjektiver Sicht optimaler gestalten:

„Ein Unternehmen benötigt eine individuelle Softwarelösung. Für die Entwicklung werden 220 Mann-Tage angesetzt. Ein Fachmann mit 9500 Mark brutto im Monat kostet den Arbeitgeber einschließlich Lohnnebenkosten rund 230.000 Mark im Jahr. Dem Mitarbeiter bleiben davon ganze 5000 Mark netto im Monat.

Rechenbeispiel für den Angestellten:

Bruttojahresverdienst	114.000
Arbeitnehmeranteil Beiträge zur Renten- und Arbeitslosenversicherung	11.747
Eigenanteil Kranken- und Pflegeversciherung	4.914
abzugsfähige Vorsorgeaufwendungen	3.915
Werbekostenpauschale	2.000
Sonderausgabenpauschale	108
zu versteuerndes Einkommen	107.977
Steuern	34.589
Solidaritätszuschlag	2.594
Nettojahreseinkommen	60.156

Vergibt die Firma den Auftrag zum gleichen Preis an einen freien Mitarbeiter, der sich privat kranken- und lebensversichert, bleiben dem unterm Strich 200 Mark mehr im Monat - eine komfortable Versorgung im Alter sowie die Möglichkeit, einen stattlichen Anteil seiner Lebenshaltungskosten dem Finanzamt in Rechnung zu stellen.

Selbständiger

Honorar	230.000
abzüglich Betriebskosten für Telefon, Reisen, PKW, Arbeitszimmer, Spesen usw.	65.000
abzüglich Beiträge zur privaten Krankenversicherung	6.000
abzüglich Beiträge zur privaten Unfall- und Lebensversicherung	13.000
Vorsorgeaufwendungen	9.915
abzugsfähige Sonderausgaben	108
zu versteuerndes Einkommen	154.977
Steuern	59.268
Solidaritätszuschlag	4.445
Nettojahreseinkommen	82.287“

Die Rechnung mag in vielen Details nicht ganz exakt und nachvollziehbar sein, so sind insbesondere wesentliche Unterschiede zu erwarten, ob es sich nun um eine(n) alleinverdienende(n) Familienvater/-mutter handelt oder um Singles, weiterhin ist

unklar, inwieweit bei diesem Beispiel beim Selbständigen nicht die Mehrwertsteuer vergessen wurde - was die Rentabilität der selbständigen Tätigkeit verringert - doch im Prinzip zeigt diese Gegenüberstellung noch weitere Aspekte, die in diesem Zusammenhang nicht verschwiegen werden sollen:
Die Vorstellung, die hier implizit auftaucht, ist die, daß Selbständige - möglicherweise illegal - ihre Steuererklärung etwas frisieren können und privaten Bedarf als geschäftlich klassifizieren, daß sie zudem ihre Alterssicherung über andere Wege betreiben, beispielsweise über Haus- und Grundbesitz, und daß sie in einer Zeit, in der die Stabilität und Rentabilität der sozialen Sicherungssysteme subjektiv nicht vollständig nachvollzogen wird, andere Wege der Absicherung beschreiten können, die Arbeitnehmern wegen der Zwangmitgliedschaft nicht offenstehen.
Kritiker dieser Selbständigkeit, die sie dann meist als „Scheinselbständigkeit" abwerten, führen meist an, daß die Menschen vor Selbstausbeutung und Verantwortungslosigkeit geschützt werden müßten und daß deshalb ein Zwang zur Teilnahme am sozialen Sicherungssystem festgelegt werden müßte.
Das persönliche Wirtschaftlichkeitskalkül läßt sich durch derartige Berechnungen nur pauschal nachvollziehen. Je nach der individuellen Situation kann entweder die Telearbeit als Abhängiger oder als Selbständiger ertragreicher sein. Es ist aber deutlich erkennbar, daß die eigene Gestaltung der Arbeitsleistung und ihrer sozialen Absicherung dann als positiv gewertet wird, wenn die Menschen noch jung, noch nicht lange im Solidarsystem und ohne familiäre Verpflichtungen sind.

5.4.4 Telearbeit mit gleichzeitiger Veränderung der Arbeitsaufgaben

Manche Kosten- und Rentabilitätsberechnungen sind allein deshalb realitätsfern, da sie unterstellen, daß sich mit der Telearbeit keine weiteren Begleiterscheinungen der Arbeit ändern würden. So weist Thome zwar auf erhebliche Personaleinsparungen bei traditionellen Arbeitsverhältnissen bzw. Arbeitsplätzen hin, (Thome 1997, 143ff.), wenn die Arbeitsaufgaben nur rational und optimal angepaßt würden. Sein Rationalisierungskalkül zeigt die folgende Stufenfolge (123), bei der in jeder weiteren Stufe die Zahl der ablösbaren Arbeitsplätze zunimmt:

- Ausgangsprozeßstruktur
- Computerisierung, Elektronifizierung
- Medienbruchbeseitigung
- Prozeßneugestaltung
- Automatisierung

Dagegen erwähnt er aber mit keinem Wort die Möglichkeiten der Flexibilisierung durch Telearbeit. Wenn diese zusätzlich aufgesetzt würde, könnte sich noch eine weitere Optimierung zeigen. Praxiserfahrungen bestätigen dies: „Es wird deutlich, daß Telearbeit somit nicht Auslöser, aber Verstärker des Trends zur Restrukturierung, Flexibilisierung, Downsizing und größerer Marktnähe ist. Dies macht Telearbeit neben den bereits kurzfristig wirksamen Nutzenfaktoren zu einem strategischen Wettbewerbsfaktor. Insofern ist das Innovations- und Effizienzpotential von Telearbeit wesentlich höher als es die direkt quantitative Wirtschaflichkeitsbetrachtung darstellt." (Brand & Krian 1997, 8).

5.5 Grenzen der Einordnung

Telearbeit in ihrer Vielfalt ist kein einheitliches Modell. Die vier wesentlichen Kernmodelle - Außerbetriebliche Arbeitsstätten, Selbständige Telearbeit, Telearbeit als Heimarbeit und die Arbeit in Telehäusern - zeigen einen jeweils eigenen Beschäftigungsstatus und unterscheiden sich somit erheblich. Damit sind auch die Rahmenbedingungen und Begleiterscheinungen nur differenziert zu bewerten. Telearbeit kann also kein ausschließliches Etikett auf Dauer sein.

Alle diese Formen zeigten zunächst gewisse innovative Aspekte, die aber in der folgenden Diskussion wieder in traditionelle Strukturen zurückgefallen sind: Bei den Außerbetrieblichen Arbeitsstätten werden lediglich Teile der Tätigkeit in „Hausaufgaben" umgewandelt, Selbständigkeit und Heimarbeit ändern sich nur unwesentlich durch intensivere Telekommunikationsnutzung und die Telehäuser sind Sonderformen strukturpolitisch motivierter Unternehmensgründungen mit Subventionierung.

Neu ist eine erhöhte Souveränität der Erwerbstätigen, die zukünftig nicht nur bei der Arbeitszeit, sondern auch beim Arbeitsort in vorgegebenen Grenzen Gestaltungsmöglichkeiten erhalten. Dabei gleich von einer neuen Arbeitsform zu sprechen, ist möglicherweise überhöht. Die besondere Brisanz dieser Telearbeit dürfte stattdessen darin liegen, daß die selbständige Arbeit an Bedeutung gewinnt und sich im Erwerbssystem nach unten verbreitert, wo möglicherweise eine Schutzwürdigkeit entsteht, die im traditionellen Sicherungssystem nicht mehr abgedeckt wird. Gleichzeitig werden Unternehmen zu virtuellen Unternehmen werden, die lediglich die Moderation und Abstimmung von Selbständigen übernehmen, nicht aber die überkommenen Fürsorgepflichten für die abhängig Beschäftigten.

6. Akzeptanz der Telearbeit und ihre Bewertung

Fragen der Akzeptanz und Bewertung haben die Telearbeit von Anfang an begleitet. Es wird in vielen Stellungnahmen betont, daß diese Reflexion der Wünschbarkeit und der Akzeptanz eine vor allem deutsche Spezialität sei, während in anderen Ländern Telearbeit recht pragmatisch bewertet und ohne viel Diskussion auch realisiert werde. Möglicherweise sind auch die rechtlichen und vertraglichen Strukturen in Deutschland starrer als anderswo, und die Verteidigung überkommener Arbeitnehmerrechte hat aus diesem Grunde eine größere Bedeutung als dort, wo dies offener organisiert ist.

Eine weitere Verstärkung haben Akzeptanzfragen erhalten, weil die Berufsgruppe, die derartige Themen und Fragestellungen in die Öffentlichkeit trägt - die Journalisten und Publizisten - selbst von der Öffnung der Erwerbsformen betroffen war und ist. Es handelt sich also oft um Nabelschau spezieller Berufsgruppen, die in eine öffentliche Diskussion einmündet.

Schließlich sind Akzeptanzdiskussionen ein Instrument, mit dem mißliebige Entwicklungen wenn nicht verhindert, so doch zumindest verzögert werden können. Am Beispiel der Kernkraft ist dies deutlich geworden. Deshalb sind manche Stellungnahmen allein aus dieser Richtung her zu verstehen.

6.1 Grundlegende Akzeptanz- und Bewertungsstrukturen

Telearbeit wurde bereits als zartes Pflänzchen einer harten Akzeptanzdiskussion ausgesetzt. Diese Diskussion wurde von Anfang an in der Öffentlichkeit geführt, denn die Bedingungen dafür waren ideal: Jeder konnte sich unter der elektronischen Heimarbeit etwas vorstellen, Gewinner und Verlierer waren von Anfang an zugewiesen, anschauliche Beispiele wurden ausgemalt und kolportiert, auch wenn sie so keinen Realitätsbezug aufwiesen. Weil die tatsächliche Realisierung sich nicht recht entwickelte, gab es auch keine breite Gegenposition der Akteure bzw. tatsächlich Betroffenen, die sich eine derartige Diskussion verbeten hätten. Damit bekam die Diskussion etwas Unverbindliches, etwas Fernes und trieb so exaltiertere Blüten. Sie ist vor allem dort gelaufen, wo globale weltanschauliche Themen im Vordergrund standen.

6.1.1 Dominante Akteure

Prinzipiell gibt es in dieser Diskussion die folgenden Akteure bzw. Meinungsgruppen:

- Gewerkschaften
- Betriebs- und Personalräte
- Arbeitgeberverbände
- Unternehmen
- Unternehmensberater
- Politiker
- Betroffene Telearbeiter bzw. Interessenten
- Wissenschaftler
- Journalisten und Publizisten
- Öffentlichkeit

Sie haben alle unterschiedlicher Wahrnehmungsperspektiven, abweichende Werthaltungen und gegenläufige Ziele. Im Zuge der Diskussion haben sich aber recht klare Konturen abgezeichnet, sodaß sie hier detailliert beschrieben werden können.

6.1.2 Bisherige Diskussion

Telearbeit wird seit etwa 20 Jahren diskutiert. Zunächst noch unter der seinerzeitigen Vorstellung einer Vollbeschäftigungsgesellschaft, in der zusätzliche Personengruppen über Telearbeit in die Erwerbsarbeit integriert werden sollten. Damit sollte eine Erweiterung des Arbeitsvolumens realisiert werden, eine Denkweise, deren Basis in der Vollbeschäftigungszeit der 60er Jahre in Deutschland gelegt wurde.

Als Betroffene bzw. als Potential standen damals Mütter mit kleinen Kindern, Personen mit Betreuungsaufgaben in der Familie, immobile Bewohner von strukturschwachen Randgebieten, Behinderte mit Mobilitätsproblemen und schließlich noch die Strafgefangenen im Vordergrund. Diese etwas anrüchige Koalition von aus der traditionellen arbeitsplatzfixierten Erwerbsarbeit weitgehend ausgeschlossenen Gruppen prägte die frühe Telearbeitsdiskussion. In diesem Sinne war es eine Schutzdiskussion, in der die Arbeitnehmervertreter Wert darauf legten, daß die im abhängigen Arbeitsverhältnis erkämpften Schutzelemente nicht durch diese neue Arbeitsform unterlaufen wurden.

Schließlich ging es noch um Umweltfragen, denn die zunehmenden Pendelentfernungen und der Umstieg auf den Individualverkehr sollten durch Telearbeit reduziert werden. Hier gab es einen gesellschaftlichen Druck auf die Berücksichtigung und Nutzung derartiger neuer Arbeitsformen.

In der späteren Diskussion zeigten sich völlig andere Positionen: Mittlerweile waren insbesondere Journalisten und Publizisten selbst betroffen und gewöhnten sich an offene Arbeitsstrukturen. Daneben traten vor allem Personen mit hoher Verhandlungsmacht auf, die Spaß an offeneren Arbeitsformen gefunden hatten und die selbst bestimmen wollten, in welcher Form und mit welcher Rückendeckung sie Telearbeit realisieren wollten. Das führte zu anderen Ausgangsbedingungen der Diskussion, die heute immer deutlicher werden.

6.1.3 Aktueller Stand der pauschalen Bewertung

Der aktuelle Stand der pauschalen Bewertung der Telearbeit läßt sich am besten über die Stellungnahmen des Forum Info 2000 beschreiben. Im Forum Info 2000 sind unter der Moderation der Bundesministerien für Wirtschaft und für Bildung und Forschung nahezu alle gesellschaftliche Gruppen zu einer umfassenden Diskussion der Rahmenbedingungen und Folgen der Informationstechnik und einer darauf aufbauenden Informationsgesellschaft aufgerufen worden. Es wurden insgesamt 10 Arbeitsgruppen gebildet, von denen sich die Arbeitsgruppe 1 mit dem Thema „Arbeiten in der Informationsgesellschaft" auseinandersetzte.

In dieser Arbeitsgruppe trafen sich wieder die bekannten Akteure: Gewerkschaften, Arbeitgeberverbände, einzelne Arbeitgeber, Politiker, Wissenschaftler und sonstige Fachleute. Im Dezember 1997 wurden in einer Expertenbefragung Stellungnahmen zu den relevanten Themen erbeten, aus denen „Leitbilder einer neuen Arbeitskultur" zusammengestellt werden sollten.

Insgesamt kommentierten 45 Institutionen insgesamt 95 Annahmen und Thesen zur Entwicklung der Arbeit in der Informationsgesellschaft. Als Zeithorizont sollten die nächsten fünf Jahre berücksichtigt werden. Die jeweiligen Fragen sollten nach einer fünfstufigen Skalierung beantwortet werden, wobei für die Antworten die folgenden Kategorien vorgegeben waren:

1. Für wie erwünscht werden die angeführten Entwicklungen gehalten?
   - sehr erwünscht
   - erwünscht
   - neutral
   - nicht erwünscht
   - sehr unerwünscht

2. Für wie wahrscheinlich werden die angeführten Entwicklungen gehalten?
   - sehr wahrscheinlich
   - wahrscheinlich
   - neutral
   - nicht wahrscheinlich
   - sehr unwahrscheinlich

Anhand dieses Schlüssels wurden folgende Fragenkomplexe beantwortet:

Gestaltungsprinzipien/Rahmenbedingunge/Konfliktlösungsstrategien
- Förderung und Finanzierung
- nationale Gesetze und Politik
- internationale Dimension

Mitbestimmung
Bildungspolitik

Volkswirtschaftliche Ebene / Gesellschaft
Arbeitsplatzentwicklung
Innovationsprozeß und internationale Wettberwerbsfähigkeit
neue Wachstumsfelder
Tarifpolitik, Arbeitgeberverbände und Gewerkschaften
soziale Sicherung
öffentlicher Dienst

Betriebliche Ebene / individuelle Ebene
Arbeitszeiten und Arbeitsverteilung
Arbeitsort
Formen der Arbeit
Qualifikation und Weiterbildung
Manageme̍nteigenschaften
Schutzvorkehrungen
Unternehmenskultur
Kundenorientierung
Wertewandel in der Bevölkerung

Die Auswertung erfolgte nach dem folgenden Schema (Übersicht 8), in dem sich die folgenden Quadranten ergeben:

erwünscht, nicht wahrscheinlich
(hier sollte bewußt gefördert werden)
erwünscht, wahrscheinlich
(hier sind keine Aktionen erforderlich)
nicht erwünscht, wahrscheinlich
(hier sollte möglichst verhindert werden)
nicht erwünscht, nicht wahrscheinlich
(hier sind ebenfalls keine Aktionen erforderlich, sollte aber weiterhin beobachtet werden)

Das Ergebnis der Umfrage spiegelt die Meinung der Experten in der Arbeitsgruppe wieder und kann im gesellschaftlichen Sinne gewiß nicht als repräsentativ gelten. Gleichwohl verdient die Expertenmeinung besondere Beachtung bei der Ausprägung der Informationsgesellschaft. Sie basiert auf der Analyse von zahlreichen Praxisbeispielen in der Arbeitsgruppe, einer über einjährigen Diskussion sehr verschiedener gesellschaftlicher Gruppen und nicht zuletzt auf der Basis des Sachverstandes der Teilnehmer der Arbeitsgruppe. Das endgültige allerdings sehr zusammengefaßte Votum der Arbeitsgruppe liegt als Veröffentlichung vor (Forum Info 2000, 1998).

Übersicht 8: Auswertungsschema der Forum Info 2000 - Umfrage

erwünscht nicht wahrscheinlich (FÖRDERN)	nicht erwünscht nicht wahrscheinlich
erwünscht wahrscheinlich	nicht erwünscht wahrscheinlich (VERHINDERN)

Das Fragenspektrum dieser Umfrage war sehr breit (s.o.). Hier sollen lediglich die Fragen kommentiert werden, die sich direkt auf die Telearbeit beziehen. Sie wurden von den Teilnehmern der Befragung bereitwillig beantwortet. Bezogen auf die Telearbeit ergaben sich die folgenden Aussagen:

Frage 64: „Zu Hause am Computer zu arbeiten wird zu einer Selbstverständlichkeit, die keiner besonderen Erwähnung mehr bedarf." (Übersicht 9)

Die Antworten liegen sämtlich im gewünschten Quadranten, also braucht es hier keine Beeinflussung. Telearbeit wird also zur normalen Arbeitsform ohne daß daraus besondere Probleme erwartet werden. Wirtschaftsverbände, Unternehmen und Forschung sind sich weitgehend einig, während die Gewerkschaften, die Politik und die sonstigen - hier handelt es sich um gesellschaftliche Organisationen, die primär nur wenig Bezug zur Erwerbsarbeit haben - etwas neutralere Position beziehen.

Frage 65: „Der Betrieb bzw. das Büro bleibt auch in Zukunft die gängige Arbeitsstätte." (Übersicht 10).

Diese eher konservative Annahme wird als wahrscheinlich angesehen, sie wird von den Gewerkschaften auch erwünscht, die anderen Institutionen zeigen hier eine eher neutrale Bewertung. Unternehmen würden wohl lieber eine Auflösung der betrieblichen Strukturen sehen und erwarten auch, daß sich dies so entwickelt. Nachdem die Unternehmen derartige Strukturen massiv mitgestalten, beispielsweise allein dadurch, daß sie keine traditionellen Arbeitsplätze mehr anbieten, ist die Wahrscheinlichkeit dieser Entwicklung wohl recht hoch. Die Wirtschafts-/Arbeitgeberverbände dagegen liegen sehr nah bei den Gewerkschaften. Dies läßt sich interpretieren als ein gewisser Konservatismus, der die überkommenen Interessenvertretungsmuster festhält. Die Politik sieht die Entwicklung als unerwünscht, aber als wahrscheinlich an. Sie wird bzw. könnte also Maßnahmen ergreifen, hier steuernd bzw. verhindernd einzugreifen. Sie ist in diesem Zusammenhang also von besonderen Innovationsvorstellungen getrieben.

Übersicht 9: Telearbeit als Selbstverständlichkeit

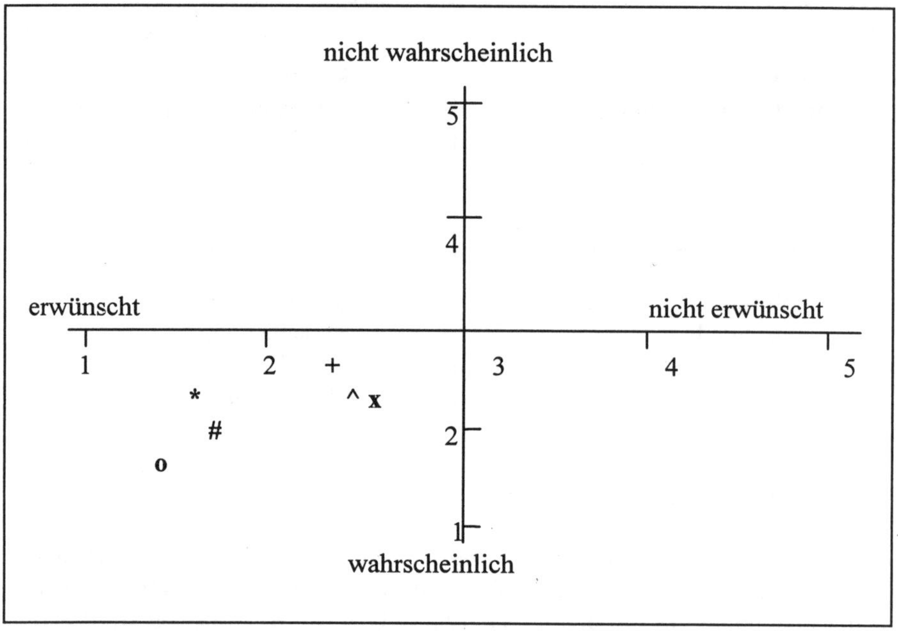

Übersicht 10: Betrieb/Büro bleibt Arbeitsstätte

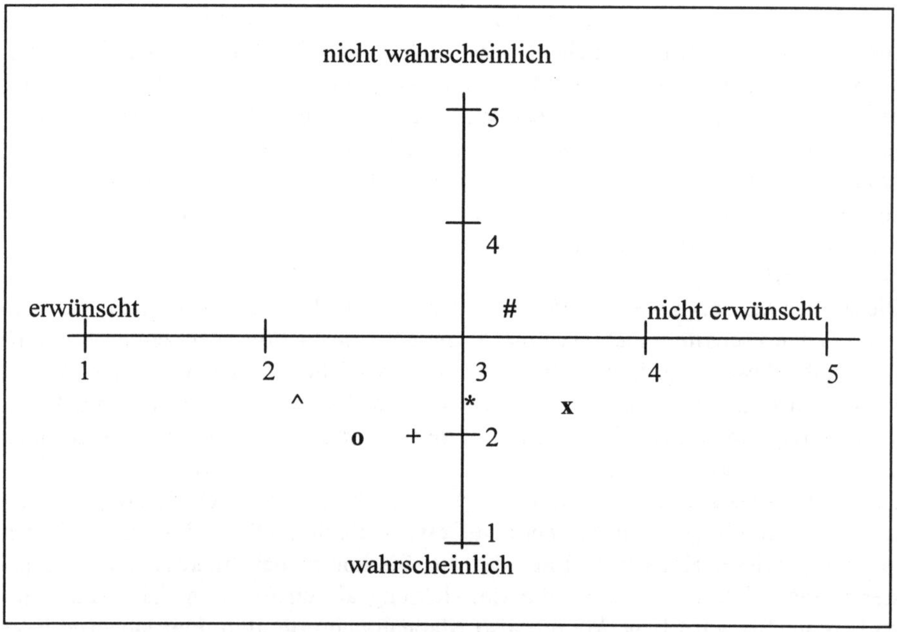

Legende für Übersichten 9 und 10: ^ Gewerkschaften, o Wirtschaftsverbände, x Politik
Unternehmen, * Forschung, + Sonstige

Frage 66: „Alternierende Telearbeit, d.h. der Wechsel zwischen betrieblichem und häuslichem Arbeitsplatz, wird die vorherrschende Form der Telearbeit." (Übersicht 11).

Hier wird von allen Institutionen gleichermaßen die Entwicklung positiv erwartet und gesehen. Der Kompromiß ist also ein echter Interessenausgleich. Doch auch in den Raten sind gewisse Modifikationen zu erkennen: Wirtschaftsverbände und Gewerkschaften sehen beide eine hohe Wahrscheinlichkeit, doch die Wünschbarkeit geht deutlich auseinander. Die Gewerkschaften haben sich auf diesen Kompromiß geeinigt und unterstützen ihn, die Wirtschaftsverbände halten den Kompromiß für eine tragfähige Planungsgrundlage, halten ihn aber für nicht allzu erwünscht. Unternehmen, Politik, Forschung und Sonstige liegen in dieser Frage eng beieinander.

Übersicht 11: Alternierende Telearbeit wird dominant

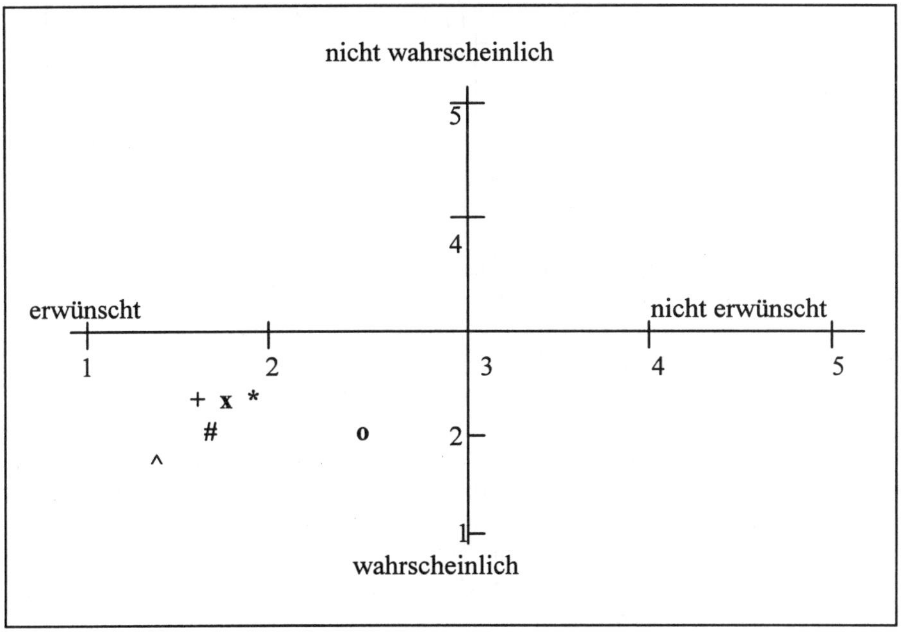

Legende: ^ Gewerkschaften, o Wirtschaftsverbände, # Unternehmen, * Forschung, x Politik, + Sonstige

Frage 67: „ Immer mehr ehemalige Festangestellte werden zu freiberuflichen Telearbeitern" (Übersicht 12).

Hier liegen die Gewerkschaften, aber auch (abgeschwächt) Unternehmen, Politik und Sonstige im unerwünschten Bereich. Lediglich die Wirtschaftsverbände sehen hier ihre Wünsche und Erwartungen verwirklicht, während die Wissenschaft dies nicht als so relevant ansieht. Die Umwandlung der Telearbeitsplätze in freiberufliche Mitarbeit wird also mehrheitlich als reale Gefahr gesehen, der entgegengetreten werden muß.

Übersicht 12: Telearbeit als Freiberufler

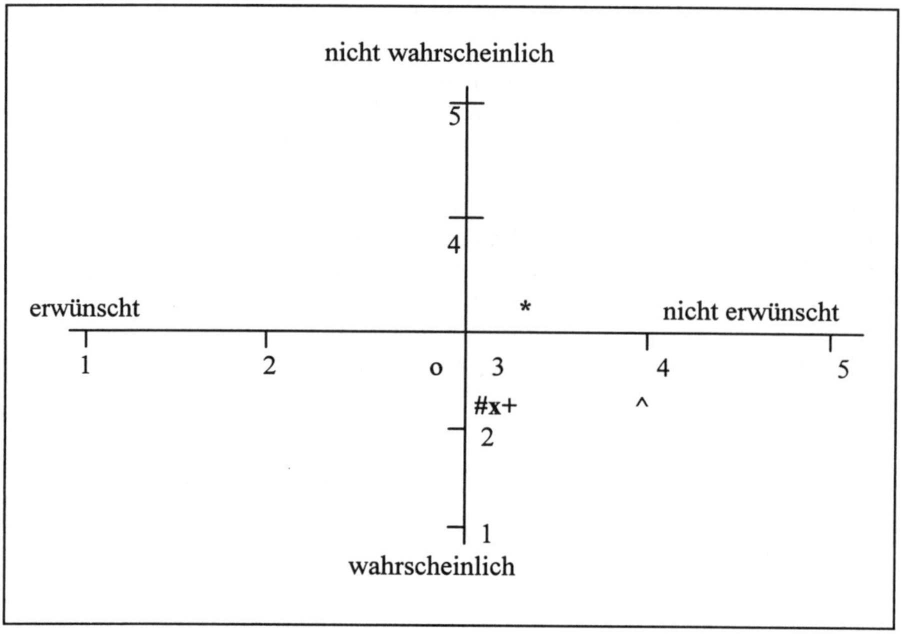

Legende: ^ Gewerkschaften, o Wirtschaftsverbände,
Unternehmen, * Forschung, x Politik, + Sonstige

In der Zusammenfassung (Mittelwerte der verschiedenen Akteure) ergeben sich für diese vier Fragen die folgende Verteilung (Übersicht 13):

Die Alternierende Telearbeit erhält einen hohen Stellenwert, sie wird als erwünscht und wahrscheinlich angesehen. Auch die Normalität der Telearbeit wird von allen Teilnehmern der Befragung als wahrscheinlich und erwünscht gesehen. Daß der Betrieb dominante Arbeitsstätte bleibt, wird als wahrscheinlich angesehen, aber nur wenig gewünscht. Das Abschieben von Telearbeitern in offene Arbeitsstrukturen wird als wahrscheinlich und nicht erwünscht angesehen. Hier müßten also Maßnahmen zur Verhinderung ansetzen.

Diese Bewertungen sind eingebunden in ein Geflecht weiterführender Fragestellungen. Sie bestätigen weitgehend die über die Telearbeit enthaltenden Statements. Zusammengefaßt kann deshalb festgehalten werden, daß die Vorstellungen der Akteure weiter auseinandergehen und daß beispielsweise die Organisationsform der Außerbetrieblichen Arbeitsstätten ein offenbar aktuell - für die nächsten fünf Jahre - tragfähiger Kompromiß darstellt.

Übersicht 13: Thesenkomplex Arbeitsort

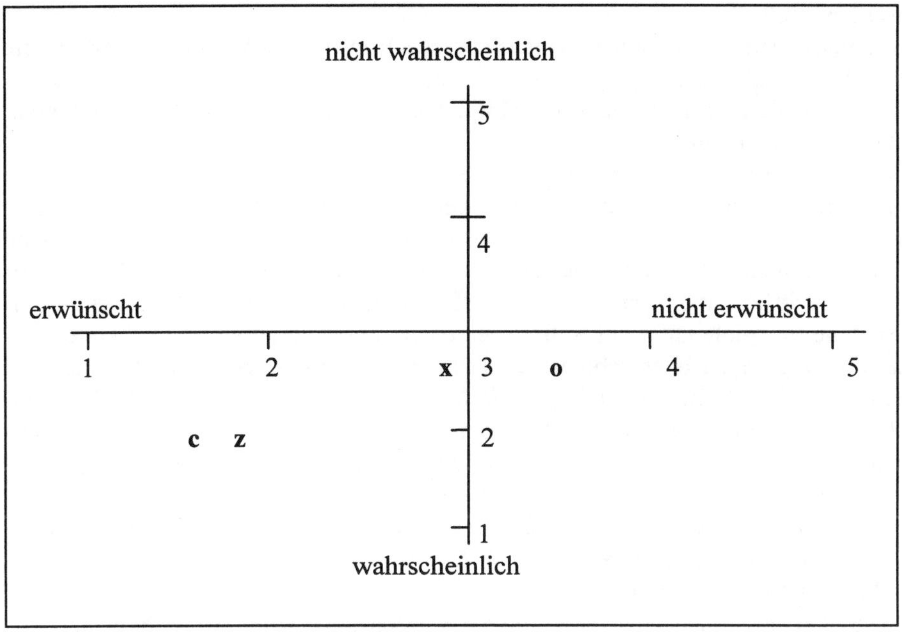

Legende	z	Zu Hause am Computer zu arbeiten, wird zu einer Selbstverständlichkeit, die keiner besonderen Erwähnung mehr bedarf
	x	Der Betrieb bzw. das Büro bleibt auch in Zukunft die gängige Arbeitsstätte
	c	Alternierende Telearbeit, d.h. der Wechsel zwischen betrieblichem und häuslichem Arbeitsplatz, wird die vorherrschende Form der Telearbeit
	z	Immer mehr ehemalige Festangestellte werden zu freiberuflichen Telearbeitern

6.1.4 Beschäftigungs- und Arbeitsmarkteffekte

Eine besondere Akzeptanz der Telearbeit ergibt sich dann, wenn sie neue und möglicherweise zusätzliche Arbeitsplätze zu schaffen in der Lage ist. Hier gehen die Vorstellungen sehr weit auseinander. Folgende Denkmodelle könnten hier greifen:

Telearbeit wird zu Bedingungen höherer Rentabilität angeboten als traditionelle Arbeitsformen dies können. Damit werden Märkte bedienbar, die wegen hoher Kosten traditioneller Arbeitsplätze nicht mehr genutzt werden können und bei denen die Wertschöpfung entweder ins Ausland abgewandert ist oder über Selbstbedienungssysteme substituiert wurde. Telearbeit könnte hier zur Zurückverlagerung derartiger Arbeitsaufgaben genutzt werden. Die Folge wäre aber - bei Berücksichtigung zusätzlicher Telekommunikationskosten - daß die Arbeit zu sehr geringen Kosten angeboten werden müßte.

In Teilarbeitsmärkten hoher Arbeitskräftenachfrage können mit Telearbeit die letzten Qualifikationsreserven genutzt werden, die für eine traditionelle betriebszentrierte Arbeit nicht rekrutierbar sind. Möglicherweise ergeben sich daraus Sekundäreffekte auch für andere Arbeitsmärkte.

Über Telearbeit lassen sich ausländische Arbeitsmärkte nutzen, die bisher wegen Mobilitätshemmnissen nicht erschlossen werden konnten oder die aus rechtlichen Gründen nicht zugänglich waren. Interessant sind in diesem Zusammenhang Hochlohnarbeitsmärkte wie die der USA, in die ein Einstieg über Telearbeit möglicherweise rechtlich und finanziell risikoloser erfolgen kann als bei Personenmobilität. Analoge Beispiele indischer Softwareersteller zeigen derartige Möglichkeiten.

Insgesamt gesehen aber scheint die Tendenz eher in umgekehrter Richtung zu wirken. Telearbeit öffnet die umliegenden Märkte und liefert insbesondere für einfache Tätigkeiten eine zusätzliche Billigkonkurrenz, erhöht die Produktivität und führt deshalb, wenn keine außergewöhnlichen Wachstumsbedingungen herrschen, zu einem Abbau von Arbeitsplätzen bzw. von Beschäftigung insgesamt.

Die Erfahrungen der praktischen Beispiele zeigen überdies, daß Telearbeit dominant über die Umwandlung betrieblicher Arbeitsplätze entsteht und nicht über die Neurekrutierung von Externen.

Diese eher pessimistischen Folgerungen werden noch dadurch bestätigt, daß die Telearbeit immer im Rahmen einer massiven Beschäftigungsausweitung des Informationstechnikbereichs gesehen wurde. Nur dort sind die Hoffnungen mittlerweile etwas gedämpft: „Die Zahl der Erwerbstätigen in den Unternehmen, die M+K-Güter (Medien- und Kommunikationsgüter) herstellen und vertreiben, wird bis 2010 vor allem aufgrund der Produktivitätsentwicklung in weit geringerem Umfang steigen als die inländische Nachfrage. Modellrechnungen lassen einen Anstieg um 10 vH auf etwa 2,1 Mill. erwarten.“ (Seufert 1996,172).

Eine Studie über die Möglichkeiten und Grenzen der Telearbeit für Frauen im Vogtland/Sachsen (Strauf & Nägele 1996a und 199b) kommt zu folgendem Schluß: „Direkte positive Beschäftigungseffekt entstehen nur dann, wenn Telearbeit aus der Arbeitslosigkeit heraus entsteht. Bei Existenzgründungen in Telearbeit kann ein attraktives Angebot an Dienstleistungen einen Beitrag zur Schaffung qualifizierter Arbeitsplätze und zur regionalen Entwicklung des Vogtlandes leisten. Das Potential hierfür läßt sich heute jedoch kaum abschätzen.“ (Strauf & Nägele 1996b).

6.2 Akzeptanz der einzelnen Akteure

Da Telearbeit vor dem Hintergrund vielfältiger traditioneller Arbeitsstrukturen entstanden ist und sich von diesen Normstrukturen aus entwickelt, sind die Fragen der Akzeptanz außerordentlich umfangreich und in ihrer Bewertung sehr kontrovers. Es ist ganz klar, daß die Tatsache, daß Telearbeit realisiert wird, die Akzeptanzfragen bei allen Beteiligten aufwirft und zu neuen Kompromissen führen muß. Dies ist ein schwieriger Prozeß, denn - dies sollte nicht vergessen werden - alles spielt sich in einer Zeit ab, in der die Beschäftigungslage mit über 4 Millionen registrierten Arbeitslosen in Deutschland prekär ist und die Verhandlungsmacht der Arbeit- bzw. Auftraggeber global betrachtet deutlich höher ist als die der Arbeit- bzw. Auftragnehmer. Lediglich in Teilmärkten kann bei verschobenen Angebots- und Bedarfsstrukturen die Verhandlungsmacht der Arbeit- bzw. Auftragnehmer größer sein.

Diese Rahmenbedingungen spielen bei der Findung von Kompromissen in Zuge der Marktprozesse eine wichtige Rolle, sodaß frühere Regelungen, die teilweise noch in Zeiten einer Vollbeschäftigung vereinbart wurden, heute bei schwieriger Arbeitsmarktlage so nicht mehr möglich wären. Aus diesem Grunde sind alle heutigen Kompromisse, die schließlich zu spezifischen Regelungen bei der Telearbeit führen, aufmerksam zu registrieren, denn sie zeigen die aktuelle und somit verschlechterte Marktsituation für die Arbeit- bzw. Auftragnehmer. Ein Festhalten an früher vereinbarten Kompromissen ist für diese Gruppe oft der Weg mit den besten Ergebnisstrukturen.

Akzeptanz sei hier definiert als Bereitschaft, Kompromisse einzugehen und weiterhin bereit zu sein, Telearbeit als offene Arbeitsform in der jeweiligen Gestaltung hinzunehmen.

6.2.1 Gewerkschaften und Betriebs- bzw. Personalräte

Die Fragen der Akzeptanz von Telearbeit haben die Gewerkschaften von Anfang an heftig bewegt: Sie befürchteten einen Verlust der mühsam erkämpften Arbeitnehmerrechte und den Rückfall in frühkapitalistische Strukturen. In der Diversifizierung der Telearbeit sind natürlich auch die Bewertungen differenzierter geworden und zeigen heute ein breites Spektrum von grundsätzlicher Ablehnung bis zu offener Akzeptanz.

Ähnliche Vorbehalte gab es auch bei der seinerzeit diskutierten Arbeitszeitflexibilität. Die starren Modelle waren irgendwann nicht mehr zu halten, sodaß dann folgende Stellungnahmen erfolgten: „Aus zweierlei gleichermaßen wichtigen Gründen ist es unzureichend, als Alternative zur konservativen Flexibilisierungsdiskussion nur Vollbeschäftigungspolitik anzubieten: Zum ersten erhält die Flexibilisierungsdiskussion ihre Brisanz, da sie aktuelle Arbeitszeitwünsche vieler Beschäftigter aufgreift, deren Bedeutung langfristig noch weiter zunehmen wird. Zum zweiten kann eine Vollbeschäftigungspolitik nur durchgesetzt werden, wenn die Schubkraft des Beschäftigungszieles durch Verknüpfung mit anderen mobilisierungsfähigen Zielen, wie dem nach Umweltschutz oder auch nach mehr Zeitsouveränität, erhöht wird. Aus beiden Gründen hat das Normalarbeitsverhältnis nur eine Zukunft, wenn es in seinen Arbeitszeitregelungen weiterentwickelt wird.“ (Bosch 1986, 175)

Dasselbe gilt inzwischen auch für die räumliche Flexibilisierung. Auch hier treffen Möglichkeiten der Unternehmen und Wünsche der Arbeitnehmer zusammen und - analog zu Bosch - könnte formuliert werden ‘... hat das Normalarbeitsverhältnis nur eine Zukunft, wenn es in seinen arbeitsortbezogenen Regelungen weiterentwickelt wird.’

Teleheimarbeit in ihrer ausschließlichen Form - so wie sie in der Frühzeit der Diskussion als Ikone immer wieder aufgetaucht ist - wurde von Anfang an negativ eingeschätzt. Die frühen Stellungnahmen der Gewerkschaften waren zunächst grundsätzlich gegen diese Arbeitsform gerichtet: „Heimarbeit am Bildschirm ... eine persönlichkeitszerstörerische und ausbeuterische Arbeitsform ist, die einfach nicht sozialer gestaltet werden kann. Sie muß also auf jeden Fall verhindert werden." (Böttger 1983, 62). Und 1986 schrieben Schwohnke/Wicke (1986, 220 f.): „...kann es nur das Anliegen von Arbeitnehmern und Gewerkschaften sein, diese Arbeitsform grundsätzlich abzulehnen und sie nach allen Kräften zu verhindern versuchen. Kompromisse, die sich auf eine wie immer geartete Form der Telearbeit einlassen, führen zwar u.U. zu einer tendenziellen Verbesserung, nehmen aber die ganz entschiedenen Nachteile - die insbesondere für Frauen bestehen - weiterhin in Kauf."

Später wurden die Stellungnahmen differenzierter: „Die Debatte um Teleheimarbeit als eine der extremsten Formen der Individualisierung und Flexibilisierung von Arbeit konzentriert sich bisher auf die Gefahr der Aushöhlung kollektivvertraglich abgesicherter Arbeitnehmerrechte. Übersehen wird dabei, daß Frauen diesen Schutz ohnehin nur sehr eingeschränkt genießen. Demgegenüber müßte - gerade angesichts der enormen Flexibilisierungspotentiale neuer IuK-Technologien - danach gefragt werden, wie eine zukünftige Arbeitswelt aussehen kann, in der Frauen und Männer in bestimmten Lebensphasen ihre Berufstätigkeit reduzieren können, ohne dafür berufliche Nachteile inkauf nehmen zu müssen." (Goldmann & Richter 1986, 24f.)

Detaillierte Untersuchungen bzw. Stellungnahmen sprechen deshalb auch nur von Scheinvorteilen (beispielsweise Schwohnke & Wicke 1986, 163), die Illusionen über die Teleheimarbeit erzeugten, während die Nachteile ausführlich und umfassend aufgeführt werden. Sie werden wie folgt zusammengefaßt:

- Isolation
- Familienkonflikte
- geringes Prestige
- Lohnsenkung und Einkommensverluste
- höheres Beschäftigungsrisiko
- geringere bzw. entfallende soziale Absicherung
- Monotonie wegen repetitiver standardisierter Arbeiten
- Leistungsintensivierung
- steigender Leistungsdruck
- erhöhte Kontrolle
- geringerer Schutz durch Arbeitnehmervertretungen
- Vernachlässigung von Schutzrechten
- Zwang zur kapazitätsbedarfsorientierten Arbeitsleistung

Aufgrund einer späteren empirischen Studie der Hans-Böckler-Stiftung (Fischer u.a. 1993, 3) ist dann die Position der Gewerkschaften deutlich positiver. Zusammenfassend wird erklärt: „Durchweg positive Erfahrungen der Beschäftigten mit Telearbeit.", „Die Veränderungen der Arbeitskommunikation durch Telearbeit werden von den Betroffenen wie von deren Vorgesetzten weitgehend als positiv erlebt. Die befürchteten Risiken treten demgegenüber bei qualifizierter Telearbeit in den Hintergrund. Eine Beeinträchtigung von Karrierechancen und eine Isolationsgefahr wird kaum gesehen. In bezug auf die Qualifizierung kann sogar davon ausgegangen werden, daß TelearbeiterInnen sogar besonders gründlich geschult sind." (Fischer u.a. 1993, 3).

„In den gewerkschaftlichen Diskussionen wurden die Erkenntnisse über die wachsende Bedeutung individueller (Um-)Orientierungen zunächst widerstrebend wahrgenommen und verbreitet. ... Der Einsatz der Gewerkschaften für die Befreiung von ökonomischer Mühsal und für die Entfaltung aller menschlichen Fähigkeiten der Arbeiterklasse hat paradoxerweise auch dazu geführt, daß die gewerkschaftlichen Organisationen zu wenig selbst an der emanzipatorischen Entwicklung teilgenommen haben. ... Da in der Gewerkschaftsarbeit tagtäglich erfahren wird, wie zerstörerisch sich die vereinzelnden modernen Kapitalstrategien (von der Zerschlagung von Betriebsstrukturen bis zur Flexibilisierung von Arbeitszeit und Beschäftigungsverhältnissen) auf die Qualität von Arbeit und Leben auswirken, wird mit dem Begriff „Individualisierung" gewerkschaftspopulär denn eher auch ein Mittel des Gegners zur Aushebelung solidarischer Gewerkschaftsmacht assoziiert als die Chance zur Entfaltung von Fähigkeiten und Lebensmöglichkeiten der Menschen." (Trautwein-Kalms 1995, 150f.)

Im aktuellen Grundsatzprogramm des DGB für eine neue Arbeitszeitpolitik sind die folgenden Statements vorgegeben:

- Arbeitslosigkeit bekämpfen
- mehr Zeitsouveränität schaffen
- Neue Formen der Arbeitsorganisation und der Arbeitszeitflexibilisierung schaffen neue Spielräume zur Humanisierung der Arbeit und zur Stärkung der Freiheitsrechte der Beschäftigten. Es ist das Ziel des DGB, in diesem Rahmen die Zeitsouveränität der Arbeitnehmerinnen und Arbeitnehmer auszubauen.
- mehr Mitwirkungs- und Mitbestimmungsrechte einführen
- Infrastruktur anpassen
- Gleichstellung zwischen Männern und Frauen fördern
- den sozialen Schutz gewährleisten

(Nach DGB 1995)

Die Deutsche Postgewerkschaft führt gemeinsam mit der IG Medien und der Gewerkschaft HBV, mit Förderung des Bundesministers für Bildung, Wissenschaft, Forschung und Technologie sowie der Deutschen Telekom AG, ein Beratungsprojekt zur Telearbeit durch. Das „Online Forum Telearbeit" dient der arbeitnehmerorientierten Telearbeitsberatung und hat sich zur Aufgabe gestellt, Auskunft und Hinweise bei Rechtsfragen zu geben, Sozial- und Konzeptberatung durchzuführen, Erfahrungsaustausch zu organisieren, Praxisbeispiele zu verarbeiten und zu bewerten sowie Handlungshilfen zu erarbeiten. Mit der Broschüre „Basisinformation Telearbeit" (Online Forum Telearbeit 1997) sind bereits wesentliche Aspekte umgesetzt und so beschrieben, daß potentielle Interessenten und Betroffene sich informieren können, darüberhinaus wird durch ein Call Center „Erste Hilfe" geleistet. Das Ganze läuft systemkonform über E-mail und Telefon ab.

Mit dieser Initiative zeigen die Gewerkschaften, daß sie bereit und in der Lage sind, den Herausforderungen zu begegnen. Speziell die IG Medien sind bei dieser Beratung nicht mehr ausschließlich auf die Sicherung abhängiger Beschäftigung fixiert, da sie erleben mußten, daß mittlerweile etwa 10 % ihrer Mitglieder in offenen Arbeitsformen tätig sind und diese auch nicht von sich aus verlassen wollen. Sie streben also kein traditionelles Arbeitsverhältnis an und erwarten daher von ihrer Gewerkschaft auch besondere Leistungen, wie Vertragsberatung, Auftragsbörsen, Informationen über aktuelle Marktsituation und ähnliche Dienstleistungen, die ansonsten nur von Verbänden angeboten werden, die ausschließlich Freiberufler oder Selbständige organisieren.

6.2.2 Arbeitgeberverbände und Arbeitgeber

Trotz aller Vorbehalte und unsicherer Rahmenbedingungen erwarten die Arbeitgeber durch Telearbeit erhebliche Rentabilitätsgewinne. IBM geht auf der Basis von 2400 Telearbeitern von einer Produktivitätssteigerung von 15 bis 30 % aus (Hug 1996, 3). Außerdem müssen in den Büros - bei der Realisierung von Desk-Sharing - nicht mehr so viele Arbeitsplätze vorgehalten werden, was zusätzlich Kosten sparen hilft. Dennoch halten sich die Arbeitgeber zurück. Sie haben immer wieder Modellversuche durchgeführt, in denen sie versucht haben, die Details zu klären und Pilotstrukturen zu erproben. Einige Arbeitgeber haben sehr gute Erfahrungen gemacht und tragen sie auch in die Öffentlichkeit (siehe dazu die Beiträge in Godehardt u.a. 1997). Über eigene Erfahrungen berichten die folgenden Unternehmen (erste Lieferung, Grundwerk von 1997):

- Landesversicherungsanstalt Hannover
  Sachbearbeitung, Außendienst, Betriebsprüfdienst, DV-Programmierung, DV-Systemwartung, PC-Benutzerservice.
- BMW AG München Projekt TWIST
  Forschung und Entwicklung, Personalverwaltung und -management, Informationsverarbeitung, Vertrieb, Produktion
- Porsche AG Weissach
  Entwicklung, insbesondere Crashsimulation
- Stadt Stuttgart, Kreis Sigmaringen Projekt CUPARLA
  Planung und Durchführung computerunterstützter Sitzungen mit den erforderlichen Unterstützungsarbeiten
- Allianz Lebensversicherungs AG Projekt „Hausverbundene Arbeit"
  Sachbearbeitungstätigkeiten im Versicherungsbetrieb
- Siemens AG
  Mobile Informationsverarbeitung in Vertrieb und Service

Allen diesen Modellen ist gemeinsam, daß sie einerseits die arbeitsrechtlichen Strukturen des betrieblichen Beschäftigungsverhältnisses beibehalten, andererseits vorsichtig versuchen, die betrieblichen Arbeitsplätze zu reduzieren und bei den Mitarbeitern mehr Selbständigkeit und Verantwortung zu entwickeln.

Die bei den Arbeitgebern aufgetauchten Probleme zeigen sich vor allem in der mangelnden Erfahrung des Managements bei der Bewältigung eines echten Management by Objectives. Lange Jahre wurde dieses Prinzip als pauschale Vorgabe breit diskutiert. Wenn jetzt in der Telearbeit dieses Prinzip, sozusagen ohne Netz, seine Tragfähigkeit beweisen soll, dann zeigen sich die Probleme: Es sind weniger die Mitarbeiter, die die neue Freiheit durchaus genießen, sondern das Management, das seine Funktion neu bewerten muß. Dies scheint erhebliche Probleme zu verursachen.

6.2.3 Betroffene

Als Betroffene sollen jene, die bereits Telearbeit geleistet werden, berücksichtigt werden. Hier gibt es ein aus anderen Bereichen schon bekanntes Phänomen: Die Betroffenen sind zwar bereit, über ihre Erfahrungen zu sprechen, sie sind aber kaum in der Lage, ihre individuellen Befindlichkeiten so weiterzugeben, daß daraus ein klares Bild entsteht. Außerdem ist die Zahl der befragbaren Grundgesamtheit weiterhin gering, weil einerseits die Menge der echten Telearbeiter - soweit diese überhaupt abgegrenzt werden können - nicht allzu groß ist, andererseits viele Telearbeiter kein Verständnis dafür haben, dauernd befragt und beobachtet zu werden. Die Stellungnahmen und Kommentare sind deshalb unvollständig und oft widersprüchlich.

Bereits in der frühen Diskussion wurde deutlich, daß Telearbeit durchaus als außergewöhnliche Möglichkeit der Erwerbstätigkeit gesehen und eingeschätzt wird. Auch die vorliegenden Beispiele zeigen, daß es sich bei den Telearbeitern /Telearbeiterinnen meist um Personen besonders hoher Motivation und Leistungsbereitschaft handelt. Wegen der geringen Verbreitung von Telearbeit, wegen des immer noch dominanten Modellcharakters der aktuellen Fälle und wegen der immer wieder fühlbaren detaillierten Kontrolle durch Management und Betriebsrat fühlen sie sich in einer Ausnahmesituation und versuchen, dem durch besondere Sorgfalt und Zielorientiertheit zu entsprechen. In einer Studie über die Satzerstellung für die Druckindustrie wird dies so beschrieben: „Die Frauen betrachten es als „Zufall“ oder „günstige Gelegenheit“, wenn Betriebe ihnen das Angebot unterbreiten, in ihrer Privatwohnung computergestützte Texterfassungsaufträge zu erledigen. ... Für diese Arbeitsmöglichkeit sind die Frauen bereit, ein äußerstes Maß an Sorgfalt und Arbeitsdisziplin an den Tag zu legen...“ (Goldmann/Richter 1986,10).

So steht die Bewertung der Telearbeit durch die Betroffenen prinzipiell zwischen den beiden Polen:

Einerseits schätzen sie die neuen Gestaltungsmöglichkeiten, die Ersparnis der Pendelzeiten und die Möglichkeit, ihr Arbeitsumfeld selbst zu bestimmen. Andererseits befürchten sie, daß sich ihre Anbindung an den Arbeitgeber lockert und sie im Laufe der Zeit ihre Einbindung in den Betrieb verlieren.

Die Bewertung der jeweiligen Aspekte ist überwiegend abhängig von der individuellen Telearbeitsgeschichte: Wenn Telearbeiter vormals als abhängig Beschäftigte gearbeitet hatten, dann ist der Maßstab für die Bewertung das vormalige Arbeitsverhältnis und die dort erlebten Strukturen. Dies ist bei der Mehrheit heutiger Telearbeiter der Fall. Wenn Telearbeit Beginn der beruflichen Tätigkeit ist, dann sind diese Bindungsaspekte nicht so dominierend.

Gestaltbarkeit der und Selbständigkeit in der Arbeit sind wesentliche Humanisierungziele und dominantes Element der Definition persönlichkeitsförderlicher Arbeitsplätze (siehe dazu Ulich 1991, Groskurth & Volpert 1975). In diesem Sinne wird die Offenheit der Telearbeit als eingängiger Impuls für Autonomie bewertet. Ob die Telearbeit dies wirklich leisten kann, ist bisher nicht bewiesen. Eher ist zu erwarten, daß die Ergebniskontrollen intensiver werden und daß die Erwartung einer steigenden Produktivität von den Telearbeitern verinnerlicht wird und zu neuerlichen impliziten Belastungen führen kann.

Es ist in diesem Zusammenhang möglicherweise von Bedeutung, daß zeitgleich mit der hohen Bewertung - in einigen Fällen auch Glorifizierung - betrieblicher sozialer Kontakte die sog. Mobbing-Diskussion aufkam. In dieser Diskussion wurden die belastenden Folgen mißlungener sozialer Kontakte am Arbeitsplatz thematisiert. Es ist nun anzunehmen, daß es diese Mobbing-Phänomene immer schon weit vor der Telearbeit gegeben hat. Nur wurden sie damals nicht thematisiert, weil es damals keine so nostalgische Bewertung der Sozialstrukturen im Betrieb gegeben hatte.

6.2.4 Bevölkerung

„Ähnlich wie das Computershopping stößt die Vorstellung von einem Computerarbeitsplatz zu Hause nur auf wenig Begeisterung. In beiden Fällen geht offenbar etwas verloren, was den meisten hier wie dort wichtig ist. ... Berufsarbeit wird hochgeschätzt wegen ihrer Selbstverwirklichungsmöglichkeiten in einer spezifischen Tätigkeit, wegen des Geldes, das sie einbringt, und wegen der Möglichkeit zur Begegnung und zum Gespräch mit Kollegen und anderen Menschen. ... Auf die Frage: Wenn man Ihnen einen Arbeitsplatz anbieten würde, bei dem Sie zu Hause am Computer arbeiten könnten und mit dem Arbeitgeber, mit dem Büro nur noch über den Computer verbunden sind: wäre das etwas für Sie, oder würden Sie einen Arbeitsplatz in der Firma vorziehen?“ (Piel 1995, 16).

Etwa ein Viertel der Befragten sind gleich einverstanden, ein Viertel sind unentschieden. Die andere Hälfte der Befragten steht der Teleheimarbeit kritisch gegenüber. Allerdings nur 9 % der Befragten sprachen sich sofort und unbedingt gegen einen derartigen Arbeitsplatz aus. Die dominante Gruppe (39 %) würde einen Arbeitsplatz in einer Firma vorziehen, also beim üblichen Status quo bleiben wollen.

Die Ansichten sind geteilt. Wird aber der heutige Angebot von etwa 3 Prozent Telearbeitern zugrundegelegt, möglicherweise von etwa einem halben Promille bei der echten Teleheimarbeit (siehe Tabelle 5 auf Seite 84), dann zeigen sich hier enorme Potentiale für zukünftige Akzeptanz.

Eine andere Untersuchung (iwd 1997c) hat 2.000 Jugendliche im Alter von 14 bis 29 Jahren nach ihrem gewünschten beruflichen Status befragt: „Wenn sie die Wahl hätten, würden 56 Prozent der jungen Leute am liebsten auf eigene Rechnung arbeiten. Rund 23 Prozent zögen das Leben eines Angestellten vor - immerhin 21 Prozent würden gerne als Beamte beim Staat unterschlüpfen. ... Mit jeweils 89 Prozent der Nennungen haben Beruf und Freizeit einen gleich hohen Stellenwert.“

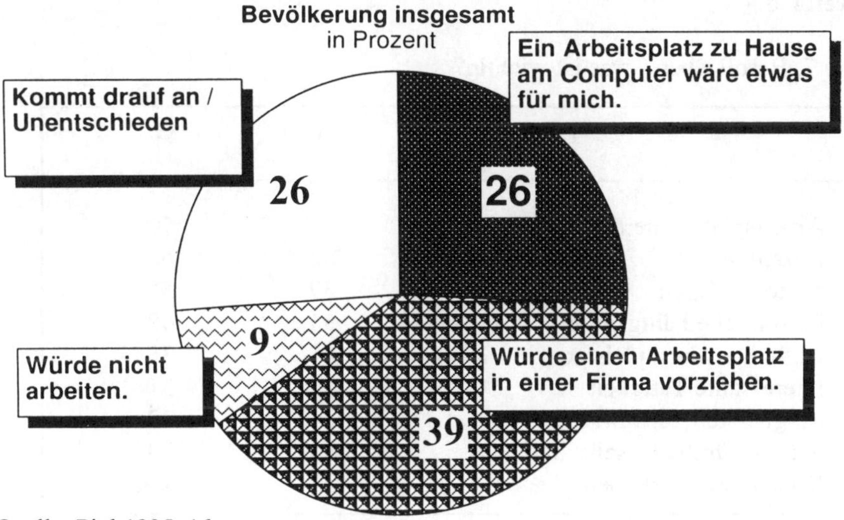

Quelle: Piel 1995, 16

Abbildung 11: Wunsch nach Teleheimarbeitsplatz in der Bevölkerung

In der Empirica-Untersuchung von 1994 (Kordey & Korte 1996, 38) sind ebenfalls Interessenpotentiale erhoben worden (siehe auch Tabelle 4 auf Seite 83). Für Deutschland ergab sich bei Erwerbstätigen ein Anteil von 42 % an Interessenten. Das Interesse lag in anderen Ländern deutlich höher, beispielsweise in Spanien bei 61 %.

Spezielle Aussagen liegen aus einer Emnid-Untersuchung vor (Tabelle 7), in der in West- und Ostdeutschland die Wünsche an das Berufsleben abgefragt wurden (Emnid ca.1994). Daraus wird deutlich, daß es eher die sekundären Begleiterscheinungen des abhängigen Arbeitsverhältnisses sind als die inhaltlichen Aspekte, die im Vordergrund stehen. Offenbar - und dies bezieht sich auf alle Altersgruppen - ist die Bereitschaft zur Selbständigkeit die in der o.a. Untersuchung bestätigt wurde, eine besondere Haltung Jüngerer, die sich noch nicht an die abhängige Beschäftigung gewöhnt haben und denen diese Arbeitsplätze kaum noch zugänglich sind. Die Akzeptanz der Telearbeit scheint somit eine Frage des Generationenwechsels zu sein. Für Ältere ist die abhängige Beschäftigung gewohnt und akzeptiert, Jüngere können (oder müssen) sich auch auf andere Erwerbsformen einstellen.

6.2.5 Politik

Wegen der zwiespältigen Bewertung der Telearbeit fühlte sich die Politik sehr früh aufgerufen, dieses Phänomen zu analysieren und zu bewerten. Die Dominanz der abhängigen Erwerbsarbeit schien gefährdet und damit die Basis des Staates und seiner Finanzierung. Gleichzeitig witterten die Politiker neue Gestaltungsmöglichkeiten gesellschaftlicher Strukturen und Abläufe. Außerdem war die quantitative Bedeutung des Phänomens vernachlässigbar und damit zeigte sich die Diskussion vergleichsweise unverbindlich

Tabelle 7: Berufsleben - was ist wichtig?

	West	Ost
Arbeitsplatzsicherheit	53	70
Bezahlung	62	68
Nette Kollegen	59	55
Persönliche Fähigkeiten	53	48
Gefühl, etwas zu leisten	41	35
Interessante Tätigkeit	43	31
Möglichkeit zur Inititative	34	30
Nutzen für die Gesellschaft	k.A.	29
Kontakt zu Menschen	33	k.A.

Angaben in Prozent, Mehrfachnennungen
Quelle Emnid ca. 1994

Europäische Union (EU)

Die EU hat sich immer wieder mit der Informationsgesellschaft befaßt. Im Grünbuch „Leben und Arbeiten in der Informationsgesellschaft: im Vordergrund der Mensch" (Europäische Kommission 1996, 6) wird folgendes vorgegeben: „... ist sicherzustellen, daß die Informationsgesellschaft zu einem Werkzeug wird, mit dem eine Gesellschaft geschaffen werden soll, in der niemand ausgegrenzt wird. In der Informationsgesellschaft sollte es um Menschen gehen; sie sollte für die Menschen und von den Menschen genutzt werden, um die der Information innewohnenden Kräfte freizusetzen, und nicht, um ein Ungleichgewicht zwischen den Informationsreichen und den Informationsarmen zu schaffen."

Unter dieser Präambel haben die Europapolitiker sich bereits früh mit der Telearbeit auseinandergesetzt und sie insbesondere als ein Instrument zur Strukturpolitik und zur Förderung der EU-Randregionen genutzt.

„Abschließend kann festgestellt werden, daß sich durch die umfassende Einführung der Telearbeit an der Schwelle zum 21. Jahrhundert zwar ungeheuer viele Möglichkeiten zur Schaffung von Arbeitsplätzen und die Erhöhung des Wohlstandes auftun, aber auch unerwünschte Nebeneffekte auftreten können. Diese wären jedoch größtenteils vermeidbar, würden die neuen Technologien systematisch eingeführt und die Ressourcen so eingesetzt, daß die soziale Benachteiligung der gefährdeten Gruppen innerhalb der EU möglichst gering gehalten wird. ... Die immer stärkere gegenseitige Durchdringung des sozial geprägten häuslichen Umfelds und des von der Wirtschaft bestimmten Marktes erfordert ... die Konzipierung strategischer Richtlinien, in denen sowohl die sozialen als auch die ökonomischen Aspekte angesprochen werden, die für das Leben der Menschen maßgeblich sind." (Huws 1995, 73)

Die Regelungsbereitschaft ist im europäischen Umfeld groß, aber ihre Realisierung sehr umständlich, da ein Konsens unter vielen Partnern hergestellt werden muß. Aus diesem Grunde ist die 1997 publizierte „Europäische Charta für Telearbeit" (Zentrum für Soziale Innovationen 1997) durchaus bemerkenswert und soll hier im vollen Wortlaut (ohne das ergänzende Memorandum) wiedergegeben werden. Allerdings ist sie recht unbeholfen aus dem Englischen übertragen:

„Angesichts der gegenwärtigen sozialen und ökonomischen Veränderungen in Europa und des Übergangs von einer Industriegesellschaft zu einer Informationsgesellschaft meinen wir, die Unterzeichnerinnen und Unterzeichner, daß Telearbeit als neue Form der Arbeitsorganisation und des Managements grundlegend zu einer Verbesserung von Lebensqualität und Arbeitsmethoden sowie eines gleichberechtigten Zugangs zur Arbeitswelt für alle Bürgerinnen und Bürger beitragen kann.

Telearbeit ist hier definiert als Arbeitsweise, in der Informations- und Kommunikationstechnologien (IuK) verwendet werden, wobei die Arbeit ortsunabhängig - im speziellen von anderen Orten als jenem des traditionellen Arbeitsplatzes aus - verrichtet wird. Bei entsprechender Unterstützung kann es Telearbeit Menschen erlauben, (einen oder mehrere Tage pro Woche) zu Hause, in lokalen Bürogemeinschaften oder unterwegs zu arbeiten. Sie kann es Menschen in Peripheriegebieten und im ländlichen Raum ermöglichen, ihren Lebensunterhalt zu sichern und weiter zu entwickeln.

Durch die Unterzeichnung dieser Charta unterstützen wir Maßnahmen, um die positiven Potentiale von Telearbeit zur Geltung zu bringen, besonders in folgenden Schlüsselbereichen:

Beschäftigung: Unter der Voraussetzung einer Fokussierung auf die Schaffung von Arbeitsplätzen durch Telearbeit in Verbindung mit der Einführung neuer Dienstleistungen hat Telearbeit das Potential, die Beschäftigung zu erhöhen (vor allem in Hinblick auf gegenwärtig benachteiligte Gruppen) und die Entwicklung von wirtschaftlicher Selbständigkeit und von Kleinbetrieben zu fördern.

Arbeitswelt: Telearbeit hat das Potential, die Flexibilität von Erwerbstätigen zur Abstimmung des Arbeitslebens mit anderen Verpflichtungen und Aktivitäten zu erhöhen und Zeit für das Privat- und Familienleben sowie für die Weiterbildung einzusparen.

Lebensqualität: Telearbeit kann neue Formen des sozialen Zusammenhalts, öffentlicher Dienstleistungen und des kulturellen Lebens anregen. Dies gilt besonders für benachteiligte Regionen und Peripheriegebiete, da Telearbeit den Menschen ein Verbleiben am Wohnort erlaubt und sie nicht zwingt, Arbeit anderswo zu suchen.

Organisationsdesign der Wirtschaft und der öffentlichen Verwaltung: Telearbeit hat das Potential, Produktivität und damit Wettbewerbsfähigkeit und Effizienz zu steigern.

Demokratie und politisches Handeln: Telearbeit in politischen Bereichen kann für die Öffentlichkeit und Politikerinnen wie Politiker Möglichkeiten bieten, unabhängig von Distanz zu interagieren. Durch einen erhöhten Einsatz von Informations- und Kommunikationstechnologien (IuK) kann der demokratische Prozeß erweitert und interaktiver werden.

Umwelt und nachhaltige Entwicklung: Telearbeit bedeutet, die Arbeit zum Individuum zu bringen und nicht das Individuum zur Arbeit. Sie kann gleichermaßen Arbeitgebern und Arbeitnehmern durch die Ersparnis von Zeit und Kosten für das Pendeln wie auch durch die Kostenersparnis für Büroraum und Geschäftsreisen nützen. Die verbreitete Annahme von Telearbeit könnte Verkehrsstaus und Luftverschmutzung beträchtlich verringern.

Unsere Anerkennung und Aufmerksamkeit gilt den tatsächlichen Schwierigkeiten und Anliegen von Organisationen und Individuen, sich dem rapiden Wandel anzupassen, der in Verbindung mit dem Fortschrittstempo der elektronischen Revolution steht und zu einer Neustrukturierung der Lebens- und Arbeitsbedingungen für die Mehrheit der Europäerinnen und Europäer führt. Die Herausforderungen der Informationsgesellschaft in Betracht ziehend betonen wir die Notwendigkeit, die vertraglichen Rahmenbedingungen für die Arbeitswelt, die Arbeitsmethoden und die Arbeitsorganisation zu modernisieren. Wir anerkennen die dringende Notwendigkeit von europaweiten Richtlinien für die Einführung, Organisation und Entfaltung von Telearbeit mit dem Ziel, zu bestmöglichen Anwendungen des Telearbeitens für Beschäftigte von Kleinstbetrieben und von großen Organisationen, ebenso wie für Selbständige, zu ermutigen.

Wir verpflichten uns, den Prozeß der Entwicklung paneuropäischer Richtlinien für Telearbeit zu unterstützen, daran aktiv teilzunehmen und weiters, jene Aktivitäten zu fördern, die erforderlich sind, um Europa als führend in der Gestaltung ökonomischer, ökologischer und sozial verträglicher Politik, Strategien und Arbeitsweisen in der Informationsgesellschaft zu positionieren."

Dem Wortlaut ist anzumerken, daß es sich hier um einen mühsam ausgehandelten Kompromiß handelt. In manchen Passagen ist diese Charta recht unverbindlich und in gewisser Weise auch etwas naiv. Andere Verlautbarungen der EU sind demgegenüber durchaus konkreter und klarer: „Wir halten es für dringend erforderlich, den rechtlichen Rahmen so umzugestalten, daß er auch die Telearbeiter, insbesondere die selbständig Beschäftigten einschließt und diesen den gleichen Schutz bietet wie Arbeitnehmern an herkömmlichen Arbeitsplätzen. Die Gesetzgebung sollte für verschiedene Formen der Telearbeit aus Sicht des Unternehmens und des einzelnen neutrale Bedingungen schaffen. Die Tarifvereinbarungen sollten auf die Telearbeit ausgeweitet werden, und die Solidarität der Telearbeiter, insbesondere der Heimarbeiter, sollte durch innovative Formen der kollektiven Organisation gestärkt werden." (Europäische Kommission 1997, 45)

Besonderen Augenmerk richten die Europäer auf die grenzüberschreitenden Aktivitäten im Rahmen der Telearbeit: „Telearbeit wird die Beschäftigungsform der Zukunft für Millionen von Menschen sein: Man sollte sich nicht vor ihr fürchten, sie aber möglicherweise sorgfältig regulieren. ... Telearbeit ist ein verlockendes, flexibles Mittel, die Arbeit zum Menschen zu bringen, und könnte zahlreiche neue Beschäftigungsfelder schaffen. Sie scheint auch in der Bevölkerung auf positive Resonanz zu stoßen, setzt sich aber dennoch in Europa nur sehr langsam durch." (Forum Information Society 1997, 35 ff.). Daraus ergibt sich dann unter anderem die folgende Empfehlung: „Um die sozialen und rechtlichen Rahmenbedingungen mit dem Ziel einer beschleunigten Einführung von Telearbeit anzugleichen, sollten Rahmenbedingungen für die Erreichung eines breiten sozialen Konsenses in Europa - und darüber hinaus in einem internationalen Kontext - über die Einführung von grenzüberschreitender Telearbeit geschaffen werden. ... die Mitgliedstaaten zu einer einheitlichen Angleichung der sozialen und rechtlichen Rahmenbedingungen sowie zur Förderung von Experimenten mit Telearbeit ermutigt werden." (Forum Information Society 1997, 40).

Zusammenfassend kann den EU-Aktivitäten bescheinigt werden, daß hier mit gutem Willen Strukturen analysiert wurden, deren Gestaltung nicht so einfach ist. Die Einbeziehung von Gremien mit Mitgliedern unterschiedlicher nationaler und sozialer Herkunft hat die Ergebnisse soweit abgeschliffen, daß kaum brauchbare Handlungsempfehlungen entstanden sind. In den EU-Verlautbarungen treffen sich undifferenzierte Akzeptanz und naive Euphorie. Die möglichen Chancen wurden in einer Extrapolation traditioneller Schutzmechanismen und in regionalpolitischen Impulsen eher zerstört.

Bundesrepublik Deutschland

Auch in der Bundesrepublik Deutschland sind die politischen Verlautbarungen zur Telearbeit (siehe auch Kapitel 6.1.3) ähnlich wie die der EU von einer vorsichtigen Akzeptanz zum Beweis der Innovationsbereitschaft und der Zurückhaltung geprägt, nicht die überkommenen Arbeitnehmerrechte aufs Spiel zu setzen.

„Aufgrund nationaler und internationaler Erfahrungen weist *die Telearbeit* jedoch deutliche Vorteile für Unternehmen, Mitarbeiter und die Gesamtwirtschaft auf." (Presse und Informationsamt der Bundesregierung 1996, 2). Es handelt sich nach der Vorstellung der Bundesregierung um die folgenden Vorteile:

für die Unternehmen

- Höhere Produktivität, weitere Kundennähe, kürzere Reaktionszeiten und Abbau von Arbeitskosten
- flexiblere Gestaltung der Arbeitszeiten
- Nutzung von „entferntem" Know-how
- Rekrutierung qualifizierter Arbeitskräfte oder Halten qualifizierter Mitarbeiter
- Reduzierung von Strukturkosten und Betriebsflächen

für die Arbeitnehmer

- Größere Flexibilität und Zeitsouveränität bei der Arbeit
- Vermeidung von Anfahrtswegen und -zeiten
- bessere Vereinbarkeit von Beruf, Familie und Freizeit

für die Gesamtwirtschaft

- Flexibilisierung des Arbeitsmarktes z.B. durch erweiterte Formen der Teilzeitarbeit
- Schaffung neuer Betätigungsmöglichkeiten vor allem für mittelständische Unternehmen und Existenzgründer
- Sicherung bestehender Arbeitsplätze in Deutschland
- Investitionsschub und Beschäftigungsimpulse durch Einrichtung von Telearbeitsplätzen
- Zusätzliche Entwicklungschancen für ländliche und strukturschwache Räume
- Entlastung der Verkehrswege
- Schonung der Umwelt

Sie sollen realisiert werden durch eine Initiative, die folgende Ziele verfolgt (siehe dazu Presse- und Informationsamt... 1996, 4):

„Setzen eines klaren politischen Signals, die Vorteile und Chancen von Telearbeit in Deutschland verstärkt zu nutzen, um mögliche Beschäftigungspotentiale am Standort umfassend auszuschöpfen.

Durchführung konkreter Maßnahmen, mit denen heute noch bestehende Hemmnisse identifiziert und beseitigt werden können.

Aufklärung und Schaffung von größtmöglicher Transparenz durch Information der potentiell Betroffenen (Arbeitgeber, Arbeitnehmer, Selbständige), um die Akzeptanz gegenüber dieser Arbeitsform zu erhöhen."

In verschiedenen Aktivitäten wird versucht, diese Ziele zu erreichen.

Daneben wird die Telearbeit im Mittelstand besonders gefördert. Das Hätschelkind Mittelstand geht auch bei der Telearbeit nicht leer aus: Das BMBF und die Deutsche Telekom AG fördern im Rahmen der o.a. Initiative Telearbeit einen Pilot- und Demonstrationsversuch zur Telearbeit in mittelständischen Unternehmen. In einem zweistufigen Förderprozeß wird die Erstellung maßgeschneiderter Konzepte für Telearbeitsplätze im Rahmen eines Wettbewerbs in bis zu 500 Unternehmen unterstützt und in der zweiten Phase wird die Umsetzung dieser Konzepte gefördert. Inhaltlich werden in den mittelständischen Unternehmen die folgenden Defizite vermutet (BMBF/Deutsche Telekom 1997, 4f.) und Herausforderungen angeführt:

- Flexibilisierung der Handlungsweise von Unternehmen
- Organisatorische Veränderungen im Unternehmen
- Klärung rechtlicher Fragen
- Technikausstattung und Wirtschaftlichkeit
- Qualifikation der Mitarbeiter

Das Konzept kann bis zu DM 10.000 gefördert werden, nach der Probephase noch mit DM 5.000 und pro Telearbeitsplatz jeweils mit DM 1.000.

Diese Förderung ist intensiv in Anspruch genommen worden. Im September 1997 wollten „rund 3000 Bewerber für Fördermittel ... etwa 4500 Telearbeitsplätze schaffen. Dabei handelt es sich in zwei von drei Fällen um die Auslagerung fester Arbeitsplätze, in jedem dritten Fall aber um einen neuen Arbeitsplatz." (BddW 1997b, 3)

Telearbeit hat auch einen hohen Stellenwert in den Verlautbarungen der Regionalpolitik. So wird im Konzept für „Bayern online" (Bayerische Staatsregierung 1995, 15) angeführt: „Durch Telearbeit gelingt es, Arbeitsplätze bei den Arbeitnehmern ungeachtet der dortigen Standortvoraussetzungen für eine herkömmliche Betriebsstätte zu schaffen und hierdurch die Arbeitslosigkeit gerade in den strukturschwachen Gebieten abzubauen. ... Sie erlaubt die Kombination von Beschäftigungsverhältnissen. Weiterhin kann Telearbeit einen Teil des Berufspendelverkehrs ersetzen und hierdurch die Straßen und die Umwelt entlasten. Schließlich ermöglicht Telearbeit eine Entlastung gerade auch der Ballungsräume von Verkehr, ferner von Wohnraum- und Bürobedarf." Das Programm dient zur Installation eines Datenhochgeschwindigkeitsnetzes, daneben fördert es speziell Telearbeit bei BMW in Müchen. Etwa 300 Mitarbeiter aus den Bereichen Entwicklung, Einkauf und Technik sollen einen Telearbeitsplatz am Wohnort erhalten.

Auch in Nordrhein-Westfalen gibt es Inititativen zur Förderung der Telearbeit. Ein Projekt „Telearbeit in NRW - Das virtuelle Büro" hat das Ziel, 500 bis 1000 Telearbeitsplätzen in NRW zu planen und zu realisieren und dazu eine intensive Begleituntersuchung vorzunehmen. Als Formen werden alternierende Teleheimarbeit, Telecenter und Teleservice-Center berücksichtigt. Unternehmen, die die Einführung von Telearbeit planen, erhalten Beratung und Betreuung bei der organisatorischen, technischen Realisierung sowie der arbeitsrechtlichen Gestaltung. Danach folgt eine Begleitforschung über eine Dauer von drei Jahren, in der die ökonomischen und organsiatorischen Effekte sowie die sozialen und ökologischen Veränderungen praxisorientiert und empirisch validiert werden sollen (Informationen aus TA Telearbeit 1996).

6.2.6 Umwelt- und Gesundheitsschutz

Umweltfragen haben die Telearbeit schon früh begleitet. Wesentliches Argument für Telearbeit war die Einsparung des Wegs zum Arbeitsplatz. „Die amerikanischen Behörden des Bundes, der Staaten und der lokalen Verwaltungen haben den Wert der Telearbeit bei der Einführung von Gesetzen und Verordnungen rasch erkannt." Prystash führt als Beispiel den Clean Air Act von 1990 an: „Das grundlegende Gesetz zur Luftreinhaltung durch Reduzierung des Straßenverkehrs verschaffte der Telearbeit einen gewaltigen Aufschwung und wäre ohne diese gar nicht vorstellbar." (Prystasch 1995).

„Die Entwicklung der Verkehrsmittel erleichterte zunächst den Weg zwischen Wohnung und Arbeitsort. Diese Erleichterung wurde aber nicht nur aufgezehrt, sondern geradezu in ihr Gegenteil verkehrt, weil die Pendler immer größere Entfernugnen in Kauf nahmen. Im Endresultat wuchs die Fahrleistung stärker als der Verkehrsraum. Straßenbau und wachsendes Verkehrsaufkommen lieferten sich ein totes Rennen. Die tief in die Lebensformen hineinreichenden Folgen von Straßenbau und Straßenverkehr in den Ballungsgebieten wurden zunehmend negativ bewertet und ließen den Gedanken aufkommen, zumindest für Teile der Büroarbeit lieber Informationen statt Personen zu transportieren." (Glaser 1993, 16).

„... Verringerung bzw. Wegfall der Wegezeiten zum und vom Betrieb, dadurch ergibt sich ein erheblicher Zeitgewinn für den Mitarbeiter. Aus ökologischen und gesellschaftlichen Gesichtspunkten kann man dieses als einen kleinen Beitrag sehen, der zu einer Reduzierung des Berufsverkehrs und damit zu Energieeinsparungen führt. Für die etwa 250 AbAp (Außerbetriebliche Arbeitsplätze)-Teilnehmer Ende 1996 haben wir die zu erwartende Kilometereinsparung hochgerechnet. Es ergibt sich eine Größenordnung von jährlich 1 Mio. km." (Schmidt 1996, 6f.). Aus dem TWIST-Modell der BWW AG werden für den März 1998 eine Reduzierung des Fahraufkommens um derzeit ca. 60.000 km pro Woche berichtet (Cammerer 1998, 4).

Allerdings kommt das Öko-Institut in einer 1997 vorgestellten Studie zu einem gegenläufigen Ergebnis: „Die in der Öffentlichkeit und Politik geweckten Erwartungen an eine massive Verkehrs- und Umweltentlastung durch Telearbeitsplätze entbehren jeder Grundlage. In den nächsten Jahren wird bestenfalls ein Prozent des motorisierten Individualverkehrs reduziert werden können. Die Verkehrsentlastung wird durch die Herstellung und Nutzung der doppelten Geräteinfrastruktur ... überkompensiert, so daß per Saldo sogar eine Umweltbelastung auftritt. ... Mit diesen Hinweisen auf die möglichen Nachteile der Telearbeitsplätze sollen Telearbeitsplätze keineswegs pauschal abgelehnt werden. Natürlich *können* Telearbeitsplätze im Einzelfall ökologisch, ökonomisch, sozial und arbeitsrechtlich attraktiv sein - aber nur, *wenn* man sie entsprechend gestaltet." (Grießhammer u.a. 1997, 57).

Ganz wichtig ist der Gesundheitsschutz, denn Telearbeit kann weniger kontrolliert werden und überträgt dem Individuum auch die Verantwortung für die Gestaltung der eigenen Arbeit und ihrer Rahmenbedingungen. Auf längere Frist akzeptabel kann Telearbeit nur sein, wenn sie die Prinzipien gesundheitsbewußter Arbeit berücksichtigt (Ertel u.a. 1996, 25ff.):

- Angemessene Gestaltung des häuslichen Telearbeitsplatzes,
- gesundheitsbewußtes Arbeiten,
- rechtzeitig handeln, bevor sich gesundheitliche Beschwerden verfestigen.

Im Prinzip sind die Bedingungen von den betrieblichen Arbeitsplätzen her bereits bekannt. Neuartig ist die Situation, daß bei Wegfall des alltäglichen Kontakts zu Kollegen und Vorgesetzten im Betrieb die Signale von anderen kommen müssen, da die Betroffenen selbst am wenigsten geneigt (und in der Lage) sind, erste Anzeichen von Mißbrauch bzw. Abhängigkeit an sich selbst zu erkennen. So sind Partner/innen, Freunde und Bekannte aufgerufen, auf mögliche Probleme in diesem Bereich zu reagieren und unterstützend tätig zu werden (nach Ertel u.a. 1996, 32). Damit ist die Isolation wohl das dominanteste Phänomen, das sich für Telearbeiter als besonders belastend zeigt (siehe dazu Di Martino & Wirth 1990, 541 f.). Es werden unterschiedliche Maßnahmen dagegen ergriffen, die insbesondere darin bestehen, daß die Erwerbsarbeit nicht ausschließlich zuhause stattfindet. Eine Berücksichtigung sozialer Kontakte außerhalb der Erwerbsarbeit, wie sie von Ertel u.a. angeführt werden, zeigt sich in den übrigen Stellungnahmen nur selten und zeigt somit, daß die gesamte Diskussion über die Sphäre der Erwerbsarbeit kaum hinausgeht und daß eine integrative Gesamtschau menschlicher Sozialstrukturen in der Telearbeitsdiskussion nicht erfolgt. Dies mag durch die Dominanz der Gewerkschaften begründet sein, die bewußt alternative Ausgleichsmechanismen nicht ins Kalkül ziehen, da sie ihren Aktionsradius auf die Erwerbsarbeit beschränken.

Ein besonderes Thema ist immer auch die Telearbeit für Behinderte gewesen. „Nach neueren Statistiken sind allein in Deutschland 6,4 Mio. Menschen schwerbehindert, Tendenz steigend. Moderne Telekommunikationstechniken können an ihre unterschiedlichen Bedürfnisse angepaßt werden. Schwerbehinderten und älteren Menschen ermöglichen sie deshalb, ein selbstbestimmtes Leben zu führen und gleichberechtigt am gesellschaftlichen und wirtschaftlichen Leben teilzunehmen. ... Ziel des Projektes TEDIS (Teleworking for disabled people) ist daher die Entwicklung eines beispielhaften Telearbeitsplatzes für schwerbehinderte Endbenutzer mit Spezialanforderungen. ... Im Projekt untersucht man auch mögliche unerwünschte Auswirkungen der häuslichen Telearbeit für Schwerbehinderte. So zum Beispiel, ob sie sozial isoliert werden. In diesem Zusammenhang werden Informationen über das soziale Umfeld, Selbsteinschätzungen und Einstellungen gegenüber häuslicher Telearbeit erhoben und ausgewertet. Die zwei am Projekt TEDIS mitwirkenden Telearbeiter bevorzugen beispielsweise eindeutig die Telearbeit gegenüber einem Arbeitsplatz außer Haus.“ (GMD 1996)

6.3 Akzeptanz einzelner Modelle

Die Akzeptanz der Telearbeit ist wesentlich abhängig von der realisierten Organisationsform, wobei im folgenden lediglich die Außerbetrieblichen Arbeitsstätten und die freiberufliche Telearbeit bewertet werden sollen. Alle anderen Modelle sind Zwischenformen oder haben mit Telearbeit nur wenig zu tun. Telehäuser oder virtuelle Unternehmen sind in die Telearbeitsdiskussion mit aufgenommen worden, weil in ihnen eine zeitliche und räumliche Flexibilisierung stattfindet, sie erfüllen aber nicht die engeren Kriterien der Telearbeit.

6.3.1 Außerbetriebliche Arbeitsstätten

Die Außerbetrieblichen Arbeitsstätten sind eine Kompromißform, die hohe Akzeptanz findet, da sie sich von traditionellen Arbeitsformen in ihrer Organisation und von der sozialversicherungsrechtlichen Anbindung nur wenig entfernt. Die doppelte Anbindung - einerseits bleibt der Arbeitsplatz im Unternehmen mit allen seinen Einbindungselementen erhalten, andererseits gibt es zusätzliche Freizügigkeit in der häuslichen oder anderweitig angebundenen Arbeit - signalisiert eine geglückte Integration offener Erwerbsarbeit mit weiterhin garantierter Einbindung und Sicherheit.

Aber genau diese Struktur, bei der die jeweiligen Vorteile gegenläufiger Organisationsstrukturen in einem Modell integriert sind, ist typisch für ein Übergangsmodell ohne langfristigen Bestand. Die vom Markt her wirkenden Signale werden in diesem Modell nicht berücksichtigt. Eine ausgewogene Interessenstruktur zeigt sich in diesem Modell nicht. Nur dort, wo die Verhandlungsmacht der betroffenen Arbeitnehmer hoch ist, also in Berufsfeldern mit einem Engpaß beim Arbeitskräfteangebot, läßt sich dieses Modell rechtfertigen.

In diesem Sinne sind auch die Aussagen zu verstehen, nach denen Telearbeit zunehmend in die Bereiche der Höherqualifizierten auswandert, während bei einfachen Tätigkeiten mit ausreichendem Arbeitskräfteangebot wieder ganz traditionelle betriebsgebundene Beschäftigungen realisiert werden.

6.3.2 *Freiberufliche bzw. selbständige Telearbeit*

Demgegenüber scheint die freiberufliche Telearbeit die Telearbeit der Zukunft zu sein. Sie entfernt sich von den Strukturen abhängiger Arbeit, gibt den traditionellen Arbeitsplatzbezug auf und erlaubt eine sehr flexible und offene Gestaltung. Sie ist gleichermaßen im Bereich der anspruchsvollen Tätigkeiten als auch bei einfachen Zuarbeiten möglich und realisierbar.

Die soziale Absicherung dieser Telearbeiter, ihre Einbindung in organisatorische und rechtliche Strukturen, ihre Beschäftigungsstabilität und ihre Wertschätzung in der Gesellschaft müssen in neuartiger Weise organisiert werden. Dazu gibt es schon manche Beispiele und Modelle, insbesondere Erfahrungen aus dem Ausland dürften hier weiterhelfen.

Wenn die Norm eines lebenslangen sozial abgesicherten Arbeitsplatzes auch in anderen betriebsgebundenen Arbeitsverhältnissen verlorengeht - und dies läßt sich derzeit erkennen - dann wird sie insbesondere auch bei der Telearbeit nicht mehr diese Bedeutung haben. Dann sind die Fesseln überkommener Arbeitsorganisation nicht mehr so eng, und es werden offenere Arbeitsstrukturen möglich, wie sie für eine nachindustrielle Gesellschaft typisch sein werden.

Natürlich sind dann alternative Absicherungen außerhalb der Erwerbsarbeit nötig. In Kapitel 7 werden dazu einige Überlegungen und Vorschläge angeführt.

7. Zukunft der Telearbeit

Neue Phänomene in der Gesellschaft werden üblicherweise mit überkommenen Instrumenten beobachtet und mit traditionellen Maßstäben bewertet. Die Beschreibung der bisherigen und derzeitigen Telearbeit in den Kapiteln 4, 5 und 6 folgte diesen Mustern. Bereits die Beschreibung des Phänomens machte Schwierigkeiten, da für manche Ausprägungen keine stabilen Kategorien existierten.

Die Einordnung in überkommene Arbeitsstrukturen zeigte eine große Vielfalt und eine kaum abgrenzbare Komplexität, aber keinen Königsweg. Schließlich war die Akzeptanz abhängig von den jeweiligen Akteuren und von der jeweils gewählten Ausprägung der Telearbeit. Auch wurde deutlich, daß sich die Telearbeit noch im Anlauf befindet und mit den spezifischen Problemen der Einführung zu kämpfen hat.

Die aktuelle Situation der Telearbeit ist somit zwiespältig: Einerseits sind ihre Potentiale außerordentlich groß, andererseits ist ihre Realisierung minimal. Telearbeit genießt zwar die hohe Aufmerksamkeit aller relevanten gesellschaftlichen Gruppen, doch kann sie sich nicht recht entwickeln. Wo liegen die Hemmschuhe?

Die realistische Ausprägung von Telearbeit in der Zukunft wird sich von den heutigen Modellen erheblich unterscheiden. Außerbetriebliche Arbeitsplätze sind ein Übergangsmodell ohne Zukunft. Kernbelegschaften werden lediglich größere Freiheiten und mehr Verantwortung übernehmen dürfen bzw. müssen. Darin eingeschlossen ist auch die Option wohnungsbasierter zusätzlicher Tätigkeiten mit Telekommunikationsvernetzung. Dies als besondere Arbeitsform zu definieren, ist nicht sinnvoll. Ein derartiges Etikett stört eher als es nützt.

Die zukünftige Telearbeit wird die Telearbeit Selbständiger sein - quer über alle Ebenen. Sie bedarf spezieller Absicherung. Arbeits- bzw. Auftragsmärkte, in denen Zertifikate beruflicher Kompetenz eine neue Bedeutung haben werden, neuartige Formen der Interessenvertretung, eine stabile soziale Absicherungsmöglichkeit, klare Rechtsverhältnisse und spezieller Gesundheitsschutz werden speziell für diese Telearbeit entwickelt und durchgesetzt werden müssen.

Parallel dazu wird die Erwerbsarbeit ihre bisherige Rolle als alleinige Basis für Einkommen und sozialer Einbindung menschlicher Existenz zukünftig nicht mehr spielen. Zudem sollten die Randbedingungen offener Arbeitsformen international abgestimmt werden.

Schließlich bedarf es konkreter Projektionen und Szenarien über die Arbeit der Zukunft, um über sie den Stellenwert und die Bedeutung der Telearbeit erkennen und in der Öffentlichkeit bekanntmachen zu können.

7.1 Entwicklungsbarrieren der Telearbeit

Telearbeit hatte prinzipiell gute Ausgangsbedingungen: Eine Informatisierung, in der etwa die Hälfte der Erwerbstätigen überwiegend Informationen verarbeitet, und eine Öffnung der Erwerbsarbeit, in der neue Freiheiten und damit auch neue Selbständigkeit in der Aufgabenabwicklung erkennbar sind. Betriebe und Unternehmen fördern und nutzen die Selbständigkeit ihrer Mitarbeiter und lassen sich auf Organisationsmodelle ein, die räumliche und zeitliche Offenheit zeigen. Der „Intrapreneur" als Modell innovativer und selbständiger Unternehmensmitarbeiter ist derzeit angesehen und wird hoch bewertet. In diesem Umfeld müßte Telearbeit die richtige Antwort auf die Entwicklungen sein. Doch sie konnte sich, objektiv betrachtet, bisher nicht durchsetzen. Wird ein internationaler Vergleich vorgenommen, dann zeigten sich in Deutschland noch größere Hemmnisse als in den Nachbarländern. Woran lag bzw. liegt das?

7.1.1 Unschärfe und Instabilität der Telearbeit

Trotz aller Definitionsversuche hat Telearbeit noch keine scharfen Konturen und ist allein aus diesem Grunde für die Öffentlichkeit, für die Arbeitgeber und für die Betroffenen weiterhin erklärungsbedürftig und verlangt Rechtfertigung. Dies belegt die Konjunktur für die Ratgeber zur Telearbeit, wie sie derzeit herrschten (siehe dazu Godehardt u.a. 1997, Online Forum Telearbeit 1997, Wakiel & Oldenburg 1998, Wedde 1997a und viele andere). Ähnliche Orientierungsprobleme sind zwar grundsätzlich bei allen innovativen Phänomenen erkennbar, doch in einem sensiblen Umfeld, in dem ein gesellschaftlicher Konsens erreicht werden muß, um eine Realisierung zu ermöglichen, stören diese Unschärfen erheblich.

Diese Unschärfe hat eine Vielzahl von Ursachen. Sie ergibt sich aus der großen Variationsbreite der Telearbeit, ihrer rechtlichen Unsicherheit, ihrer kontroversen Bewertung und ihrer Instabilität.

Variationsbreite

Die verschiedenen Formen der Telearbeit sind wenig überschaubar und in sich sehr heterogen. Der Kern Teleheimarbeit tritt verknüpft mit einer Vielzahl anderer Elemente auf, beispielsweise einer Arbeit in einem traditionellen Büro, unterwegs, beim Kunden oder „anderswo", wie das Kreibich formuliert hat (Drüke u.a. 1988). Teleheimarbeit als alleinige Arbeitsform ist in der Praxis kaum zu erkennen und findet auch keine Wertschätzung. So wird sie, sollte sie wirklich auftreten, kaum erwähnt und noch seltener detailliert beschrieben.

Die vielen Dimensionen der Telearbeit und die Vermischung von Teleheimarbeitselementen mit anderen - meist klassischen Tätigkeitsformen - machen es auch schwer, Cluster zu finden, die eine gewisse Homogenität aufweisen. Auch wenn beispielsweise Aufgaben, Organisationsform und genutzte Technik übereinstimmen, gibt es noch genügend weitere Dimensionen, wie beispielsweise die Arbeitszeitmuster, die Bewertung und Bezahlung, die Formen der Überwachung und Kontrolle, um nur einige weitere Dimensionen zu nennen, die von Fall zu Fall unterschiedlich strukturiert sein können.

Schließlich versuchen einige Promotoren, ihre eigene Ausprägungsform der Telearbeit in Form eines Markenzeichens zu verfremden und mit einer besonderen Bezeichnung zu versehen. So spricht beispielsweise BMW von „TWIST“ (Cammerer 1998), die Continentale von „TeleVers“ (Bauer 1996), die Allianz-Lebensversicherung von „Hausverbundener Arbeit“ (Schiemann/Pöltz 1997), die LVM-Versicherung bezeichnet ihr Modell als „Tandem-Modell“ (Schmidt 1997).

Daneben existieren viele Mischmodelle, speziell im Umfeld der Telearbeitszenten, die ebenfalls über eigene Namensgebung verfügen, wie „Tele-Service-Center“, „Telekooperation“, „Nachbarschaftsbüros“, „Hoffice“ und ähnlich. Auch hier ist die Vielfalt für Außenstehende unverständlich und manchmal irreführend, denn in manchen Fällen handelt es sich lediglich um Unternehmensgründungen im informationsbezogenen Dienstleistungsbereich, die den Begriff der Telearbeit nutzen, ohne daß hier telearbeitstypische Arbeitsstrukturen verwirklicht werden. Sie wollen mit dem Begriff Telearbeit lediglich ihre innovative Leistung signalisieren und sich mögliche Fördermittel erschließen.

Die Telearbeit hätte sich sehr viel deutlicher darstellen können, wenn sie von einem klaren Begriff wie beispielsweise „Teleheimarbeit“ ausgegangen wäre. Nur ist dieser Begriff über die traditionelle Heimarbeit bereits belastet und stößt insbesondere auf Widerstand der Gewerkschaften. Im Grunde aber ist dieser Begriff der einzig richtige, denn das Phänomen, das hier beschrieben werden soll, ist mit diesem Begriff klar ausgedrückt. Bei den Betroffenen und in der Öffentlichkeit hat dieser Begriff nichts Negatives, er müßte nur entsprechend besetzt und ausgestaltet werden.

Rechtliche Unsicherheit

Die Dominanz abhängiger und sozial abgesicherter Beschäftigung in der Rechtsordnung verhindert eine adäquate Gestaltung der rechtlichen Rahmenbedingungen für offene Arbeitsformen. Darunter leidet insbesondere die Teleheimarbeit. Das Arbeitsrecht ist zu einer Zeit kodifiziert worden, wo derartige neue Heimarbeitsformen mit anspruchsvollen Inhalten und höherer Einstufung nicht bekannt waren. Das Heimarbeitsgesetz (HAG) wäre zwar auch für die Regelung von Teleheimarbeit geeignet - möglicherweise mit kleinen Modifikationen -, doch es ist, da es nur Mindeststandards bietet, die überdies vor dem Hintergrund einer geringen Verhandlungsmacht der Betroffenen entstanden und festgelegt wurden, bei den Akteuren höchstens eine Auffangposition, aber keine erwünschte Basis.

In der frühen Bewertung wurde dies offengelassen, aber als unpassend abqualifiziert, insbesondere da damals schon die Mischformen der Telearbeit eine bedeutende Rolle spielten. „Für einige Telearbeiter kommt der Heimarbeiterstatus in Betracht. Obwohl deren Anzahl gering sein dürfte, sind dennoch technische und organisatorische Arbeitsplatzgestaltungen denkbar, die die Tatbestandsmerkmale der Legaldefinition des § 2 Abs. 1 HAG erfüllen und daher zu einer rechtlichen Einordnung der

Telearbeiter als Heimarbeiter führen.“ (Kilian u.a.1986, 276) „Das Heimarbeitsgesetz beruht auf einem Modell der häuslichen Arbeit, das der modernen Telearbeit nicht gerecht wird.“ (a.a.O., 372).

Heute wird dies differenzierter gesehen: „Erfolgt Telearbeit, ohne daß persönliche Abhängigkeit der Beschäftigten vorliegt, stellt das HAG einen juristischen „Auffangtatbestand“ dar.“ (Wedde 1997a, 41). Zu unterscheiden sind jedoch Tätigkeiten, die in „echter“ Selbständigkeit erfolgen, die dann nicht nach dem HAG geregelt werden können. Komplex werden dann jene Formen der Telearbeit, die in Abhängigkeit und die an dritten Orten erfolgen, also nicht im Betrieb und nicht zu Hause.

Die komplexe Rechtsnatur der vielfältigen Telearbeitsformen hat die Entwicklung erheblich verzögert. Kein Arbeitgeber oder Auftraggeber ist bereit, sich auf dieses verminte Terrain zu begeben, denn er muß befürchten, daß über diesen Weg unbeabsichtigt traditionelle abhängige Arbeitsstrukturen begründet werden oder im Streitfall erhebliche Abfindungsforderungen gestellt werden. Ein Ausweg mit geringem Risiko stellt deshalb die Organisationsform der „Außerbetrieblichen Arbeitsstätten“ dar, der - zumindest bei den Modellversuchen - zu einer übergroßen Bedeutung gelangt ist. Neuartige Muster hatten demgegenüber kaum eine Realisierungschance.

Kontroverse Bewertung

Ein weiterer Aspekt der geringen Transparenz und damit Unschärfe ist die sehr kontroverse Bewertung der Telearbeit und insbesondere der Teleheimarbeit. Modelle mit zwiespältiger, kontroverser und gegenläufiger Bewertung können nicht die Bedeutung erlangen, die klar akzeptierte Modelle finden. Das Odium der Unverträglichkeit mit gesellschaftlichen Zielen hat diese Arbeitsform gebremst. Unausgesprochen stand immer die Vorstellung im Raum, Telearbeit sei der Hebel zur Vernichtung eines mühsam erreichten Kompromisses in den Arbeitgeber-Arbeitnehmer-Beziehungen.

Dies ist auch von besonderer Brisanz, da neue Arbeitsstrukturen auch neu ausgehandelt werden müssen und da gegenwärtig, vor dem Hintergrund einer hohen Arbeitslosigkeit, die Verhandlungsmacht der Marktpartner nicht ausgeglichen zu sein scheint. So wird befürchtet, daß die Arbeitgeber-/Auftraggeberseite weniger kompromißbereit sein dürfte, als sie es zu jener Zeit war, als noch Vollbeschäftigung und Arbeitskräfteknappheit herrschten und aus der die heutigen Regelungen stammen.

Instabilität der Telearbeit

Auch die zeitliche Stabilität der Telearbeit ist nicht ausreichend, um auf dieser Basis eine klare Bestimmung des Phänomens zu erreichen. Das Phänomen Telearbeit hat sich in den letzten 20 Jahren ständig verändert. Dies gilt sowohl für die relevanten Formen der Telearbeit, für die angebotenen Aufgaben und Tätigkeiten, als auch für die Menschen, die derartige Arbeitsformen nachfragten.

Die Formen haben sich massiv verschoben: Von den frühen Formen ausschließlicher Teleheimarbeit für besondere Personengruppen haben sich Mischformen entwickelt, die von großer Vielfalt und geringer Bestandsdauer sind (Übersicht 14).

Die Arbeit-/Auftraggeber haben in den meisten Fällen Telearbeit überwiegend im Sinne von Modellversuchen realisiert, die von Anfang an für eine überschaubare Zeit geplant waren und bei denen in dieser Phase viele Merkmale des Modells modifiziert wurden.

Die Telearbeiter haben ebenfalls immer wieder erklärt, daß sie diese Arbeitsform lediglich für befristete Lebensphasen mit vorübergehenden Mobilitätsbarrieren anstreben würden und daß sie danach wieder einen ganz konventioneller Arbeitsplatz anstreben würden.

So konnte sich keine längere Stabilität herausbilden, es konnten keine langjährigen Erfahrungen gesammelt werden und damit bleibt auch die Bewertung derartiger innovativer Arbeitsmuster vorläufig und offen. Die Kontinuität wird sich nur längerfristig entwickeln können. Dies führt ebenfalls zu dem Ergebnis, daß die Telearbeit, insbesondere die Teleheimarbeit nicht als „Markenartikel" wie der Normalarbeitsplatz bereitgestellt und genutzt werden konnte. Jeder Fall mußte einzeln entwickelt und begründet werden. Die „kritische Masse" ist noch nicht erreicht.

Dort, wo Unternehmen breit Telearbeit realisieren, sind diese Barrieren zwar nicht mehr in dieser Schärfe erkennbar, sie verlagern sich aber möglicherweise in die Gesellschaft, die jetzt erst das Phänomen wahrnimmt und einordnen muß.

Unschärfe und Instabilität dauern also weiter an. Es wird sicherlich noch geraume Zeit dauern, bis hier eine gewisse Stabilität vorliegt und die Signale über diese neue eigenständige Arbeitsform in der Öffentlichkeit angekommen sind.

7.1.2 Falsche Vorstellungen bei den Akteuren

Telearbeit wurde von den Akteuren jeweils in ihrem ureigensten Sinne genutzt, obwohl sie unterschiedliche, häufig sogar gegenläufige Ziele mit der Telearbeit erreichen wollten. Die unscharfe und dennoch leicht eingängige Vorstellung einer räumlich „entspannten" Arbeitswelt hatte viel Sympathie gefunden, doch bei der Umsetzung tauchten massive Probleme auf. In der Anpassung der Rahmenbedingungen und in der inhaltlichen Gestaltung wurden viele Kompromisse geschlossen, die das Bild der Telearbeit konterkarierten und die ihr die Lebensfähigkeit in vielen Fällen nahmen. Dennoch blieb diese Arbeitsform in der Diskussion. Ihre Förderung erfolgte aber eher hinhaltend.

Arbeitgeber

Arbeitgeber erhofften sich durch die Telearbeit eine größere Offenheit in den Arbeitsbeziehungen. Insbesondere wollten sie die „atmende Fabrik" auch im Bürobereich realisieren. Ihnen war es ein Bedürfnis, über flexible Kapazitäten verfügen zu können. Zielpunkt waren kurzzeitige kapazitätsorientierte Arbeitszeiten, in letzter Konsequenz also Rufbereitschaft. Dies schien sich in besonderer Weise in der Telearbeit verwirklichen zu lassen. Nur wenn aktuell Kapazitätsbedarf herrschte, dann und nur dann sollten die Telearbeiter aktiv werden.

Übersicht 14: Telearbeit gestern und heute

Frühe Telearbeitsvisionen

Zusätzliche Integration in die Erwerbsarbeit von
- Müttern mit kleinen Kindern
- Behinderten
- Strafgefangenen

Formen
- nur Heimarbeit, freie Wohnortwahl entfernt vom Unternehmen
- Integration von Arbeit und Freizeit
- Einsparung von Pendelzeiten und -kosten

Aufgaben
- überwiegend einfache Bürotätigkeiten

Heutige Realität der Telearbeit

Personen
- Männer und Frauen mit gehobenen Qualifikationen
- nur auf besondere Lebenslagen befristet
- für Einstiegs- und Ausstiegsphasen

Formen
- alternierend zuhause und in der Zentrale
- als Freiberufler/Selbständige in virtuellen Unternehmen
- in Telehäusern, Nachbarschafts- und Satellitenbüros

Aufgaben
- überwiegend anspruchsvolle Fachaufgaben

Neben dieser Flexibilität war Telearbeit auch gedacht für mobilitätsgehemmte Mitarbeiter, die bereits im Unternehmen tätig gewesen waren, die über besonderes betriebliches Know-How verfügten und deren Kapazität weiterhin genutzt werden sollte.

Schließlich waren mit der Telearbeit auch Hoffnungen auf Kosteneinsparungen verbunden, denn auslastungsunabhängige Fixkosten bei Infrastrukturen und Kapazitäten hätten möglicherweise abgebaut werden können.

Als dann die Telearbeit realisiert wurde, blieb von dieser Flexibilität nicht viel übrig. Die von der Gegenseite schließlich akzeptierten Regelungen waren so rigide und so am traditionellen abhängigen Normalarbeitsverhältnis orientiert, daß sich die Starrheit überkommener betrieblicher Arbeitsstrukturen auf die Telearbeit übertrugen. Auch die Einsparung von Kapazitäten ließ sich kaum realisieren, da in den meisten Fällen eine jederzeitige Rückkehroption ausgehandelt wurde. Lediglich eine Produktivitätssteigerung und ein Motivationsschub bei den Telearbeitern ließ sich erkennen und oft auch nachweisen.

So hat die Telearbeit aus der Sicht der Arbeitgeber in den bisherigen Mustern wenig gebracht. Zwar meinen sie, daß die Telearbeit als eine Option wichtig sei, daß sie neue Produktivitätsreserven mobilisieren könne und daß sie als Alternative angeboten werden müsse, doch die ursprünglichen und ggf. auch möglichen Erwartungen ließen sich mit dieser Arbeitsform kaum erfüllen.

Statt dessen wurden andere Auslagerungsformen vorgezogen, beispielsweise das Outsourcing, die Auslagerung einzelner Aktivitäten an externe Dienstleister. Im Rahmen dieses Outsourcing kam es aber immer wieder vor, daß die ausgelagerten Aufgaben schließlich doch von Telearbeitern ausgeführt wurden, die aber dann im Auftrag eines Telehauses oder eines anderen Arbeitgebers tätig wurden. Derartige indirekte Telearbeit war aus Sicht der Arbeitgeber weit leichter zu realisieren als in eigener Regie. Im eigenen Betrieb schienen die Risiken hoch und die Erträge gering. Zugleich schienen die Rechtsstrukturen zu unsicher. Hinweise zur betrieblichen Realisierung von Telearbeit in den vorliegenden Ratgebern (siehe dazu beispielsweise Godehardt u.a.1997, 85ff., Kordey & Korte 1996, 78ff., Matthies 1997, 161ff., Wakiel & Oldenburg 1998) geben zu Bedenken, daß der Einführungsprozeß aus Gründen ungeeigneter Rahmenbedingungen vielfältig und umfangreich sei sowie sorgfältig zu planen und durchzuführen sei. Das hat zur Folge, daß Telearbeit nicht nebenbei versucht werden kann, sondern daß sie sorgfältig und professionell entwickelt werden muß. Wegen der bislang geringen Erfahrungen in diesem Einführungsprozeß und wegen nur geringen Angebots an externen Hilfen (siehe dazu beispielsweise Kienbaum Veränderungsberatung 1996) zeigten sich die Arbeitgeber eher zurückhaltend und verzögerten somit - möglicherweise unbewußt - die Einführung.

Schließlich wird deutlich, daß vorwiegend jene Arbeitgeber Telearbeit früh realisierten, die im Ausland bereits positive Erfahrungen gesammelt hatten und die von ihrem Produkt- und Dienstleistungsspektrum her Interesse an einer allgemeinen Telearbeitsverbreitung hatten. Die Beispiele IBM und Telekom beruhen zu einem erheblichen Teil darauf, daß hier Referenzbeispiele aufgebaut werden sollten, die es erleichtern, die eigenen Produkte (bei IBM die PC's und die Vernetzungshard- und -software, bei der Telekom die Telekommunikationsdienste) im Zuge zukünftiger Telearbeitsaktivitäten umfassend zu vermarkten.

Die ganze Hilflosigkeit der Arbeitgeber bei dieser neuen Option wird in Kommentaren deutlich, wie beispielsweise, Telearbeit müsse man „als Incentive sehen ... da das Konzept bei der Rekrutierung helfen könne. Manche Mitarbeiter erwarten diese Flexibilität heute einfach von ihrer Firma." (Rieker 1995, 209).

Gewerkschaften

Im Sinne des Ampelmodells: *Grüne Herausforderungen* - jederzeitige kompromißlose Realisierung (Beispiel Umweltschutz), *Gelbe Herausforderungen* - darüber muß intensiv verhandelt werden (Beispiel Überstunden), *Rote Herausforderungen* - die Gewerkschaften sind grundsätzlich dagegen, Verhandlungen werden nicht geführt; gehörte die Telearbeit lange Zeit zu den Roten Herausforderungen. So wurde die Entwicklung der Telearbeit massiv durch die hinhaltende Taktik der Gewerkschaften und Betriebsräte behindert. Sie wollten nicht leichtfertig die stabilen Strukturen der Betriebsverfassung und der Mitbestimmung aufgeben.

Erst als das Modell der Außerbetrieblichen Arbeitsplätze gefunden war, gab es etwas Bewegung. Doch hier konzentrierte sich die Bereitschaft zur Zustimmung nur auf Details der Gestaltung und des Arbeitsortes, nicht aber auf die vertraglichen Bedingungen.

Die Gewerkschaften sind aber weiterhin mißtrauisch und vorsichtig. Eine breite Einführung der Telearbeit halten sie nicht für akzeptabel, auch wenn einige Gewerkschaften, insbesondere die IG Medien, Gewerkschaft Handel, Banken und Versicherungen (HBV) und die Deutsche Postgewerkschaft (DPG) mittlerweile aufgewacht sind und im Rahmen des OnForTe-Projekts einen Dialog begonnen haben. Die Positionen aber haben sich kaum verändert: „Wer also meint, die neuen Arbeitsformen für eine tiefgreifende Deregulierung der Arbeitsverhältnisse benutzen zu können, schafft ein innovationsfeindliches Klima. Er sorgt darüber hinaus dafür, daß ArbeitnehmerInnen ihre noch vorhandene Aufgeschlossenheit gegenüber der Telearbeit verlieren.“ (Online Forum Telearbeit 1997,5).

Prinzipiell ist der Status quo der Außerbetrieblichen Arbeitsstätten als Kompromiß geeignet, die Bedenken der Gewerkschaften zu zerstreuen. Dennoch gibt es von dieser Seite weitere Entwicklungsbarrieren.

Politik

Die Politik hat die Telearbeit eher positiv bewertet. Aktuelle Verlautbarungen sowohl der Europapolitik, der Politik der Bundesregierung und der der Länder stehen - aus der Sicht der Wirtschaftsressorts und der Raumordnungsressorts - der Telearbeit sehr positiv gegenüber, da sie hoffen, daß mit der Telearbeit Wachstum und Beschäftigung generiert werden könne. „Telearbeit: Chancen für neue Arbeitsformen, mehr Beschäftigung, flexible Arbeitszeiten“ so heißt eine Broschüre von BMWi und BMA (ca 1996), in der als Ziel der Bundesregierung formuliert wird: „Ihr Ziel ist es, die in unserer Gesellschaft und in der Wirtschaft rasch wachsende Zustimmung zur Telearbeit zu unterstützen und zu nutzen - zum Vorteil von Beschäftigten und Dienststellen, aber auch zur Ermunterung für viele Unternehmen, die vielfältigen Vorteile der Telearbeit auszuschöpfen.“ (S. 3).

Durch die öffentliche Hand angeregte und finanzierte Modellversuche bezogen sich überwiegend auf Mischformen der Telearbeit wie Telearbeitszentren, die bevorzugt als Förderobjekte der Raumordnungspolitik im Anlauf und zum Teil auch im laufenden Betrieb subventioniert worden sind.

Daneben gibt es aber auch bei den Politikern erhebliche Bedenken, da insbesondere die selbständige Telearbeit dem Sozialsystem schaden könnte und die rechtlichen Strukturen möglicherweise ungeklärt bleiben. Hemmnisse für die Entwicklung der Telearbeit liegen von Seiten der Politik möglicherweise dort, wo klare Regelungen unterbleiben und die Betroffenen alleingelassen werden.

In alter Skepsis könnte durchaus zutreffen, daß die große Euphorie der Politik bezüglich der Telearbeit die planenden Unternehmer und Innovatoren mißtrauisch gemacht hat. Im Sinne der Aussage, daß Innovationsförderung Innovationen eher verhindere als fördere (Staudt & Emmerich 1987), könnte die Politik mit diesen Stellungnahmen die Realisierung von Telearbeit eher verzögert als gefördert haben.

Betroffene

Die Diskrepanz der ersten Wünsche der Betroffenen mit den zuletzt ausgehandelten realisierbaren Strukturen der vertraglich eingerichteten Telearbeit sind augenfällig und beruhen möglicherweise auf der Komplexität und Differenziertheit unseres Arbeitsvertragssystems und auf der anfänglichen Naivität der Interessenten. In der Betrachtung des Normalbetriebs eines Telearbeitsverhältnisses sind die Strukturen sicherlich recht einfach und gut zu überblicken. Kompliziert wird es, wenn Grenz- und Störfälle geregelt werden müssen und dabei deutlich wird, welche umfangreichen Aufgaben die Arbeitgeber im Normalarbeitsverhältnis übernehmen und abdecken. Dann merken die Betroffenen, daß sie mit offenen Arbeitsformen - auch im Rahmen der Telearbeit - auf viele Leistungen des Arbeitgebers verzichten müßten und bekommen dann eine größere Distanz zur offenen Telearbeit.

Die Akzeptanz der Telearbeiter kann nur dann wachsen, wenn die betroffenen Erwerbstätigen sicher sein können, daß zwischen den Partnern ein Gleichgewicht aufrechterhalten werden kann, aufgrund dessen keiner der Partner den andern erdrückt. So bleibt ein gesundes Mißtrauen bei den Betroffenen, die auf der Basis solider Arbeitnehmerrechte nicht freiwillig bereit sind, in ungeklärte und möglicherweise unsichere Arbeitsverhältnisse umzusteigen.

Dennoch ist die Einführung der Telearbeit noch nie daran gescheitert, daß nicht genügend Interessenten für diese Arbeitsform hätten gefunden werden können. In allen bekannten Telearbeitsmodellen gab es immer genug Interessenten, die sich auf das „Abenteuer“ Telearbeit eingelassen haben. Hier könnte es erst dann Probleme geben, wenn die Telearbeit weitaus breiter realisiert und möglicherweise erzwungen werden sollte.

Aus allen diesen Haltungen wird klar, daß diese geschilderten meist gegenläufigen Ziele nicht mit Telearbeit und mit ihr allein wirklich erreicht werden können. Die zu diesem Zweck nötigen Kompromisse haben die klaren Konturen der Telearbeit zerstört (s.o.) und haben sie so verfremdet, daß sie keine klaren Strukturen mehr zeigen kann. Nur in Sonderfällen und -formen wie den Außerbetrieblichen Arbeitsstätten zeigt sie sich in stabiler, wirtschaftlicher und gesellschaftsverträglicher Form, die dann aber den potentiellen Möglichkeiten nicht gerecht werden kann.

7.1.3 Veränderungen des Umfeldes

Die Akteure sind in den letzten 20 Jahren immer davon ausgegangen, daß als Rückzugsoption die traditionelle betriebliche Beschäftigung weiter zur Verfügung steht und zugänglich bleibt. Telearbeit war lediglich ein zunächst unverbindliches Experiment zur Erhöhung der persönlichen Freizügigkeit, beim Scheitern wartete der angestammte betriebliche Arbeitsplatz als Rückzugsoption. Das ist heute ganz anders: Im Umfeld der Erwerbsarbeit und auf dem Arbeitsmarkt haben sich gravierende Veränderungen ergeben. Weggebrochene Arbeitsplätze können heute nicht mehr revitalisiert werden. Telearbeit ist ein Experiment, bei dem ein Rückweg kaum noch möglich ist.

Während die Industriegesellschaft zerbrach, wurde versucht, die Telearbeit, die doch gerade für eine nachindustrielle Gesellschaft gestaltet werden müßte, in alte Muster abhängiger Erwerbsarbeit hineinzuzwingen. Damit mußte sie ihre Besonderheit, ihre Dynamik und im Grunde auch ihre Wertschätzung verlieren.

Daß diese Entwicklung nicht in voller Schärfe wahrgenommen wurde, lag daran, daß die hohe Arbeitslosigkeit nicht dazu geführt hat, daß sich für alle Erwerbstätigen die Bedingungen auf dem Arbeitsmarkt und in der Beschäftigung verschlechtert haben, sondern sie hat eine Segmentierung ausgelöst, in der die Alteingesessenen weiterhin ihre Besitzstände erhalten, Neueinsteiger sie aber nicht mehr erwerben konnten.

So gab es im öffentlichen Dienst das Closed-Shop-Prinzip: Die bereits Beschäftigten konnten ihre - mittlerweile privilegierten - Arbeitsplätze behalten, während die Neueinsteiger vor verschlossener Tür standen. In der Privatwirtschaft konnten die jungen Berufstätigen ihre Position halten, wärend die Älteren vorzeitig ihre Arbeitsplätze verloren und im Arbeitsmarkt nur noch wenig Chancen hatten. Auch zwischen den Qualifikationsgruppen gab es derartige Polarisierungen wie beispielsweise auch in der regionalen Beschäftigungsstruktur.

Telearbeit kann diese Besitzstände nur bei den Außerbetrieblichen Arbeitsplätzen einlösen. In dieser Sonderform der Telearbeit sind nur - so die empirische Evidenz - bereits langjährig beschäftigten und gewissermaßen privilegierten Mitarbeitern großzügige Angebote zur räumlichen Flexibilisierung ihres Arbeitsplatzes gemacht worden, mit denen deren Produktivität und Zufriedenheit erhöht werden sollte. Ob sich dies für die Unternehmen wirklich ausgezahlt hat, ist derzeit noch nicht endgültig abzuschätzen. Oft waren es auch nur singuläre Fälle, bei denen ein bestimmtes Know-How weitergenutzt oder nur das Betriebsklima verbessert werden sollte. Neue Mitarbeiter wurden für diese Arbeitsplätze nicht eingestellt. Höchstens in Telearbeitszentren sind Mitarbeiter neu eingestellt worden, doch dies erfolgte in den allermeisten Fällen aufgrund spezieller Regionalförderprogramme, wenn nicht ohnehin schon Mittel der Arbeitsförderung in Anspruch genommen wurden. Ein Sonderfall sind Maßnahmen aktiver Arbeitsmarktpolitik, in denen in Schulungskursen Arbeitslose zu Telearbeitern umgeschult werden. Sie lernen dort speziell den Umgang mit der relevanten Computer- und Telekommunikationstechnik, einige inhaltliche Qualifikationselemente aus dem Sekretariatswesen und aus Multimedia, und sollen nach der Maßnahme dann als Telearbeiter tätig werden. Diese Vorstellung ist naiv, möglicherweise gegründet auf den Erfolgen, die bei der Förderung von Existenzgründern aus der Arbeitslosigkeit heraus gemacht wurden.

Neue Arbeitsplätze, möglicherweise sogar zusätzliche Beschäftigungspotentiale durch das Modell Telearbeit, sind in der - zugegebenermaßen spärlichen - Empirie nicht nachgewiesen worden.

Diese könnten höchstens in neuen Unternehmen aufgetaucht sein, die im Sinne virtueller Unternehmen Zusammenschlüsse von Freiberuflern oder Selbständiger darstellen und - eher zufällig - von verteilten Büros, möglicherweise von ihrer Wohnung aus die Arbeiten leisten. Diese werden aber nur selten als Telearbeiter identifiziert.

Die aktuelle Situation ist weiterhin dadurch geprägt, daß Arbeitgeber heute aufgrund vieler Veränderungen im Umfeld ihrer unternehmerischen Aktivität damit rechnen können, daß sie einem umfangreichen Arbeitsangebot gegenüberstehen, aus dem sie beliebig auswählen können. Sie haben es nicht mehr nötig, langfristig zu disponieren, denn auch kurzfristig bekommen sie für spezifische Aufgaben geeignete Mitarbeiter. Mit Telearbeit hat sich dies möglicherweise noch weiter erleichtert, da sie nun auch auf eine größere Fläche zurückgreifen können. Doch diese Alternative werden sie nur dann nutzen, wenn sie klar strukturiert angeboten wird - evtl. über Dienstleistungsunternehmen -, oder wenn sie deutlich günstiger ist als traditionelle betriebliche Arbeit. Je mehr Menschen auch für betriebliche Arbeit zur Verfügung stehen und je ähnlicher die Kosten und Arbeitsstrukturen bei der Telearbeit werden, umso geringer ist die Motivation bei den Unternehmern, diese Arbeitsform zu nutzen.

Wenn Arbeitgeber heute Mitarbeiter auf Dauer an sich binden wollen, dann bieten sie ihnen auch betriebliche Arbeitsplätze an. Ob dies Mitarbeiter dann zusätzlich gewisse Aufgaben zuhause am Computer erledigen, ist für die Arbeitgeber lediglich eine Zugabe und bedarf keiner besonderen Organisation. Wenn Arbeitgeber ad hoc zusätzliche Kapazität befristet einkaufen wollen, wählen sie die freiberufliche Telearbeit ohne weitere Bindungspflicht. In diesem Fall wird das Modell der außerbetrieblichen Arbeitsstätten nicht genutzt.

Allerdings gibt es aber auch Arbeitsmarktsegmente, in denen Vollbeschäftigung und eine ausgeglichene Arbeitsmarktsituation herrscht, möglicherweise Personalengpässe erkennbar sind, beispielsweise in Computerberufen, in denen Maßnahmen zur Verstärkung des Arbeitskräftepotentials durch neue Formen wie Telearbeit auch in komfortablen Organisationsformen wie den Außerbetrieblichen Arbeitsstätten aus Sicht der Arbeitgeber durchaus Sinn machen.

7.1.4 Polarisierung bei der Telearbeit

So zeigen sich für die drei Varianten unterschiedliche Realisierungschancen:

Aus den geschilderten Gründen heraus konnte sich die Telearbeit eigentlich nur in Form der Außerbetrieblichen Arbeitsstätten ausbreiten. Sie ließe sich als „Soft-Telearbeit“ beschreiben, als eine Sonderregelungen nur für Stammbelegschaften und als Übergangsphänomen. In diesen Außerbetrieblichen Arbeitsstätten wurde versucht, einen Kompromiß in vielerlei Hinsicht aufzubauen, doch sie sind nicht genügend marktbezogen. Bei den realisierten Modellen Außerbetrieblicher Arbeitsstätten waren nur Personen guter Qualifikation und damit überdurchschnittlicher Verhandlungsmacht einbezogen, langjährig Beschäftigte und loyale Mitarbeiter.

Daneben entwickelten sich eher graue Formen der Telearbeit, über die und deren Ausprägungen wir nur wenig wissen. Sie laufen in den unterschiedlichsten Organisationsstrukturen ab, sind möglicherweise international vernetzt, sind eher offen im selbständigen und freiberuflichen Bereich organisiert und sind in Allianzen eingebunden. Nur selten werden sie aktenkundig, meist wird dabei deutlich, daß die Befürchtungen der Gewerkschaften und der Politik durchaus gerechtfertigt sind, denn sie zeigen - gemessen am Normalarbeitsverhältnis - ein gewisses Maß an Ausbeutung.

Im Bereich der Selbständigen und Freiberufler schließlich sind Telearbeitselemente in eigener Souveränität realisiert worden, ohne daß hier von „Heimarbeit" gesprochen werden könnte. Sie verfügen über eine große Verhandlungsmacht und haben einen Status erreicht, in dem sie ihre Interessen selbst vertreten können.

7.1.5 Konsequenzen

Telearbeit hatte mit massiven Problemen zu kämpfen, da sie in die überkommene Arbeitswelt nicht so recht hineinpaßt. Die Gesellschaft ist auf andere Arbeitsformen abgestimmt und damit wirken die altbekannten Innovationsbremsen: Bei den ersten Autos war dies ähnlich. Die Infrastruktur war auf Pferdefuhrwerk, Kutsche und Eisenbahn hin abgestellt mit ihren spezifischen Rahmenbedingungen und Bedürfnissen. Autos „schmuggelten" sich herein, paßten aber nicht zur damaligen Infrastruktur. Benzin gab es nur in der Apotheke, die Hufnägel zerstörten die Reifen, die Verkehrsregeln waren nicht auf hohe Geschwindigkeiten ausgerichtet. So ist es nur verständlich, daß es in England vorübergehend eine Vorschrift gab, daß vor dem Auto ein Mann mit einer roten Fahne gehen mußte.

In dieser Situation befindet sich derzeit die Telearbeit. Sie fährt schon, zeigt auch schon spezifische Leistungen, doch sie paßt nicht in ein detailliertes, kunstvoll abgestimmtes System von industrieorientierten Arbeitsbeziehungen. Aus diesem Grunde konnte sie sich nicht richtig entfalten. Dies lag also vor allem daran, daß sie quer zu den bisherigen Strukturen steht, daß sie nicht unbedingt notwendig erscheint und daß sie offenbar noch eine gewisse Entwicklungszeit benötigt. Möglicherweise ist für eine breite Akzeptanz ein Generationenwechsel nötig.

Möglicherweise hat aber dieses zögerliche Entwicklungstempo nicht geschadet. Es drängt sich manchmal die Vorstellung auf, daß dies nicht unbedingt negativ gewesen sein braucht, denn so konnte gründlich über eine gesellschaftsverträgliche Telearbeit nachgedacht werden. Doch die bisherigen Ergebnisse dieser Vorarbeiten sind dürftig und wenig ermutigend.

7.2 Segmente zukünftiger Telearbeit

Als Antwort auf die derzeit ablaufenden strukturellen Entwicklungen lassen sich für die zukünftige Telearbeit die folgenden Details erkennen. Sie sollen hier ohne weitere Bewertung zur Diskussion gestellt werden. Mit den bisherigen Modellen der Telearbeit werden sie wenig gemein haben:

Telearbeit wird keine dominante eigenständige Arbeitsform sein, die isoliert geleistet wird, sondern sie wird Teilelement bzw. Zusatz zu anderen Tätigkeitsformen sein. Aus diesem Grunde sollte die Frage gestellt werden, welche Tätigkeiten aus dem umfangreichen beruflichen Spektrum sinnvollerweise über Telearbeit und welche in anderen Zusammenhängen geleistet werden sollten.

Der Erwerbsstatus von Telearbeitern wird abhängen von der Relevanz dieser Personen für das Unternehmen. Gehören Telearbeiter zu den Stammbelegschaften, dann werden sie arbeitnehmerähnlich angebunden werden, in allen anderen Fällen werden sie eher freiberuflich oder als Selbständige tätig sein.

Telearbeit wird überwiegend phasenorientiert geplant und verwirklicht. Eine lebenslange Telearbeitskarriere wird es kaum geben. Telearbeit wechselt mit anderen Arbeitsmustern ab.

Die für Telearbeit genutzte häusliche Infrastruktur wird zukünftig im Besitz des Telearbeiters und offen eingebunden sein. Damit besteht die Möglichkeit, diese Infrastruktur auch für andere Aufgaben zu nutzen und auch geringfügige „Hausaufgaben“ zu leisten.

7.2.1 Statusgruppen in der Telearbeit

Zur besseren Zuordnung zukünftiger Telearbeitsformen ist es sinnvoll, drei Statusgruppen in der Erwerbstätigkeit zu unterscheiden:

Kernbelegschaften

Zu den Kernbelegschaften gehören alle Mitarbeiter, die zum Bestand des Unternehmens gehören und die langfristig bei diesem Unternehmen beschäftigt sind. Diese werden auch bei Veränderungen der Aufgaben und Tätigkeiten mitgeführt, werden weiterqualifiziert und solide alimentiert.

Diese Form langfristiger und fester Bindung zwischen Unternehmen und Mitarbeiter ist am deutlichsten definiert in dem Beamtenstatus, in dem gerade diese Langfristigkeit und Stabilität grundsätzlich angelegt ist. Der Dienstherr übernimmt die Pflicht der Alimentierung und des Bestandsschutzes, der Beamte füllt seinen „Dienstposten“ aus, wobei ein Amt Pflichten und Befugnisse definiert, nicht aber formale Bedingungen, wie beispielsweise die konkrete Arbeitszeit und ihre Verteilung. Grundsätzlich können aber Zeit und Ort der Wahrnehmung der Amtspflichten vom Dienstherrn vorgegeben werden.

Aber auch nach den Tarifverträgen sind mittlerweile derartige stabile Arbeitsverhältnisse auch für Angestellte und Arbeiter definiert. Dies nicht nur im öffentlichen Dienst, sondern auch in der Privatwirtschaft. Auch hier steht im Zentrum die Kernbelegschaft, also eine Gruppe von stabil und langfristig beschäftigten Mitarbeiterinnen und Mitarbeitern.

Randbelegschaften

In der letzten Zeit sind die Unternehmen nicht mehr bereit, allen Mitarbeitern den Status von Kernbelegschaften zuzuweisen, sondern sie streben an, eine zusätzliche Flexibilität durch Sonderformen der Beschäftigung zu verwirklichen, sodaß sie sowohl kurzfristige Arbeitsspitzen als auch Zeiten der Unterauslastung leichter bewältigen können. Randbelegschaften lassen sich derzeit in legaler Form über die geringfügige Beschäftigung, über Arbeitskräfte-Leasing (Arbeitnehmerüberlassung) und über befristete Beschäftigung rekrutieren und einbinden. Unterscheidungskriterium zu den Kernbelegschaften ist, daß es sich hier nicht um eine langfristige Bindung handeln soll und daß der Arbeitgeber nicht die üblichen Fürsorgepflichten dem Arbeitnehmer gegenüber übernehmen will.

Selbständige und Freiberufler

In vielen Berufen ist es üblich, die jeweiligen Arbeitsaufgaben selbständig abzuwikkeln. Hier handelt es sich um Freiberufler bzw. Selbständige, die entweder allein oder zusammen mit Partnern bzw. Hilfskräften die anstehenden Aufgaben angehen. Sie haben keinen Arbeitgeber, der Beschäftigungsgarantien bietet, sondern sind für die Absicherung und Stabilität ihrer Existenz selbst verantwortlich. Sie können durchaus langfristige Bindungen zu einzelnen Auftraggebern haben, die Regel ist es aber, daß sie ein größeres Spektrum von wechselnden Auftraggebern haben und daß dieses Spektrum offen bleibt.

Telearbeit wird für diese drei Gruppen in sehr unterschiedlichen Anteilen realisiert (Abbildung 12).

7.2.2 Telearbeit für Kernbelegschaften

Bei Telearbeit für Kernbelegschaften dominiert derzeit der Status der „Außerbetrieblichen Arbeitsstätten", denn hier geht es darum, Teile einer langfristigen und stabilen Erwerbstätigkeit außerbetrieblich zu erbringen. Die Mitarbeiter haben die Möglichkeit, geeignete Aufgaben zuhause oder an dritten Orten zu leisten, sie behalten aber ihren Status als abhängige Arbeitnehmer. Sie werden aber nur einen Teil ihrer Arbeitszeit außerhalb des Betriebes verbringen, Präsenzzeiten sind weiterhin von Bedeutung. Auch werden diese Kernbelegschaften ihre individuellen Arbeitsplätze behalten und werden alleine entscheiden können, welche Aufgaben sie wo leisten. Der zeitliche Anteil der Telearbeit wird bei dieser Personengruppe schwanken. Es könnte sein, daß er nach anfänglicher Euphorie wieder zurückgeht und daß es zukünftig ein Privileg sein könnte, im Betrieb an einem festen Arbeitsplatz arbeiten zu dürfen.

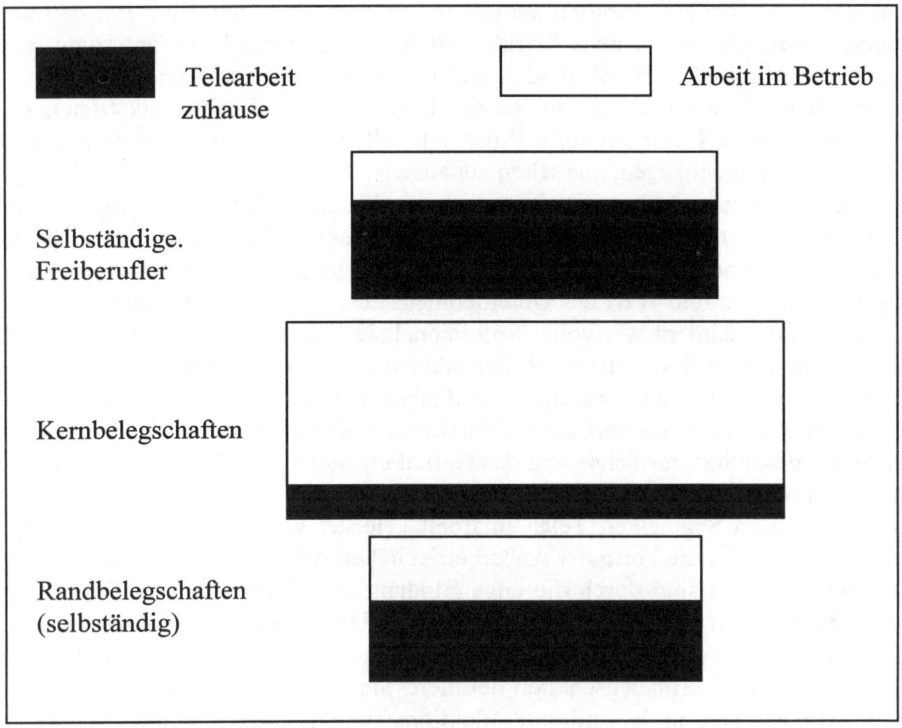

Abbildung 12: Telearbeitsanteile nach Statusgruppen bei Informationsberufen

Bei dieser Gruppe wird es auch nicht nötig sein, spezielle und weitreichende Verträge zu schließen. Teleheimarbeit ist für diese Gruppe eine Form von Hausaufgaben, deren Ableistungsort und -zeit ganz im Belieben der Mitarbeiter steht. Denn die Kernbelegschaften genießen einen hohen Vertrauensvorschuß des Unternehmens, so daß sie auch nicht um die Anerkennung von Arbeitszeiten, die sie zuhause geleistet haben, kämpfen müssen. Die Infrastruktur des häuslichen Arbeitsplatzes wird bei diesen Kernbelegschaften im Besitz der Mitarbeiter sein, die Unternehmen haben höchstens die Beschaffung gesponsort.

Kernbelegschaften werden also zukünftig Teleheimarbeit leisten, doch nur als Zusatz und mit nebensächlicher Bedeutung ohne großen Regelungsbedarf. Normalfall wird die Beschäftigung in der Betriebsstätte sein, denn nur so sind die Synergien zu realisieren und die gemeinschaftliche Aufgabenbewältigung insbesondere im Planungs- Entwicklungs- und Managementbereich zu schaffen. Möglicherweise sind zukünftig Kernbelegschaften dadurch definiert, daß sie - und nur sie - über einen festen Arbeitsplatz im Unternehmen verfügen und überwiegend dort auch tätig sind.

Innerhalb dieser Kernbelegschaften ließen sich noch zwei Gruppen unterscheiden:

- Einerseits gibt es Mitarbeiter mit einer starken Unternehmenszentrierung, die mit sehr globalen Aufgabenzuordnungen im Sinne eines „Joker"-Prinzips versehen sind: Die Mitarbeiter werden langfristig dem Unternehmen verbunden sein und eine hohe berufliche Flexibilität garantieren müssen, da unterstellt wird, daß die Unternehmen schnell auf neue Märkte und Aufgaben durch Umorientierung reagieren. Eine breite Basisqualifikation und umfangreiche extrafunktionale Qualifikationselemente werden nur am Rande durch aktuelle Fachqualifikationen ergänzt. Sie werden Telearbeit nur in Ausnahmefällen leisten, eher unterwegs und in anderen Zusammenhängen, nur selten zuhause.
- Andererseits gibt es Mitarbeiter mit einer spezifischen Fachzentrierung, die - in einer Zeit, in der die anderen Ressourcen des Unternehmens, wie Grundstücke, Gebäude und Produktionsmittel bzw. Infrastruktur gemietet oder geleast sind - den eigentlichen Kern und Wert des Unternehmens ausmachen. Hier existiert eine hohe, unternehmensintern wertvolle Professionalisierung. Diese Mitarbeiter werden die Teleheimarbeit dazu nutzen, Hintergrundarbeit wie die eigene Weiterbildung, projektbezogene Arbeiten und andere Aufgaben abzuwickeln, zu denen eine hohe Konzentration und Ungestörtheit erforderlich ist. Dabei entstehen dann auch die hohen Produktivitätszuwächse und das Gefühl eigener Gestaltbarkeit, die Lebensqualität erhöhen.

Wenn in diesen Segmenten Teleheimarbeit geleistet wird, dann wird in beiden Teilsegmenten immer die Form der Außerbetrieblichen Arbeitsstätten genutzt.

Kernbelegschaften sind durch die enge Bindung ans Unternehmen definiert und sind kontinuierlich in einem Treueverhältnis an das Unternehmen gebunden, egal, ob alle Arbeitselemente oder nur Teile im außerhäusigen Bereich geleistet werden. So sind schließlich die Kernbelegschaften definiert. Sie bilden den Nukleus des Unternehmens in einer Zeit, in der andere Produktionsfaktoren nicht unbedingt im Besitz des Unternehmens liegen müssen. Das Know-How der Kernbelegschaft, ergänzt durch eine besondere Loyalität, definiert zukünftig das Unternehmen in seiner unverwechselbaren Identität.

Aber nur in diesem Segment wird diese Organisationsform der Außerbetrieblichen Arbeitsstätten auf Dauer Bestand haben. Die Zugehörigkeit zu diesen Stamm- oder Kernbelegschaften entscheidet über diese Einbindung. In diesen Fällen werden auch zusätzliche Erwerbsaktivitäten kaum relevant sein, denn die Arbeitgeber werden bemüht sein, ihre Stammbelegschaften voll und umfassend in den Unternehmensablauf einzubinden und auszulasten. Teleheimarbeit kann hier dazu dienen, die Arbeitsleistung noch auszuweiten und weitere Zeiten, wie Pendelzeiten, für die Arbeit zu nut

7.2.3 Telearbeit für Randbelegschaften

Randbelegschaften sind hier definiert als jene, die für das Unternehmen nicht so wichtig sind und die nur fallweise hinzugezogen werden, wenn der Aufgabendruck zunimmt und die Kapazität der Kernbelegschaft für die Abwicklung nicht ausreicht. Die Selektion der Randbelegschaft ergibt sich zudem daraus, daß diese Personen auf dem Arbeitsmarkt in genügender Zahl und Qualität zur Verfügung stehen, so daß sie in auftragsschwachen Zeiten nicht gehalten werden müssen.

Dies läßt sich am besten in offenen Strukturen umsetzen.

Telearbeit ist ein Instrument, diese Randbelegschaften einzusetzen, ohne Infrastruktur und Kontinuität bieten zu müssen. Das, was früher als „verlängerte Werkbank“ oder als Heimarbeit im klassischen Sinne existierte, das findet sich heute in der Telearbeit für Randbelegschaften wieder. Die meisten frühen Telearbeitsversuche stammten aus diesem Randbereich: Schreib- und Satzarbeiten, einfache Dienstleistungen, Fakturierung; es waren typische Aufgaben, die leicht ausgelagert werden konnten und für die keine besonderen Rahmenbedingungen notwendig sind. Diese können heute aber auch an Dienstleistungsunternehmen ausgelagert werden.

Die Organisations- und Statusprobleme dieser Telearbeit für Randbelegschaften sind erheblich. Hier werden sich Modelle entwickeln, die zunächst die Grundsätze der Außerbetrieblichen Arbeitsstätten einhalten, bei denen aber nicht alle Garantien geboten werden: Es wird keinen individuellen Arbeitsplatz im Unternehmen geben, eine Rückkehr auf betriebliche Arbeitsplätze wird ausgeschlossen werden, die Kontinuität der Telearbeit wird grundsätzlich nicht angelegt sein. Im weiteren Verlauf können diese Modelle dann in die Selbständigkeit führen.

Diese Telearbeiter werden also nur befristet für einzelne Arbeitgeber tätig sein und möglicherweise auch parallel verschiedenen Auftraggebern zuarbeiten. Bei dieser Gruppe liegt die besondere Brisanz der Telearbeit: Ohne solide Regelungen, eine soziale Absicherung und Schutz durch Gesetze, Verträge und möglicherweise eine staatliche Aufsicht besteht die Gefahr der Ausbeutung. Scheinselbständigkeit könnte um sich greifen und den sozialen Frieden zerstören. Allerdings sollten die Regelungen behutsam angepaßt werden, um nicht alle Wege in die echte Selbständigkeit abzubrechen.

7.2.4 Telearbeit für Freiberufler und Selbständige

Im Unterschied zu den Randbelegschaften, die normalerweise nicht in der Lage sind, eigene Märkte zu finden und die eher „abhängig“ beschäftigt werden, gibt es die Selbständigen, die sich ihre Arbeitsaufgaben und -formen selbst gestalten. Bei diesen „oberen Randbelegschaften“ ist demgegenüber langfristig von selbständiger Tätigkeit auszugehen. Hier handelt es sich um souveräne Spezialisten, die auf dem Markt knappe Qualifikationen anbieten, oder die besondere Leistungen erbringen, bei denen die Kostenfrage sekundär ist. Hier werden lediglich Arbeitsergebnisse kontrahiert, während die Loyalität zum Auftraggeber nicht die Bedeutung haben dürfte. Diese Gruppe wird an Bedeutung zunehmen und wird Teleheimarbeit nach eigenen Vorstellungen als Arbeitsform nutzen.

Für sie ist mittlerweile die Telearbeit eine neue Arbeitsform, mit der sie ihr Umfeld erweitern und evtl. aufbessern können. Mit der Computerkopplung können sie tiefer in betriebliche Informationssysteme eintauchen und Aufgaben übernehmen, die zuvor nur von Kernbelegschaften geleistet werden konnten.

Allerdings bedeutet diese Informationskopplung, daß der Grad der Selbständigkeit zurückgeht, denn der Auftraggeber hat jetzt die Möglichkeit, die Arbeitsvollzüge in ihren einzelnen Schritten zu beobachten und möglicherweise zu kontrollieren.

Bei diesen Selbständigen im oberen Segment zeigt sich eine besondere Beruflichkeit höchster Spezialisierung. Sie wird sich noch weiter ausdifferenzieren. Offene Arbeitsstrukturen, Netzwerke, virtuelle Unternehmen und Telearbeit werden hier zur Normalität. Die Betroffenen müssen die Verantwortung für ihre Erwerbstätigkeit weitgehend selbst übernehmen, beispielsweise auch ihre eigene Weiterqualifizierung. Auch Ältere haben in diesen offenen Arbeitsstrukturen dann ihre Chance, wenn sie unverwechselbare Fachqualifikationen anbieten und die nötige Flexibilität aufbringen. Eine Altersgrenze wird es für sie nicht geben, sie werden bis ins hohe Alter tätig sein (Beispiele: Architekten mit internationalem Renommée, Dirigenten etc.)

In dieser Gruppe gibt es keine besonderen Gestaltungsbedürfnisse. Lediglich ein stabiles Rahmenwerk gesetzlicher Normen sollte die Planungssicherheit garantieren, ohne die Gestaltungskreativität einzuschränken.

7.2.5 Telearbeit und Segmentierung

Telearbeit begleitet den Prozeß der Segmentierung, löst ihn aber nicht aus. Sie macht aber die Entwicklungen deutlicher. Telearbeit hat in den einzelnen Statusgruppen unterschiedliche Qualität, die Folge der persönlichen Fähigkeiten und Ziele und insbesondere der jeweiligen Verhandlungsmacht ist. Aus dieser Überlegung heraus zeigt die jeweilige Telearbeitsform auch diese unterlagerten Strukturen.

Telearbeit wird sich langfristig diesen Marktbedingungen anpassen müssen. Heute ist sie quantitativ noch so wenig bedeutsam, daß es noch nicht zu derartigen Aushandlungsprozessen gekommen ist. Sie deuten sich aber bereits an und werden dazu führen, daß - je nach der Bedarfslage und den anzubietenden Arbeitsfähigkeiten - diese Segmentierung speziell in der Telearbeit deutlich erkennbar werden wird. Betriebliche Strukturen haben oft diese Marktbedingungen überlagert, die Kontinuität der Eingliederung und die durch rigide Vorgaben und individuelle Vereinbarungen fixierten betrieblichen Rahmenbedingungen zeigen längere Nachwirkungen, wie sie in den Außerbetrieblichen Arbeitsstätten sehr deutlich werden.

Erst wenn Telearbeit offen auf dem Markt ausgehandelt wird, ohne daß vormalige Betriebszugehörigkeiten oder andere Regelungen prägen, werden sich die spezifischen Bedingungen zeigen.

7.2.6 Mischformen

Diese drei abgegrenzten Telearbeitstypen - Hausaufgaben bei Kernbelegschaften, Heimarbeit bei Randbelegschaften, engere Einbindung Selbständiger durch Telearbeit - lassen sich durchaus mischen:

So sind spezielle Dienstleistungsunternehmen denkbar, die sich zwischen die Randbelegschaften und deren Auftraggeber schieben und die einerseits die jeweilige

Organisation übernehmen, andererseits den Telearbeitern einen Mindestschutz gewähren. Dieses Modell, aus der Arbeitnehmerüberlassung her vertraut, ist ähnlich auch bei den Telearbeitszentren zu finden. Dies ließe sich weiter ausbauen.

Beispielsweise sind virtuelle Unternehmen entstanden, die zunächst aus einer offenen Kooperation von unabhängig tätigen Spezialisten und Moderatoren bestanden, und die im Laufe ihrer Expansion festgestellt haben, daß größere und verantwortungsvollere Projekte nur dann zufriedenstellend abgewickelt werden können, wenn die Leistungsträger fest in das Unternehmen eingebunden sind. Diese Einbindung muß nicht räumlich definiert sein, denn gerade die räumliche Dispersion hat den virtuellen Unternehmen ihren Konkurrenzvorteil verschafft. Aber das vertragliche Muster eines abhängigen Arbeitsverhältnisses im Sinne der Außerbetrieblichen Arbeitsplätze ist hier eine ideale Form der persönlichen Bindung des Zuarbeiters und der Garantiegewährung durch das Unternehmen.

Bei den Mitarbeitern, die nicht zur Kernbelegschaft gehören, werden langfristig die in der Zentrale angebotenen persönlichen Arbeitsplätze aus Rentabilitätsgründen verschwinden. Pool-Lösungen werden dominant, bei denen betriebliche Arbeitsplätze nur noch in dem Maße vorgehalten werden, in dem real betrieblich gearbeitet wird. Diese Infrastrukturen können durchaus auch von Dritten bereitgestellt werden, beispielsweise normale Arbeitsplätze in mietbaren Telearbeitszentren, Besprechungsräume in Hotels, Lagerräume bei Speditionen und Sekretariatsunterstützung durch Dienstleistungsbüros. Die erkennbare Tendenz in diesen Auflösungsphasen dürfte dahin gehen, daß die Teleheimarbeit ein erhebliches Gewicht erhält.

Einfache Arbeitsaufgaben können durch Telearbeit nur dann realisiert werden, wenn die Telearbeit kostenmäßig gleich oder billiger als betriebsgebundene Arbeit ist. Dies ist heute nur dann zu erwarten, wenn die Arbeitskosten in dem Maße reduziert werden, wie die Kommunikationskosten zunehmen, und wenn die Arbeitsplatzausstattung vom Telearbeiter eingebracht wird und wenn eine jederzeitige Rückkehr in die Zentrale ausgeschlossen wird, um nicht wenig genutzte Infrastrukturkapazitäten bei den Arbeitgebern zu erzwingen.

7.2.7 Phasenorientierung der Telearbeit

Wegen des dominanten Modells der Tätigkeit in einer Kernbelegschaft ist das individuelle Interesse für derartige offene Arbeitsformen in ihrer ausschließlichen Form nur auf besondere Lebensphasen beschränkt. Im Grundmuster eines Erwerbslebens wird diese Arbeitsform in wechselnder Intensität gewünscht, in Phasen der Unabkömmlichkeit als ausschließliche Teleheimarbeit, in anderen Phasen aber als erwerbsbegleitende Normalität.

So kann Telearbeit - wie auch andere offene Arbeitsformen - beim Einstieg in die Erwerbstätigkeit, beim gleitenden Ausstieg, für besondere Familienphasen mit Betreuungsaufgaben, bei Arbeitsplatzwechsel mit verzögerter Verlegung des örtlichen Lebenszentrums (möglicherweise durch Probezeit oder Befristung bestimmt) ein großes Interesse erfahren, doch die meisten Menschen streben ein Einmünden in traditionelle örtlich und zeitlich bestimmte und unternehmensnahe Arbeitsplätze an -

zumindest heute. Denn das Ziel einer Aufnahme in Stamm- und Kernbelegschaften mit ihren heute noch erkennbaren Privilegien bleibt weiterhin relevant. Da Telearbeit kein Normalmuster von Erwerbsarbeit für Kernbelegschaften ist, hat sie allein aus diesem Grunde noch keinen autonomen Stellenwert.

Die Außerbetrieblichen Arbeitsstätten für Kernbelegschaften sind in dieser Hinsicht nicht für den Einstieg, sondern lediglich für besondere Zwischenphasen angelegt, nachdem der Einstieg bereits früher auf einen Normalarbeitsplatz erfolgt war.

Allerdings ist durchaus denkbar, daß Telearbeit im Status von Randbelegschaften zunächst als Interimslösung und Vorleistung für die Aufnahme in eine Kernbelegschaft angetreten wird. Es kann aber sein, daß ein Umstieg in diese traditionellen und stabilen Tätigkeits- und Arbeitsmuster später nicht mehr gelingt, weil die Zusagen nicht eingelöst werden oder sich in der Zwischenzeit keine entsprechenden Möglichkeiten mehr geboten haben. So wird aus einem Notbehelf für besondere Lebenssituationen ungewollt ein dominantes Muster, und in diesem Sinne wird die Telearbeit bei jenen Personen auch kein besonders positives Image erhalten, die erleben mußten, daß der Zugang in die Kernbelegschaften nicht gelungen ist.

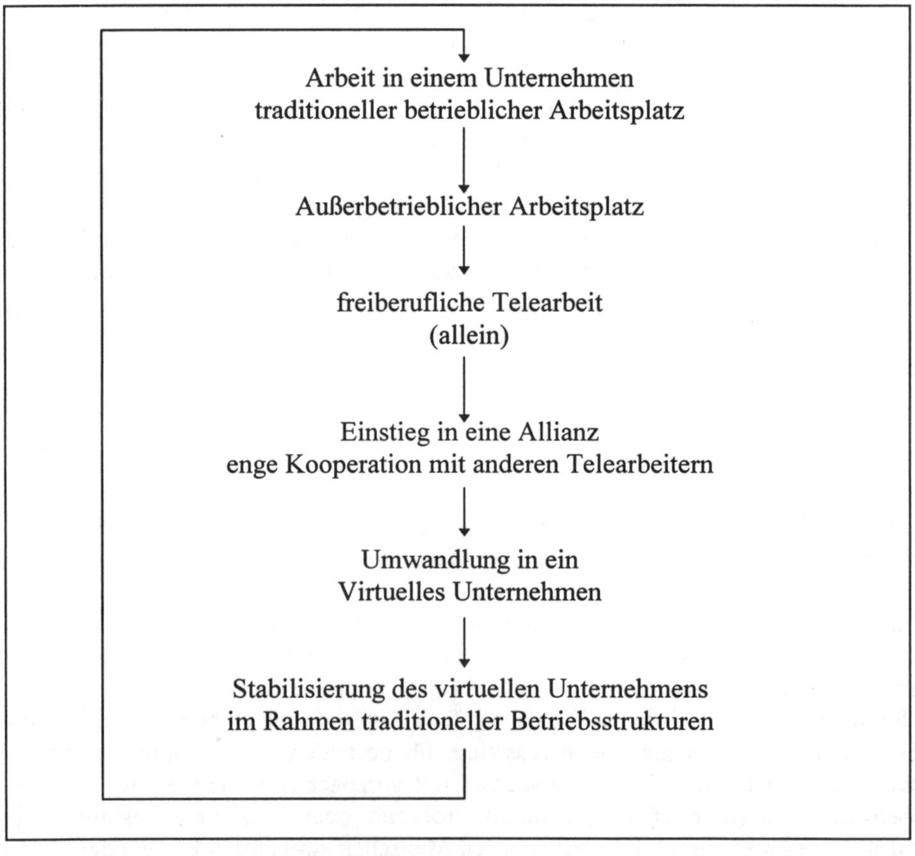

Abbildung 13: Telearbeit im Statuskreislauf

7.2.8 Dauerhaftigkeit der Telearbeit

Die Dauerhaftigkeit der Telearbeit läßt sich über zwei Aspekte beschreiben. Einerseits müssen die Telearbeiter / die Telearbeiterinnen auch Interesse an einer längerfristigen Telearbeit haben, andererseits. müssen die Aufgaben stabil sein, die in Telearbeit geleistet werden,

Bezogen auf den Bedarf nach Telearbeit bei den Erwerbstätigen gibt es vergleichsweise klare Aussagen. Telearbeit wird von den meisten Menschen nicht als eine Dauererscheinung gewünscht, sondern eher als vorübergehendes Phänomen konzipiert.

So ist es ein häufig berichtetes Beispiel, das die Telearbeitsdiskussion schon seit Jahren begleitet, daß wegen Babyurlaub Mitarbeiter(innen) gerne mithilfe von Telearbeit eine eingeschänkte Tätigkeit weiterführen möchten, die dann in jenen Zeiten erfolgen soll, in denen sie durch die Betreuungsaufgaben nicht zu sehr in Anspruch genommen werden oder in denen der Partner/die Partnerin die Betreuungsaufgaben übernehmen kann. Mitarbeiter(innen) hoffen dadurch, den Kontakt mit dem Betrieb aufrechterhalten zu können und insbesondere fachlich nicht abgehängt zu werden, Arbeitgeber können weiterhin auf die Leistungen eingearbeiteter Mitarbeiter(innen) zurückgreifen. Beide Partner erklären aber übereinstimmend, daß dies lediglich für eine begrenzte Phase beabsichtigt sei, sobald das Kind oder die Kinder in den Kindergarten gingen oder anderweitig betreut werden könnten, würde wieder eine Tätigkeit im Betrieb angestrebt.

Auch gibt es Hinweise, daß Telearbeit für die Übergangszeit in den Ruhestand konzipiert wird, in dem dann noch jene Aufgaben abgewickelt werden, die keine so intensive Betriebsbindung erfordern. Das kann die Archivierung von Unterlagen sein oder die Restabwicklung von Aufträgen, die von diesem Mitarbeiter / dieser Mitarbeiterin seinerzeit bearbeitet wurden. Möglicherweise werden jetzt bei der Umstellung von Software auf den Jahresübergang zum Jahr 2000, zu der frühere Mitarbeiter reaktiviert werden, ähnliche Arbeitsformen für diesen überschaubaren Zeitraum zugrundegelegt.

Bezogen auf die Arbeitsaufgaben ist ebenfalls eine Dynamik der Telearbeit denkbar, indem die Modifizierung, die nötig war, um diese an Telearbeit anzupassen, dann weiter in Rationalisierungsmodelle einmündet, die diese Aufgaben dann endgültig automatisieren. Eine besondere Kette könnte auch in die Selbstbedienung führen.

In diesem Sinne folgt auch die Telearbeit einem Phänomen, das wir aus anderen Entwicklungen der Innovationsprozesse kennen: Neue Techniken oder Verfahren führen zunächst zu eigenen Arbeitsaufgaben und Arbeitsplätzen, da in der Frühzeit die Geräte und Abwicklungsmuster eine gewisse Konzentration auf diese Innovationen und eine Spezialisierung erfordern. Im Zuge der Weiterentwicklung und weiteren Verbreitung werden dann diese Techniken oder Verfahren zum Allgemeingut, werden in die traditionellen Berufe (zurück-)-integriert und dann nicht mehr als besonderes Phänomen abgegrenzt. Es gibt aus der historischen Entwicklung eine Fülle von derartigen Beispielen, z.B. Kopierer zunächst als eigener Arbeitsplatz mit Bedienungskraft, heute Arbeitsmittel in Selbstbedienung, oder das Schreiben von Texten, früher durch Schreibkräfte an der Schreibmaschine, heute durch die Sachbearbeiter selbst am Computer, oder das Telefonieren, früher durch Telefonzentrale vermittelt, heute durch Selbstwahl und Anrufbeantworter realisiert. Aktuell ist es faszinierend, daß sich beispielsweise die Telefonauskunft von der personellen Dienstleistung, die sich außerordentlich gut in Telearbeit umsetzen läßt, zu einer Datenbankabfrage im Internet verschiebt, mit der eine weitgehende Ablösung der Telearbeit wieder möglich wird. Es handelt sich hier um einen sehr charakteristischen Verlauf, der immer wieder von der Innovationsforschung beschrieben wird (Beispiel Telefonauskunft):

1. Stufe

Mit einer neuen Technik werden erst die Arbeitsmittel komfortabler gestaltet. Alle Telefonbücher sind nun in der Datenbank zugänglich. Die Arbeit selbst erfolgt am alten Ort in gleicher Art.

2. Stufe

Die Arbeitsvollzüge werden regional flexibel, wenn die Anrufe auf beliebige Orte umgeleitet werden können, um die vorhandenen Kapazitäten besser auszulasten.

3. Stufe

Damit wird auch Telearbeit möglich, wenn diese Umleitung und der Datenbankzugriff in den Haushalt des Telearbeiters/ der Telearbeiterin verschoben wird.

4. Stufe

Die Kunden erhalten Zugang zur Datenbank über globale Informationssysteme (Internet) und suchen sich ihre Informationen selbst. Dabei haben sie evtl. auch zusätzliche Komfortmerkmale, beispielsweise besondere Suchroutinen.

5. Stufe

Damit lassen sich - wie das auch bei anderen Selbstbedienungssystemen zu erkennen ist - Information mit Werbung verbinden, sodaß die Selbstbedienung nicht nur eine frühere Dienstleistung substituiert, sondern auch das Produkt („Auskunftserteilung") verändert, möglicherweise anreichert.

Dieses Beispiel soll zeigen, daß die Telearbeit aus der Sicht der Arbeitsaufgaben oft nur ein Zwischenglied in einer langen Innovationskette darstellt und nach einer Übergangsphase wieder obsolet wird (Abbildung 14).

Genauso ist auch ein Rückweg in traditionelle Arbeitsformen denkbar und möglich. Allein schon durch den Zusammenschluß mehrerer Telearbeiter in ein gemeinsames Unternehmen kann hier auch zu einer Aufgabe der isolierten Arbeitsabwicklung führen. Möglicherweise ergeben sich daraus spezielle Lebensmuster, die je nach Grad der häuslichen Unabkömmlichkeit zwischen den traditionellen betriebsgebundenen Arbeitsformen und der Telearbeit wechseln (siehe dazu Abbildung 13).

Es ist heute sehr umstritten, ob es in Zukunft eine kontinuierliche Telearbeit geben könnte, oder ob sie nur als Übergangsphänomen einzuordnen ist.

7.2.9 Die zukünftige Telearbeit

Telearbeit begleitet die Entwicklung weg von der Lohngesellschaft in eine wieder „werkbezogene" Struktur, in der die Rolle der Organisatoren und Moderatoren nicht mehr verknüpft ist mit gleichzeitiger Macht und Verantwortung. Abhängige Erwerbsarbeit wird ihren zentralen Stellenwert verlieren und eine neue Rolle erhalten (Abbildung 15).

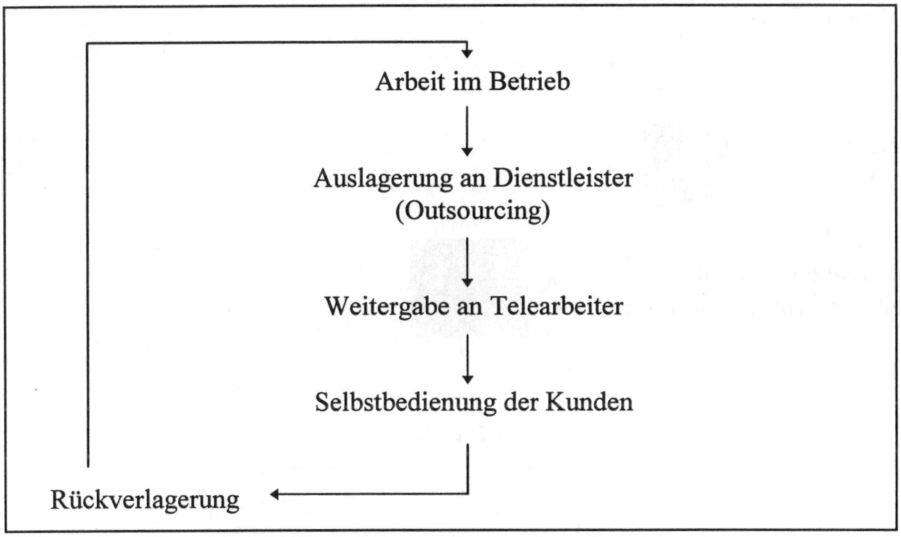

Abbildung 14: Telearbeit in der Auftragsverlagerungskette

Dabei werden virtuelle Strukturen, die in Informationssystemen definiert und dokumentiert sind, dominant werden. Gleichzeitig werden aber die überkommenen Formen nicht verschwinden. Es wird sich ein breites Spektrum unterschiedlichster Organisationsformen herausbilden, in denen Telearbeit als Option und Teilelement eine spezielle Position einnehmen wird. Diese Telearbeit wird aber nur bei Kernbelegschaften im Rahmen abhängiger Arbeitsverhältnisse organisiert werden.

Für alle anderen wird die selbständige Teleheimarbeit zukünftig die dominante und überwiegend angewandte Form der Telearbeit werden. Alle anderen Formen werden demgegenüber in den Hintergrund treten. Der Status der Selbständigkeit bleibt erhalten bzw. entsteht neu, die Verantwortung für die eigene Tätigkeit, für Absicherung und Akquisition übernimmt der Telearbeiter / die Telearbeiterin. Durch die Telekommunikation entstehen neue Kooperationsmöglichkeiten unter Selbständigen bis hin zum virtuellen Unternehmen. Dienstleister übernehmen langfristig die Koordinierungs- und Absicherungsaufgaben, die bisher die Arbeitgeber geleistet haben.

Selbständige Teleheimarbeit bedarf aber zusätzlicher gesetzlicher und vertraglicher Regelungen, insbesondere wenn sie sich ausweitet und auch in Märkten Fuß fassen soll, in denen keine exklusiven Image- und Einkommensstrukturen herrschen und die noch wenig geregelt sind.

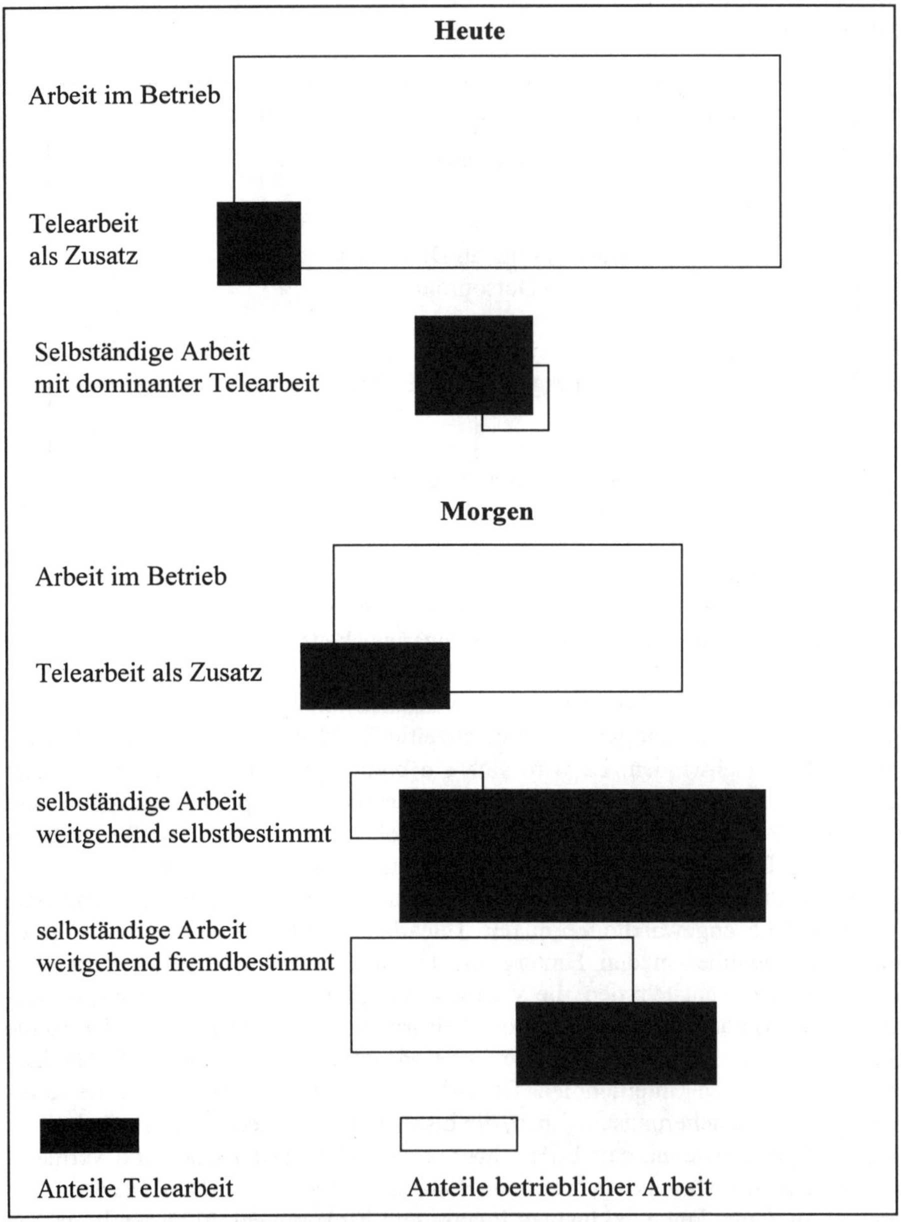

Abbildung 15: Wachstum der selbständigen Arbeit durch Telearbeit

7.3 Leitplanken für die Telearbeit

Die Absicherung der Erwerbsarbeit übernimmt bei den Stammbelegschaften auch für die Außerbetrieblichen Arbeitsstätten weiterhin der Arbeitgeber. Die Selbständigen und Freiberufler, insbesondere die weitgehend selbstbestimmt arbeiten, übernehmen diese Aufgaben selbst. Sie haben dazu einen ausreichenden Rückhalt und sind in der Lage, diese Absicherung auch zu finanzieren. Nur für die als Selbständige eher fremdbestimmt Tätigen, die nicht über eine hohe Verhandlungsmacht im Markt verfügen und die Gefahr laufen, eingezwängt und ausgebeutet zu werden, sind „Leitplanken" erforderlich. Sie sollen schützen, ohne einzuschränken. Diese Leitplanken sollen im folgenden umrissen werden.

Für Telearbeitsaufgaben wird es spezielle Märkte geben müssen. Dies sind keine Arbeitsmärkte, sondern Auftragsmärkte. Sie werden über Informationssysteme abgewickelt werden. Spezielle Dienstleister werden als Makler tätig werden.

Telearbeit wird sich Wirtschaftlichkeitskriterien unterwerfen müssen, sie wird marktorientiert gestaltet werden. Rechtliche Bedingungen abhängiger Arbeit sowie die überkommene soziale Absicherung werden sich über Telearbeit nicht begründen lassen. Hierfür müssen Sonderformen entwickelt werden.

Die Interessenvertretung für Telearbeit wird sich noch entwickeln und ausdifferenzieren müssen. Welche Institutionen schließlich diese Aufgaben übernimmt, ist derzeit noch nicht zu erkennen.

Die Akzeptanz der Telearbeit wird gespalten bleiben. Sicherlich wird sie einerseits von der jeweiligen Beschäftigungslage, andererseits von der Zugehörigkeit zu sozialen Gruppen, insbesondere aber auch von dem Alter abhängen.

7.3.1 Regelung der Märkte

Telearbeit bedarf eines Marktes für die Zuweisung von Aufgaben und als Platz, auf dem Angebot und Nachfrage aufeinandertreffen. Wenn es um Arbeit geht, handelt es sich um einen Arbeitsmarkt, handelt es sich um Produkte oder Dienstleistungen, dann wird dieser Markt anders definiert und abgewickelt.

Im Umfeld der Telearbeit müssen sich derartige Märkte erst bilden. Für die Kernbelegschaften erfolgt die Kontrahierung über den ganz traditionellen Arbeitsmarkt. Die Telearbeiter sind seinerzeit als abhängig Beschäftigte in das Unternehmen eingestellt worden, ohne daß bereits zu dieser Zeit Telearbeit relevant war.

Daneben gibt es innerbetriebliche Aufgabenmärkte, die im Falle der Segmentierung in Telearbeiter und andere Mitarbeiter Arbeitsaufträge zuweisen. Hier muß sich aber erst eine neue Kultur innerhalb der Unternehmen entwickeln: Es muß grundsätzlich entschieden werden, welche Teilarbeiten an die Telearbeiter weitergegeben werden und welche im Unternehmen verbleiben. Dazu gibt es eine Vielzahl von Kriterien, die allerdings nicht immer transparent sind. Die Mitarbeiter mit Telearbeitsanteilen werden selbst versuchen, eine entsprechende Aufgabenmischung zu finden, doch es ist durchaus möglich, daß in der Gesamtverteilung der Aufgaben die

Telearbeiter, insbesondere wenn sie große Zeitanteile daheim verbringen, bei den Verhandlungen um die attraktiven Aufgaben benachteiligt werden. Oft sind vor allem unangenehme und belastende Aufgaben in die Telearbeit abgeschoben worden. Aus diesem Grunde braucht es auch bei den Kernbelegschaften zukünftig transparente Strukturen bei der innerbetrieblichen Aufgabenzuweisung.

Bei selbständiger Telearbeit sind neue Marktstrukturen erforderlich. Hier geht es um Auftragsbörsen, nicht um Arbeitsmärkte. Die Akquisition von Aufträgen ist in Betrieben die Aufgabe von Spezialisten, die einerseits die Märkte kennen, andererseits die Leistungsmöglichkeiten des Betriebes. Selbständige Telearbeiter müssen diese Akquisition selbst übernehmen oder durch Dienstleister erledigen lassen. Hier liegt eine wichtige Aufgabe für die Zukunft der selbständigen Telearbeit: Auftragsbörsen sind erforderlich, die es den Telearbeitern erleichtern, entsprechende Aufträge zu finden und zu bekommen. Es ist in diesem Sinne naheliegend, daß die neue Fachzeitschrift „Teleworx" eine „Börse für Freelancer und Teleworker“ anbietet, in der Aufträge und Projekte vermittelt werden.

Diese Märkte müssen sich erst einspielen und Kriterien finden, nach denen vermittelt werden kann. Telearbeit in selbständiger Form bedarf dieser Märkte und klarer Kriterien, die bei der o.a. Telearbeitsbörse wie folgt definiert sind (Newplan 1997, 64):

Freelancer-Profil
- Persönliche Daten
- Aktuelle Funktion/Position
- Gewünschte Funktion/Position
- Schwerpunkte/Spezialkenntnisse
- Schulbildung/Ausbildung/Studium
- Bisherige Projekte

Projekt-Profil
- Aufgabe

Software-Umgebung (nur bei IT- und Multimedia-Projekten)
- Starttermin
- Laufzeit
- Region

Diese Telearbeitsmärkte müssen sich erst bilden. Sie werden sich überwiegend im Internet abspielen, da dieser „elektronische Marktplatz“ eine konforme Umgebung für derartige Vermittlung darstellt. Möglicherweise muß hier die Transparenz mit administrativen Vorgaben gesichert werden.

Um die Kontrahierung in diesen Auftragsmärkten zu erleichtern, müssen für die Arbeitsabwicklung und die Zielerreichung Qualitätsnormen entwickelt werden, nach denen die Aufträge definiert werden. Es ist dabei eine wesentliche Frage, ob diese Qualitätsnormen eher personenbezogen konstruiert sind, d.h. eine zertifizierte Mindestqualifikation bei dem Bearbeiter erfordern, oder ob die Arbeitsergebnisse selbst einen vorgegebenen Test bestehen müssen.

In diesem Umfeld entstehen auch Bedürfnisse nach korrektem Handeln der Partner jenseits von rechtlichen Normen. Es ist üblich, daß Selbständige durch die Mitgliedschaft in Berufs- oder Fachverbänden signalisieren, daß sie die Normen und die ethischen Grundsätze dieser Gruppe mittragen und daß sie in diesem Sinne verläßliche Partner im Rahmen von Auftragsbeziehungen sind. Die Gründung eines Verbandes VTD, Verband Telearbeit Deutschland (siehe dazu Pesch 1998, 3) signalisiert diese vom Auftragsmarkt her erforderlichen Bedürfnisse. Dies ist nur notwendig bei selbständiger Arbeit, da für die Kernbelegschaften der Arbeitgeber diese Garantien übernimmt.

7.3.2 Honorare bei der Telearbeit

In der selbständigen und freiberuflichen Tätigkeit werden die anfallenden Gesamtkosten oft unterschätzt, da als Maßstab meist die Einkommen aus abhängiger Beschäftigung zugrunde gelegt werden. Die relativ hohen Zusatzkosten, die bei Abhängigen vom Arbeitgeber abgedeckt werden, fallen zu einem erheblichen Teil auch bei diesen offenen Arbeitsverhältnissen an. Aus diesem Grunde ist die Findung angemessener Honorare und der Bezug zur Leistung ausgesprochen schwierig.

Erst wenn diese Honorare eine Höhe erreicht haben, daß sie - nach Abzug aller Kosten - etwa den Gehältern aus abhängiger Arbeit entsprechen, ist diese Form der Telearbeit wirtschaftlich gerechtfertigt.

Aus dem Arbeitsfeld der IT-Freiberufler sind die Sätze und das Spektrum bekannt (siehe dazu Rohr & Partner 1998). Ein durchschnittlicher Stundensatz von 135 DM ohne sonstige Spesen und Umsatzsteuer ist der Mittelwert, die Bandbreite der verlangten Stundensätze reicht von 70 bis 300 DM. Werden diese Werte mit denen aus abhängiger Arbeit verglichen, dann wird deutlich, daß hier wohl keine besonders exklusiven Möglichkeiten bestehen.

Wird ein Auftragsvermittler eingeschaltet - und dies wird in Zukunft die Regel sein - bleiben bei diesem etwa 20 % der Projektsumme.

Insgesamt werden die Unternehmen sehr genau rechnen. Die Honorare für die offen angebundenen Telearbeiter werden sich auf dem gleichen Niveau bewegen wie für eigene Mitarbeiter, Abschläge für erhöhtes Risiko und für die Vermittler führen dann zu einer Deckelung der Honorare für die Telearbeiter, durch die die Telearbeit nicht allzu lukrativ werden kann.

Entscheidend ist auch die Verhandlungsmacht der Telearbeiter. Für anspruchslose Aufgaben werden die Sätze kein allzu hohes Niveau erreichen, weil hier auch Zuarbeit aus Ländern niedrigerer Arbeitskosten möglich ist, während komplexe Aufgaben weiterhin gut honoriert werden. Die bei den Einkommen aus abhängiger Arbeit erkennbaren Nivellierungstendenzen und die zeitliche Stabilität wird es bei freiberuflicher Telearbeit nicht geben. Hier werden sich die Einkommen je nach aktueller Marktsituation eher polarisieren mit allen Folgen für die Betroffenen. Sie werden auch von Projekt zu Projekt neu ausgehandelt und passen sich jeweils der aktuellen Marktlage an. Damit sinkt die Planungssicherheit der Telearbeiter und erzwingt individuelle Risikovorsorge.

7.3.3 Bedürfnisse rechtlicher Einordnung

Trotz aller Vorbehalte vor einem speziellen Telearbeitsrahmengesetz scheint es doch sehr wichtig zu sein, für die offene Telearbeit klare rechtliche Rahmenbedingungen anzubieten. Rechtsunsicherheit gefährdet die Schwachen und unterstützt die Starken. Da allein im Bereich der sauberen Abgrenzung der Werkverträge genügend Unsicherheiten schlummern, wäre es erforderlich, die vertraglichen Rahmenbedingungen offener Telearbeit eindeutig zu regeln und vorzugeben.

Auch in diesem Falle wird die Branche nicht auf speziell qualifizierte Spezialisten verzichten können, die Musterverträge erarbeiten und im individuellen Fall Beratung anbieten. Dann könnten längerfristig ähnlich stabile Normen entwickelt und ihre Einhaltung überwacht werden, wie dies bei der abhängigen Arbeit heute der Fall ist. Offene Telearbeit bedarf ähnlich stabiler rechtlicher Leitplanken wie sie die abhängige Arbeit mittlerweile hat.

Analog zu den Arbeitsgerichten, die für Arbeitnehmer zumindest in der ersten Instanz kaum Eintrittsschwellen zeigen, müßten auch für die Telearbeit eigene rechtliche Institutionen geschaffen werden - vielleicht ähnlich wie die Heimarbeitsausschüsse nach § 4 HAG - die sich um die Streitfälle zwischen Auftraggebern und Telearbeitern kümmern und die der möglicherweise schwächeren Position der Telearbeiter Rechnung tragen.

7.3.4 Soziale Absicherung

Die offene Telearbeit wird vom sozialen Sicherungssystem nicht erfaßt, es sei denn, es greifen die Merkmale der Scheinselbständigkeit und dies führt dann zu einer Statusveränderung in Richtung Außerbetriebliche Arbeitsstätten. Wird unterstellt, daß die Telearbeit in einem breiten Spektrum unterschiedlichster Wohlstandsebenen ausgeübt wird, ist es unerläßlich, eine solide soziale Absicherung anzubieten und möglicherweise auch die Teilnahme an einem derartigen Sicherungssystem zur Pflicht zu machen.

Ein Beispiel in diesem Umfeld stellt die Künstlersozialkasse (siehe dazu die Informationen zur Künstlersozialkasse 1997) dar, in der freiberufliche und selbständige Künstler eine soziale Absicherung finden. Sie wird zur Hälfte von den Versicherten finanziert, die andere Hälfte wird durch die Institutionen des Kulturbereichs und durch die öffentliche Hand aufgebracht. Die Bereitschaft, an einem derartigen Sicherungssystem teilzunehmen, ist außerordentlich groß. Ursprünglich für eine Zahl von etwa 30.000 Künstler in Deutschland konzipiert, werden heute etwa 90.000 Personen in dieser Versicherung betreut.

Für die offene Telearbeit bedarf es ebenfalls eines derartigen Angebots. Die Absicherung könnte freiwillig bleiben, sollte aber eine höhere Stabilität zeigen als dies private Sicherungssysteme zu bieten in der Lage sind. Die Transparenz über die Einkommen aus Telearbeit dürfte dann größer werden, wenn die Aufträge überwiegend über Agenturen vermittelt werden.

Derartige frei zugängliche Sicherungssysteme sollten für zwei Ebenen konzipiert werden: Eine Ebene der Grundsicherung (Krankheit, Alterssicherung), die dann zur Pflicht gemacht werden müßte, und eine Ebene der verbürgten Zusatzsicherung, die Zeiten der Auftragslosigkeit und eine Aufstockung der Mindestalterssicherung zum Gegenstand haben sollte.

Ob diese Angebote sich nur an Telearbeiter richten sollten oder auch an andere Personen ohne weiteren Tätigkeits- oder Berufsnachweis, müßte wohl überlegt werden. Eine zu enge Eingrenzung verbietet sich schon wegen der schwierigen Abgrenzung der Telearbeit und aus den Erfahrungen der Künstlersozialkasse, bei der ebenfalls der Zugang über die Eigenschaft als „Künstler“ begrenzt ist. Die Zahl der Zugangsberechtigten ist dort sehr schwer einzuschränken, da auch die Definition „Künstler“ nicht rigide zu treffen ist. Die soziale Absicherung der „kleinen Selbständigen“ ist kein spezifisches Problem der Telearbeiter, sondern sollte gesamtgesellschaftlich diskutiert und gelöst werden. Die Telearbeiter sind aber darauf angewiesen, daß hier klare und tragfähige Strukturen entstehen. Sonst werden sie wieder in abhängige Arbeitsverhältnisse mit der soliden Absicherung zurückzukehren streben.

Möglicherweise löst sich das Problem auch von der anderen Seite her, daß sich nämlich der Schutz der abhängigen Arbeit reduziert und die Unterschiede zwischen einer allgemein angebotenen Grundsicherung und der über die abhängige sozialversicherte Erwerbstätigkeit verschwimmen.

7.3.5 Interessenvertretung

Die Interessenvertretung bei der Telearbeit ist derzeit noch ungeklärt. In zukünftigen Arbeitsgesellschaften mit einem höheren Anteil an selbständiger Telearbeit wird die Interessenvertretung eine wichtige Rolle spielen. Je vielfältiger die Formen sind, umso relevanter werden Normen und Instanzen, die sich um die Einhaltung von Normen kümmern.

Bei der Telearbeit von Kernbelegschaften, also bei den Außerbetrieblichen Arbeitsplätzen können die Vertretungsstrukturen im Prinzip so weiterlaufen, wie sie derzeit strukturiert sind. Die Betriebs- und Personalräte kümmern sich auch um jene Kollegen, die jeweils Teleheimarbeit durchführen. Sie können sich dazu auch besondere Kompetenzen übertragen lassen. Doch da diese Mitarbeiter zukünftig weiterhin ihren betrieblichen Arbeitsplatz vorfinden, können sie dort ihre Interessenvertretung wahrnehmen und es werden keine besonderen Strukturen für die Interessenvertretung bei gelegentlicher Teleheimarbeit benötigt.

Bei selbständiger Telearbeit ist die Interessenvertretung ungleich schwieriger durchzusetzen und durchzuführen. Zunächst besteht die Basisfrage, welche Interessen überhaupt zur Diskussion stehen und wer bei der Vertretung hilft. Selbständige werden grundsätzlich als souverän und als so leistungsfähig definiert, daß sie ihre Interessen ohne Probleme selbst vertreten könnten.

Als Risiken der Selbständigkeit im Rahmen der Telearbeit geben die Gewerkschaften - gegründet auf ihre Erfahrung in der Interessenvertretung die folgenden an:

- „Selbständigkeit bedingt die Fähigkeit zum selbständigen Denken und Handeln sowie sich selbst zur Arbeit zu motivieren. Dies ist oft schwieriger als eingebunden in Hierarchien Arbeit zugeteilt zu bekommen.
- Aufträge sind nicht immer vorhanden. Unter Umständen sinkt das Einkommen (vorübergehend) auf Null.
- Krankheits- und andere Ausfallzeiten gehen voll zu Lasten der Selbständigen, die auch für ihre Alterssicherung selbst verantwortlich sind. Hier sind Risiken durch Rücklagen oder Privatversicherungen zu decken.
- Als einzelner Selbständiger besteht eine volle Haftung für Geschäfte auch mit dem Privatvermögen.
- Die individuellen und kollektiven Schutznormen des Arbeitsrechts finden keine Anwendung.
- Das Privatleben kann unter dem Beruf leiden. Stichwort: Selbstausbeutung (Üblicherweise arbeiten Selbständige 50 bis 60 Stunden pro Woche)." (Online Forum Telearbeit 1997, 14).

Für die Übernahme der Interessenvertretung für selbständige Telearbeiter stehen bereit: Gewerkschaften, Berufsverbände, Spezielle Telearbeitsverbände, Dienstleister, Versicherungen und andere. Wer die Aufgaben und in welcher Form übernimmt, ist derzeit nicht abzusehen. Es ist naheliegend, daß die Gewerkschaften versuchen werden, eigene Subunternehmen aufzubauen, in denen sie im Sinne einer Dienstleistung den selbständigen Telearbeitern eine Interessenvertretung anbieten.

Eine derartige Interessenvertretung müßte die folgenden Leistungen anbieten bzw. vermitteln:

- Auftragsbörsen
- Rechtsschutz
- Qualifizierung
- Gütesiegel für selbständige Telearbeit und Telearbeiter
- Vertragsberatung
- diverse Versicherungen
- politische Standesvertretung

Diese Hilfestellungen können das Risiko selbständiger Telearbeit kalkulierbarer machen und die Gefahren für die Individuen etwas reduzieren. Sie können auch - im Rahmen der Standesvertretung - dafür sorgen, daß die Akzeptanz für diese Arbeitsform sowohl bei den Auftraggebern als auch bei den betroffenen Telearbeitern steigt.

7.3.6 Gesundheitsschutz

An den betrieblichen Arbeitsplätzen ist mittlerweile ein hoher Standard beim Gesundheitsschutz erreicht. Dieser sollte auf die Telearbeit übertragen werden. Da aber die Telearbeit anderen Regeln folgt als die Arbeit im Betrieb, sind für Telearbeit spezielle Strukturen zu schaffen.

„Damit Sie bei der alltäglichen Arbeit die Möglichkeiten, die Telearbeit Ihnen bietet, nutzen können, sollten Sie insbesondere:

- Ihren häuslichen Telearbeitsplatz angemessen gestalten
- gesundheitsbewußt arbeiten
- rechtzeitig handeln, bevor sich gesundheitliche Beschwerden verfestigen.“

(Ertel u.a.1996, 25 f.).

Die Gefahr gesundheitsgefährdender Arbeitsbedingungen ist insbesondere dann gegeben, wenn vom Auftraggeber hoher Zeit- und Leistungsdruck ausgeübt wird, wenn unrealistische Termine vereinbart worden sind und wenn die Infrastruktur nicht den Normen entspricht. Darüberhinaus können Probleme im häuslichen Umfeld und mangelnde Disziplin bei der Telearbeit zu gravierenden Schädigungen führen. Dies muß den Betroffenen klar sein und es müssen spezielle Hilfen für Telearbeiter in belasteten Situationen aufgebaut werden. So wie der Betriebsarzt und -psychologe im Unternehmen müßte es auch für Telearbeiter spezielle Dienstleister geben, die sich um ihren Gesundheitsschutz kümmern und Fehlentwicklungen früh erkennen und abstellen.

7.3.7 Akzeptanzförderung

Die Akzeptanz für die Telearbeit wird sich in den nächsten Jahren verstärken müssen, um dieser Arbeitsform die ihr gebührende Bedeutung zukommen zu lassen. Vor allem geht es um die Akzeptanz dieser Arbeitsform in der Öffentlichkeit.

Dazu ist Transparenz erforderlich, welche Vor- und Nachteile diese Arbeitsform zeigt. Offenbar lassen sich diese Bewertungen heute recht gut absehen. Die vorliegenden Broschüren der Gewerkschaften (beispielsweise Online Forum Telearbeit 1997) oder der Europäischen Kommission (beispielsweise GD5; vertiefende Untersuchung zum Weißbuch Telearbeit 1995) bieten einen guten Rahmen für die derzeitige Einschätzung des Phänomens, während andere Publikationen wegen ihrer Kritiklosigkeit (siehe dazu BMWi/BMA 1996) wenig Ansätze für eine kritische Auseinandersetzung bieten.

Akzeptanz kann allein durch weitere Verbreitung erreicht werden. So war es auch beim Computer. Seit in den Haushalten vermehrt Computer zu finden sind, ist die öffentliche Meinung dem Computer gegenüber wesentlich konkreter und wirklichkeitsnäher, während zuvor wegen mangelnder Erfahrungen im Umgang mit dem Computer die Vorstellungen über Für und Wider wesentlich mehr auseinanderliefen. Ähnlich dürfte es sich auch bei der Telearbeit entwickeln. Auch hier wird die eigene Betroffenheit oder die in der Umgebung erlebte die Basis für eine konkrete und korrekte Bewertung verbessern helfen.

Ein wesentlicher Aspekt auch für die Akzeptanz ist der Generationenwechsel und das Wegbrechen alternativer betrieblicher Beschäftigungsmöglichkeiten. Wenn Telearbeit zur Normalität wird, dann sind auch die Akzeptanzfragen von anderer Bedeutung, als wenn sie eine exotische selten anzutreffende Alternative bleibt.

Telearbeit ist somit eine Erwerbsarbeitsvariante, die unser überkommenes Erwerbssystem mit Arbeitgebern und Arbeitnehmern in Frage stellt und deutlich macht, daß neue Erwerbsformen - mit und ohne dominante Nutzung von Telekommunikation - überfällig und erforderlich sind. Es wäre zu wünschen, daß die kurze Vorlaufzeit, die uns noch zur Verfügung steht, für eine akzeptable Gestaltung der Telearbeit im engeren Sinne und der offenen Arbeitsformen im weiteren Sinne gut genutzt würde. Akzeptanz für diese neue Arbeitsform wird aber nur dann erzielt werden können, wenn die beschriebenen Leitplanken die erforderliche Stabilität aufweisen.

7.4 Telearbeit in Projektionen

Im Rahmen von Projektionen zukünftiger Erwerbstätigkeit hat Telearbeit derzeit (noch) keinen Stellenwert. Lediglich zur Tätigkeitsentwicklung und zu dem zukünftigen Qualifikationsbedarf gibt es neuere Projektionen, die aber wenig Bezug zu speziellen Telearbeitspotentialen zeigen. Deutlich wird aber dennoch, daß die Trends hin zu „Sekundären" Dienstleistungstätigkeiten und zur Höherqualifizierung eindeutig die Potentiale offener Telearbeit im oberen Statusbereich begünstigen.

7.4.1 Tätigkeitsprojektion

Das Institut für Arbeitsmarkt- und Berufsforschung (IAB) hat immer wieder gemeinsam mit der Prognos AG die Zukunft der Beschäftigung abgeschätzt. Inzwischen liegt von Prognos wieder eine neue Projektion vor, in der der Tätigkeitswandel bis zum Jahr 2010 beschrieben wird (Prognos AG 1988). Diese Projektion muß aber noch ergänzt werden durch eine Sektoralprojektion, die im Herbst 1998 vom IAB im Rahmen der dort laufenden Modellrechnungen entstehen soll. Parallel hat Prognos eine Qualifikationsprojektion erstellt.

Prognos nutzt als Stützzeitraum die Zeit von 1985 bis 1995 (für die neuen Bundesländer von 1991 bis 1995) und gibt Projektionswerte für 2010 an. Dabei werden Deutschland West und Ost, sowie Vollzeit und Teilzeitbeschäftigung unterschieden. Die Beschäftigungstrends werden modifiziert durch externe Einflüsse, die grob gegliedert werden in

- Veränderungen in der Produktionstechnik und -organisation
- Impulse in den Dienstleistungen und die zunehmende Informationsnutzung
- Veränderungen der sozio-ökonomischen Rahmenbedingungen

In einem komplexen Schätzverfahren ergeben sich dann die Beschäftigungsanteile für die Tätigkeiten. Ganz bewußt werden schon seit vielen Jahren nicht die Berufe, sondern die Tätigkeiten betrachtet, weil angenommen wird, daß bei den Tätigkeiten der Wandel deutlicher erkennbar ist als bei den Berufen, die - wie die Berufsforschung immer wieder nachgewiesen hat - durchaus in der Lage sind, neue Inhalte aufzunehmen und alte abzustoßen, ohne daß sich Berufsbezeichnung und Berufszuordnung ändern.

Ergebnis sind Tätigkeitsstrukturen, aus denen hervorgeht, daß der bereits seit längerer Zeit laufende Trend hin zu den sekundären Dienstleistungen weitergeht, allerdings nicht revolutionär, sondern in bewältigbarem Tempo (siehe Tabelle 8).

Natürlich geht die Studie sehr viel differenzierter vor, unterscheidet innerhalb der hier angegebenen Tätigkeiten weitere Teiltätigkeiten und gibt die Veränderungen für insgesamt 37 Sektoren an, dies jeweils für die beiden Gebietsteile und Voll- und Teilzeit. Dies kann hier nicht weiter beschreiben werden. Als dominante Trends bei den weiter differenzierten Tätigkeiten erwähnen die Autoren:

- Bei Hilfstätigkeiten ist die Tendenz uneinheitlich, neben Rückgängen in vielen Hilfstätigkeiten gibt es auch einige, in denen Zuwächse erwartet werden,
- bei Produktionstätigkeiten nehmen die Fachtätigkeiten zu,
- es erfolgt eine Verschiebung von industrieller zu handwerklicher Fertigung,
- Reparieren und Maschinen einrichten/einstellen ist rückläufig,
- Forschungs- und Entwicklungstätigkeiten werden zunehmend wichtiger,
- bei produktionsorientierten Dienstleistungstätigkeiten zeigt sich eine gegenläufige Entwicklung, sowohl Ausweitungen als auch Rückgänge,
- Organisation und Management werden einen starken Bedeutungsgewinn erleben,
- bei personenbezogenen Dienstleistungstätigkeiten sind sowohl Expansion als auch Stagnation erkennbar, insgesamt ist der Trend negativ.

Neben diesen globalen Trends wird auch die Veränderung der persönlichen Arbeitszeit die zukünftige Arbeitslandschaft prägen. Aus der Sicht der Prognostiker sind die verschiedenen Tätigkeiten unterschiedlich „teilzeitanfällig". So sind Tätigkeiten wie

- Maschinen einrichten, einstellen,
- Gewinnen, Herstellen,
- Reparieren,
- Management

wenig teilzeitbezogen. Die Teilzeitquoten in diesen Bereichen sind und bleiben sehr niedrig.

Sehr hoch sind die Teilzeitquoten in

- Handelstätigkeiten
- Bürotätigkeiten
- allgemeinen Diensten
- Betreuen, Beraten, Lehren, Publizieren u.ä.

Zukünftig ist durch den Tätigkeitseffekt damit zu rechnen, daß bei den Handelstätigkeiten und bei Betreuen, Beraten, Lehren u.ä. der Teilzeitanteil deutlich stärker steigen wird als der Vollzeitanteil. Bei den Bürotätigkeiten, insbesondere bei den einfachen Bürotätigkeiten und bei Organisation und Management wird die Bedeutung der Teilzeitarbeit eher abnehmen.

Allerdings sind aus den geschilderten Entwicklungstendenzen nur wenige „Gesetzmäßigkeiten" zu erkennen. Zwar sind grundsätzlich einzelne Tätigkeiten besser als andere für Teilzeitarbeit geeignet, weil z.B. der Komplexitätsgrad der Tätigkeit gering ist, oder die Tätigkeit kein spezifisches Know-How erfordert oder die Ausbildungsintensität gering ist. Jedoch stehen dem teilweise gegenläufige Faktoren gegenüber, wie z.B. die hohen Ausbildungskosten beim Reparieren bei schnellem Technologiewechsel oder das Problem, hohe Maschinenlaufzeiten mit Teilzeit statt mit Vollzeit der Arbeitnehmer zu erreichen. Auch die Nachfrage nach Teilzeit ist in den einzelnen Tätigkeitsbereichen unterschiedlich und prägt die Entwicklung mit.

Tabelle 8: Tätigkeitsprojektion der Prognos AG 1998

Deutschland insgesamt, Vollzeit und Teilzeit, Sektoralstruktur wie 1995

	Ist 1995 %	Projektion 2010 %	Veränderung %
Produktionsorientierte Tätigkeiten	30,7	28,4	- 7,5
Maschinen einrichten/einstellen	7,2	6,9	- 4,2
Gewinnen/Herstellen	16,9	15,4	- 8,9
Reparieren	6,6	6,1	- 7,6
Primäre Dienstleistungen	43,0	42,2	- 1,9
Handelstätigkeiten	11,4	12,5	+ 9,7
Bürotätigkeiten	17,4	17,0	- 2,3
Allgemeine Dienste	14,2	12,7	- 10,6
Sekundäre Dienstleistungen	26,3	29,5	+ 12,2
Forschungs-/Entwicklungstätigkeiten	5,0	5,5	+ 10,0
Organisation und Management	6,7	8,8	+ 31,3
Betreuen, Beraten, Lehren u.ä.	14,6	15,2	+ 4,1

Anteil der Beschäftigten, die überwiegend die angegebenen Tätigkeiten ausführen, an der Gesamtbeschäftigung
Datenquelle: Weidig, I.; Hofer, P.; Wolff, H. 1998

Die Ergebnisse derartiger Rechnungen sollten durchaus vorsichtig interpretiert werden. Deshalb ist hier viel über die Methode berichtet worden, denn es soll ganz deutlich werden: Es ist ein Rechenwerk auf der Basis von Trendberechnungen mit Berücksichtigung von Expertenmeinungen, aus denen eine wahrscheinliche und erwartete Zukunft ermittelt worden ist. Mehr ist es nicht. Die reale Entwicklung kann durchaus anders erfolgen, Wer weiß, welche Störfaktoren in den nächsten Jahren wirken - die deutsche Einigung beispielsweise wurde seinerzeit bei keiner Projektion antizipiert. So sind derartige Projektionen zwar als grobe Orientierung geeignet, für mehr aber nicht.

7.4.2 Qualifikationsprojektion

Parallel zu dieser Tätigkeitsprojektion erfolgte auch eine Projektion der Qualifikationsentwicklung. Sie erfolgte nach den folgenden Hypothesen:

(1) Die vorhandene Qualifikationsstruktur der Erwerbstätigen ist das Resultat des Zusammenwirkens von angebotsseitigen und nachfrageseitigen Faktoren.

(2) Der bedeutendste nachfrageseitige (bedarfsseitige) Faktor ist die ausgeübte Tätigkeit. Welche Tätigkeit an einem Arbeitsplatz auszuführen ist, bestimmt maßgeblich die Zuordnung des Arbeitsplatzes zu einer Qualifikationsebene und damit die bedarfsseitig gegebene Qualifikationsstruktur. Die Tätigkeitsstruktur ihrerseits folgt dem Strukturwandel nach Wirtschaftszweigen und dem technischen Wandel.

(3) Angebotsseitig wird die Qualifikationsstruktur primär von den Entscheidungen der Personen über den Bildungs- und Ausbildungsweg bestimmt, den sie einschlagen wollen und können. Diese Entscheidungen sind ihrerseits stark abhängig von der gegenwärtigen und der künftigen Situation am Arbeitsmarkt, von dem Vorhandensein entsprechender Ausbildungsgänge, der Durchlässigkeit des Bildungssystems und dem Vorliegen der persönlichen Voraussetzungen für den (Aus-)Bildungserfolg. In der Regel wird eine bestimmte Qualifikationsebene bis spätestens zum 30. Lebensjahr erreicht und für das weitere Erwerbsleben beibehalten. Dem Qualifikationsbedarf steht damit ein Qualifikationsangebot gegenüber, das zu erheblichen Teilen auf Entscheidungen beruht, die zeitlich weit zurückliegen und nur in begrenztem Umfang revidiert werden können. Einen Einfluß auf die Qualifikationsstruktur hat unter den beschriebenen Umständen allenfalls der Generationenwechsel am Arbeitsmarkt, d.h. der Saldo aus dem altersbedingten Ausscheiden der älteren Erwerbstätigen und dem Hineinwachsen jüngerer Personen in den Arbeitsmarkt.

(4) Würde jeder Arbeitsplatz entsprechend seinen Qualifikationsanforderungen mit einer entsprechend qualifizierten Person besetzt werden (können), dann wäre die Qualifikationsstruktur vollständig durch die Tätigkeiten erklärt. Dies ist jedoch nicht der Fall. Vielmehr gibt es Hinweise darauf, daß eine nicht kleine Anzahl von Arbeitsplätzen im Hinblick auf die erforderliche Qualifikation „falsch" besetzt ist. In Deutschland handelt es sich dabei ganz überwiegend um Arbeitsplätze, die mit „zu hoch" qualifizierten Personen besetzt sind, in den USA gibt es demgegenüber auch viele Arbeitsplätze, die mit Personen besetzt sind, die für die Tätigkeit eine zu geringe Qualifikation aufweisen.

(5) Bedarfsseitig von Bedeutung für die Entwicklung der Qualifikationsstruktur kann auch die Entwicklung des Verhältnisses von Vollzeit- und Teilzeitbeschäftigung sein. Insbesondere in den vergangenen fünf Jahren hat sich der Anteil der Teilzeitbeschäftigten kräftig erhöht. Sofern Teilzeit-Arbeitsplätze auch bei gleicher Tätigkeit andere Qualifikationserfordernisse aufweisen als Vollzeitarbeitsplätze, entsteht daraus ein eigenständiger Einfluß auf die Qualifikationsstruktur.

Tabelle 9: Projektion der Qualifikationsstruktur 2010

Bildung	Struktur 1995 in %	Struktur 2010 in %	Veränderung in %-Punkten
Hauptschule + ohne Berufsabschluß	13,5	8,4	-5,1
Mittlere Reife + ohne Berufsabschluß	2,1	0,7	-1,4
Hauptschule + Lehre	37,1	24,8	-12,3
Hochschulreife + ohne Berufsabschluß	1,8	2,3	0,5
Mittlere Reife + Lehre	20,7	28,3	7,6
Hauptschule + Fachschule	3,5	4,9	1,4
Hochschulreife + Lehre	5,1	6,5	1,4
Mittlere Reife + Fachschule	3,7	4,8	1,1
Hochschulreife + Fachschule	1,7	2,3	0,6
Fachhochschule	5,3	6,7	1,4
Hochschule	9,4	10,3	0,9

(6) Ebenfalls bedarfsseitig von Bedeutung für die Entwicklung der Qualifikationsstruktur kann die Entwicklung des quantitativen Verhältnisses von männlichen und weiblichen Erwerbstätigen sein. Ganz allgemein geht der Anteil der Arbeitsplätze, die aufgrund ihres Anforderungsprofiles nur mit Männer besetzt werden können, deutlich zurück. Im wesentlichen wird diese Bewegung sicherlich durch eine entsprechende Verschiebung in der Tätigkeitsstruktur abgebildet und ist insofern Gegenstand von Hypothese (2). Es kann aber sein, daß auch innerhalb einzelner Tätigkeiten die Anforderungsprofile sich so verändern, daß die Tätigkeiten häufiger als zuvor auch mit Frauen besetzt werden (können). Wenn Frauen außerdem eine andere Qualifikationsstruktur aufweisen als Männer, kann daraus insgesamt ein Einfluß auf die Qualifikationsstruktur der Erwerbstätigen resultieren.

(7) Das allgemeine Beschäftigungsniveau hat Einfluß auf die Qualifikationsstruktur.

Die Ergebnisse wurden lediglich für den Gebietsstand der alten Bundesrepublik ermittelt, da für die neuen Bundesländer kein genügender Stützzeitraum vorlag. Es erfolgte eine Zuordnung nach drei Schulabschlußniveaus und fünf Berufsausbildungsniveaus.

Die Projektion beruht auf der Schätzung eines ordinalen Probitmodells, bei der die Qualifikationsnomenklatur die abhängige Variable und die folgenden Größen als erklärende Variable genutzt werden:
- der Tätigkeitsstruktur,
- einem Indikator für den Generationenwechsel,
- einem Indikator für ausbildungsinadäquate Beschäftigung,
- der Unterscheidung Vollzeit-/Teilzeittätigkeit,
- dem Geschlecht der Erwerbstätigen,
- Dummyvariablen für die fünf einbezogenen Erhebungsjahre

7.4.3 Folgen für die Telearbeit

Die hier aufgeführten Projektionswerte der Tätigkeitsprojektion zeigen einerseits eine deutliche Zunahme in den informationsbezogenen Dienstleistungsbereichen. Dabei wird deutlich, daß es eher die anspruchsvollen Aufgaben im oberen Segment der Arbeitslandschaft sind, die einen Zuwachs erfahren dürften. Ähnliches gilt auch für die Qualifikationsprojektion, hier nehmen die Arbeitsmöglichkeiten der Personen zu, die über einen höherwertigen Abschluß verfügen.

Dies führt zu der Annahme, daß es vor allem das obere Segment offener Arbeitsformen sein dürfte, bei dem Beschäftigungszuwächse zu erwarten sind, während im Bereich einfacher Bürotätigkeiten die Beschäftigung stagniert oder abnimmt. Hier besteht die Gefahr, daß im unteren Segment fremdbestimmter Telearbeit die Konkurrenz zunimmt und die Verhandlungsmöglichkeiten für die Betroffenen eher abnehmen. Ähnliches gilt auch bei der Interpretation der Qualifikationsentwicklung.

Aus diesen Gründen könnte sich die Telearbeit polarisiert entwickeln. Die Notwendigkeit stabiler Leitplanken wird durch diese Projektionsergebnisse unterstrichen. Eine Verhinderung oder ein Einzwängen in überkommene betriebliche Strukturen dürfte bei diesen Tätigkeits- und Qualifikationstrends nicht angemessen sein.

7.5 Szenarien zukünftiger Erwerbsstrukturen

Zukünftige Strukturen lassen sich nicht nur in quantifizierten Projektionen, sondern auch in Zukunftsbeschreibungen, den sogenannten Szenarien, entwickeln. Hier sollen zwei gegenläufige Szenarien für die zukünftige Lebens- und Arbeitswelt aufgeführt werden.

7.5.1 Positivszenario

Das Positivszenario basiert auf konservativen Tendenzen, einer stabilen Beschäftigung und einer sozialen Absicherung bei zugleich steigender Flexibilität.

Internationalisierung

Weltwirtschaft: Die Rahmenbedingungen bleiben stabil, die internationale Arbeitsteilung nimmt zu. Globale Vernetzung funktioniert weiterhin, das Internet wird leistungsfähiger und sicherer. Die Geldmärkte sind stabil, Dollar, Euro und Yen werden aneinander gekoppelt. Die Warenmärkte sind weitgehend unbehelligt, der Transport von Gütern nimmt trotz oder möglicherweise wegen IT massiv zu, seine Kosten sinken weiter. Arbeitskräftewanderungen sind zwar möglich, werden aber, weil die Arbeits- und Lebensverhältnisse sich angleichen, kaum realisiert. Für die Fachleute im oberen Segment bieten sich international Beschäftigungschancen in freiberuflicher Telearbeit. Die Wanderung von Personen ohne besonderes Know-How wird gebremst, um nicht soziale Probleme auszulösen. Die EU-Regionalpolitik zielt auf eine gleichmäßige Verteilung von Chancen und Wohlstand ab. Die Sozialsysteme werden angeglichen und erleichtern die Mobilität.

Arbeit

Die Arbeit wird weiterhin als Erwerbsarbeit organisiert. Allerdings verbreitert sich der Arbeitsbegriff: Neben der abhängigen Erwerbsarbeit gewinnt die freiberufliche und selbständige Arbeit an Gewicht, insbesondere wird die gesellschaftliche unbezahlte Arbeit stärker anerkannt und sozial abgesichert. Ein wesentlicher Teil der vorhandenen Stammbelegschaften wird gehalten, ein Einstieg in Dauerbeschäftigung ist durchaus möglich, die Normalbiografie der Arbeitnehmer wandelt sich nur marginal. Offene Arbeitsformen werden freiwillig aufgenommen, die Menschen werden aber nicht in sie hineingedrängt mangels anderer Angebote.

Unternehmen

Die Unternehmen behalten eine mittlere Größe: Kleine Unternehmen wachsen bis zu einer bestimmten Größe, große Unternehmen spalten sich auf. Dennoch wird es weiterhin eine strukturelle Vielfalt der Unternehmen geben. Quer zu den Unternehmen werden sehr viele Dienstleistungen angeboten, die heutige Unternehmensabteilungen substituieren: F+E-Abteilungen werden durch Forschungsinstitute ersetzt, PR-Abteilungen durch Agenturen, IT-Abteilungen durch Softwarehäuser im Rahmen des Outsourcing u.v.a.m. Dennoch bleiben spezifische Aufgaben in den Unternehmen angesiedelt, die eher produkt- und dienstleistungsbezogen definiert sind. Unternehmenskultur und -geschichte erhalten einen hohen Stellenwert. Die Unternehmen versuchen sich langfristig zu orientieren und ihr Know-How in einer Stammbelegschaft zu halten. Diese Stammbelegschaft wird sorgfältig ausgewählt und jeweils an die neuen Aufgaben angepaßt, sie wird stark an das Unternehmen gebunden durch unternehmensinterne und -externe CI-Strukturen. Die Mitarbeiter sind bereit, ihr Arbeitsvolumen an die aktuelle Auslastung anzupassen und ihr Einkommen wird erheblich über Mitarbeiterbeteiligung und Gewinnanteile bestimmt.

Beschäftigungsziele der Erwerbstätigen

Die Menschen suchen weiterhin stabile Beschäftigungsformen und es ist ihr großes Ziel, in eine Stammbelegschaft aufgenommen zu werden. Dort integrieren sie sich stark, versuchen, ihre volle Arbeitskraft einzubringen und sich anzupassen. Dann haben sie - soweit das Unternehmen Bestand hat - eine langfristige Perspektive. Die Stabilität der Unternehmen wird auch dadurch erhöht, daß in problematischen Situationen die Mitarbeiter dazu beitragen, neue Wege aus den Schwierigkeiten zu finden und die Wiedergesundung durch besonderes Engagement und möglicherweise befristeten Verzicht mitzutragen. Die betriebliche Interessenvertretung ist auf betriebsinterne Aufgaben und Handlungen begrenzt. Eine Kopplung an externe Organisationen (Gewerkschaften) gibt es für die Stammbelegschaften kaum. Arbeitszeiten werden weiter flexibilisiert, sodaß auch Stammbelegschaften vielfältige Lebensarbeitszeitmuster realisieren können.

Daneben wird es eine Gruppe von Menschen geben, denen es nicht gelungen ist, in diese Stammbelegschaften aufgenommen zu werden. Sie erhalten die Möglichkeit, zu Personalleasing-Unternehmen zu gehen, dort beschäftigt zu werden und dann an die Unternehmen ausgeliehen zu werden, die gerade Personal benötigen. Dort werden es aber eher Hilfsaufgaben geringen Anforderungsgrades sein, die sie übernehmen. Möglicherweise haben sie die Chance, dann von den ausleihenden Unternehmen in die Stammbelegschaft der Ausleiher überzuwechseln. In Zeiten der Nichtausleihe werden diese Menschen qualifiziert und/oder mit gesellschaftlich notwendigen Arbeiten betraut, sind also nicht arbeitslos. Möglicherweise werden sie von subventionierten Telearbeitszentren aufgenommen. Ein befristeter Ausstieg aus der Erwerbsarbeit ist möglich, wird sozial abgesichert und gesellschaftlich anerkannt.

Als dritte Gruppe sind die Freelancer zu erkennen, die freiberuflich in eigener Initiative ihre Beratungs- und Werkleistungen anbieten und die sich einen speziellen Markt für Fach- und Beratungsleistungen aufgebaut haben. Telearbeit ist eine ständige Arbeitsform, die zur Verbreiterung der beruflichen Basis genutzt wird, auch die Weiterqualifizierung erfolgt durch Telelernen. Sie gehen häufig Allianzen ein und sind global tätig. Über Zertifikate und nachgewiesene Leistungen finden sie ihre Kunden, mit denen sie individuelle Verträge aushandeln. Eine freiwillige Teilnahme am System der sozialen Sicherung ist bei entsprechender Beitragszahlung möglich.

Um die Integration der Menschen ohne Dauerbeschäftigung zu erleichtern, erfolgen subventionierte Arbeitsangbote, in denen entweder Erwerbsarbeit oder unbezahlte Arbeit angeboten wird. Diese tritt durchaus in Konkurrenz zu den Angeboten der Unternehmen und der Freelancer, sie unterscheidet sich aber in der Praxis vor allem durch den stärkeren Gesellschaftsbezug und durch eine mindere Honorierung. Damit ist weiterhin ein Anreiz zur marktorientierten Tätigkeit bzw. zur Einbindung in die Stammbelegschaften gegeben. Eine Subventionierung in Form von Lohnkostenzuschüssen kann sich direkt an Individuen richten, die im Markt Schwierigkeiten haben, wie Ältere oder Personen minderer Qualifikationen, aber auch an Unternehmen, die gesellschaftlich erforderliche und anderweitig nicht angebotene Leistungen garantieren und dies nur mit Subventionen finanzieren können.

Soziale Sicherung

Insgesamt gesehen werden alle Gruppen mindestens von einer Basissicherung abgedeckt, die auf Sozialhilfeniveau liegt und die über Steuermittel und/oder Beiträge finanziert wird. Die Basissicherung umfaßt die Sicherung in Krankheitsfällen, im Alter und für Lebensphasen, in denen eine Erwerbsarbeit nicht möglich oder zumutbar ist. Es wird versucht, alle Einkommensbezieher zur Beitragszahlung heranzuziehen, unabhängig von ihrem Erwerbsstatus.

Der Staat garantiert in diesem System die Beschäftigungs- und Existenzstabilität. Er wird von gesellschaftlichen Gruppen kontrolliert. Informationen über seine Aktivitäten sind breit verfügbar und erlauben es Einzelnen und Gruppen, sich an der Planung und Gestaltung der Strukturen zu beteiligen. Auswüchse und Fehlentwicklungen werden einerseits durch politische Gremien, andererseits durch gesetzliche und vertragliche Barrieren verhindert bzw. abgemildert.

Rolle der Informationstechnik

Alle diese Strukturen sind informationstechnisch miteinander vernetzt. Telearbeit ist in allen Fällen - auch für die Stammbelegschaften - möglich und denkbar, wenn die Arbeitsaufgabe dies zuläßt. Datenschutz ist so stabil, daß auch sensiblere Aufgaben über das Netz abgewickelt werden können. Virtuelle Unternehmen können durchaus mit Stammbelegschaften arbeiten, Unternehmenskooperationen sind häufig und die Regel, insbesondere wenn es um größere Aufträge bzw. Objekte geht. Räumlich sind die Strukturen je nach Anforderungen bemessen, es gibt Unternehmen räumlicher Aufteilung wie auch große Agglomerationen, in denen verschiedenste Unternehmen unter einem Dach oder in enger Nachbarschaft tätig sind.

Arbeit und Freizeit werden integrativ verwoben und erlauben eine selbstbestimmte Allokation in großer Flexibilität. Im Rahmen der Telearbeit sind eher die abgesicherten Strukturen dominant, so die außerbetrieblichen Arbeitstätten. Die Umgehung sozialer Normen, wie Scheinselbständigkeit und ungeschützte Arbeitsverhältnisse, wird verhindert. Soziale Netzwerke greifen sowohl in der Arbeitswelt als auch in der Freizeit. Vielfältige Gruppierungen, über Netze und auf persönlicher Ebene, helfen bei der Integration auch randständiger Gruppen.

Die IT-Infrastruktur wird gemeinsam genutzt, so ist es zulässig, den Dienst-Computer auch für private Informationsbeziehungen zu nutzen. Die räumliche und zeitliche Allokation erfolgt zunehmend nach privaten Wünschen, lediglich bei den Stammbelegschaften wird Wert darauf gelegt, daß die Mitarbeiter in der Nähe des Unternehmens leben und ihre Arbeitskraft vollständig und je nach dem aktuellen Kapazitätsbedarf einbringen.

Freelancer suchen sich ihren Standort nach beliebigen Vorstellungen, die Leasing-Personen können ihren Standort beibehalten oder neu einrichten, müssen aber bereit sein, für zeitlich begrenzte Arbeitseinsätze zeitweise entfernt vom Wohnort tätig zu werden. Die räumliche Mobilität nimmt deshalb zu, immer aber wird genau überlegt, ob nicht eine Telearbeitsform in der Lage ist, die Belastungen durch die Mobilitätsanforderungen herunterzuschrauben. Heute noch vorhandene Standortnachteile werden durch mobile Arbeitsformen - wahlweise Arbeit in der Zentrale, beim Kunden, zuhause und unterwegs - kompensiert.

Insgesamt gesehen gibt es bei einer steigenden inhaltlichen Flexibilität und Innovativität eine weiterhin stabile soziale Absicherung für die Einzelnen bei einem begrenzten Anpassungsdruck. Der Umstieg von einer Gruppe in die andere wird abgefedert. Telearbeit erhält eine hohe Akzeptanz, weil sie keine besonderen Risiken aufweist.

7.5.2 Negativszenario

In diesem Szenario bricht das tradierte System gesellschaftlicher Solidarität zusammen und dies führt zu individuellen Überlebensstrategien, die es dem Einzelnen erlauben, in einer chaotischen Welt zu überleben. Diese Welt ist geprägt von Segmentierungen, die dazu führen, daß auch widersprüchliche Strukturen nebeneinander existieren können, was aber nur bei rigiden Abschottungen möglich ist.

Diese Abschottung ist sowohl räumlich als auch in Informationsnetzen erkennbar. Zur Erhöhung der Sicherheit in den Netzen und in der Lebenswelt gibt es nur geschlossene Gruppen, sowohl was die Wohnumgebung, die Firmenareale als auch die Informationsnetze anbetrifft.

Der Zugang in die Wirtschaftswelt erfolgt durch die Signalisierung von Anpassungsbereitschaft und durch eine bewiesene Loyalität. Dann wird - je nach Ausgangsposition - der Zugang in die abgeschotteten Bereiche ermöglicht. Auf der anderen Seite erfolgt eine Abschiebung in ungeschütze Bereiche, in denen zwar das Überleben gerade so garantiert wird, aber nur auf einem sehr niedrigen Niveau.

Die Organisationsmuster vor dem Hintergrund der Informationstechnik bestehen darin, Inseln hoher Leistungsfähigkeit aufzubauen und zu gestalten, die in sich abgeschottet sind und in denen Technik und Wirtschaftsaktivität auf hohem Niveau laufen. Untereinander sind diese Inseln global vernetzt. Ein Zugang in diese Inseln ist nur möglich nach deatillierten Kontrollen. Von dort aus wird die Weltwirtschaft gesteuert. Nach außen hin liefern diese Inseln Produkte und über das Netz vermittelte Dienste, so beispielsweise Know-How und F+E-Information.

Außerhalb dieser Inseln leben Menschen, die zwar Informationen abrufen können, die aber nicht in der Lage sind, Inhalte und Tendenzen dieser Informationen zu beeinflussen. Im Sinne von „Brot und Spiele" werden ihnen Lebensmuster vorgegeben, bei denen sie kaum noch Gestaltungsmöglichkeiten haben. Sie genießen eine Grundversorgung, und können sich in kleinen Gruppen ebenfalls erwerbswirtschaftlich organisieren, doch sie haben nicht die Möglichkeit, eher anspruchsvolle und weitreichende Ziele zu erreichen. Sie sind die „Heloten" einer Ständegesellschaft. Eigenarbeit und Selbstversorgung prägen diese Gruppe. Der Abstand zwischen dem maximal Erreichbaren (in den Inseln erkennbar) und dem konkret Möglichen wird immer größer.

Ein destruktives Potential entsteht vor allem dann, wenn der Zugang in diese Inseln gesucht wird und nicht erreicht werden kann. Auch besondere Qualifikation oder Anpassungsbereitschaft muß sich in diesem Sinne nicht als erfolgreich herausstellen.

Es gibt zwar immer wieder Beispiele derartiger Karrieren, sie werden aber mit besonderer Anpassung bezahlt und sind möglicherweise nur vorübergehend tragfähig.

Von den Inseln her ist es aber wichtig, die Absatzmärkte in der Fläche aufrechtzuerhalten. Dies geschieht durch die Auslagerung einfacher Aufgaben in die Fläche mit rigider Kontrolle und Vorgabe, damit auch Kaufkraft in der Fläche entsteht. Weiterhin muß die Fläche befriedet werden. Dies geschieht durch militärische Einsätze, die durch leistungsfähige Informationstechnik erleichtert werden. Eine Hegemonie entsteht, in der die Strukturen stabilisiert werden sollen.

Im Laufe der Zeit verlieren die Inselbewohner ihre besonderen Fähigkeiten, dann werden Besitz und Herkunft eine zunehmende Rolle spielen, Feudalstrukturen leben wieder auf. Noch lange bleiben sie abgeschottet. Möglicherweise zerbrechen einzelne dieser Inseln und neue entstehen, die von den anderen Inseln akzeptiert und in ihre Informations- und Austauschbeziehungen aufgenommen werden. Weltweit werden aber nicht mehr als 10 % der Bevölkerung in diesen Inseln leben.

Wissen über die aktuelle Informationsverarbeitung bleibt auf die Inseln monopolisiert. Dort stehen die Geräte, dort ist die Information zugänglich. In der Fläche ist nur Abruf möglich und Konsum. Dadurch wird der Herrschaftsanspruch gefestigt. Der Schutz der Infrastruktur wird rigide überwacht, es gibt wenig Möglichkeiten, die Geräte bzw. Verbindungen zu stören. Das bedarf es eines Überwachungsstaates, der Rebellion bereits in den Anfängen unterdrückt.

Erwerbsarbeit ist in den Inseln von besonderer Bedeutung, in der Fläche spielt sie nur eine geringe Rolle. Die Tätigkeit der in der Fläche lebenden Menschen beruht auf einfachen ausführenden Aktivitäten in Landwirtschaft und „grüner" Produktion, in einigen Hilfstätigkeiten für die Inseln. Allerdings wird die Erwerbsbeteiligung gering bleiben, die Mehrheit der in der Fläche lebenden Menschen wird keine oder nur gelegentliche Erwerbsarbeitselemente leisten. Statt dessen erhalten sie über Multimedia Zugang zu künstlichen Welten, können Spiele spielen, haben vorgegebenen Hobbies. Möglicherweise entwickeln sich auch künstlerische Tätigkeiten und Versuche, im Rahmen der Beschränkungen die möglichen Nischen auszunutzen.

Soziale Sicherheit ist gegeben einerseits durch ein persönliches Solidarsystem, andererseits durch die Überwachungs- und gleichzeitig Unterstützungstätigkeit der Inseln. Es ergibt sich aber kein Rechtsanspruch, Zugang zu sozialen Leistungen muß mit Anpassung erkauft werden.

7.6 Leben und Arbeiten in einer Tele(arbeits)gesellschaft

Telearbeit begleitet den Prozeß der Öffnung der Erwerbsformen und steht als Option für die Gestaltung der Arbeitsaufgaben in zeitlicher und räumlicher Hinsicht zur Verfügung. Zugleich ist Telearbeit ein wichtiges Instrument für die Integration von Leben und Arbeiten. Dieser Wunsch führt auch zu dieser erkennbaren großen Akzeptanz der Telearbeit in der Bevölkerung. Gesellschaftsverträglich kann die Telearbeit aber nur sein, wenn sie innerhalb von „Leitplanken" abläuft, die einerseits schützen, andererseits nicht übermäßig reglementieren.

7.6.1 Destabilisierung der Beschäftigung

Verschiedene Anzeichen deuten darauf hin, daß die Stabilität der Beschäftigung zurückgeht. Hohe Arbeitslosenzahlen und sehr kurzfristig agierende Märkte verhindern zunehmend lebenslange Beschäftigungsmuster. Diese vertrauten Muster betrieblicher Langzeitkarrieren werden heute nur noch begrenzt angeboten und ihre Bestandsgarantie geht weiter zurück. Aus diesem Grunde müssen die Menschen andere stabile Strukturen finden, um ihre Lebensplanung und ihre Risikovorsorge auf ein stabiles Fundament zu stellen.

Dies ist nur möglich, wenn die Selbständigkeit und die Verantwortung für das eigene Schicksal wachsen. Ein Vertrauen in die Arbeitgeber können nur noch jene Arbeitnehmer haben, die zu den Stammbelegschaften gehören und die damit rechnen können, daß dieses Unternehmen auch auf Dauer Bestand hat. Alle anderen müssen anderweitig Sicherheiten suchen. Entweder indem sie Kapital ansammeln und auf dieser Basis beschäftigungslose Zeiten überbrücken, oder indem sie sich an Sicherungssystemen beteiligen, die ihnen in diesen Zeiten Transferleistungen zugänglich machen. Stabilität könnte aber auch dadurch aufgebaut werden, daß Garantiegeber auftreten, die wie die Arbeitskräfteverleiher die bisherigen Aufgaben der Arbeitgeber im Personalbereich übernehmen, den Menschen Stabilität „verkaufen", indem sie ihnen ein arbeitnehmerähnliches Arbeitsverhältnis anbieten und ihnen dann Projektaufgaben übertrage oder sie an Unternehmen ausleihen.

In allen diesen neuen Statusformen kann die Telearbeit als Modell genutzt werden. Sie ist in der Lage, bei der Destabilisierung der Beschäftigung eine Auffangposition zu bilden. Weltweit angebotene Arbeitsaufträge können übernommen werden, ohne immer wieder kurzfristig den Arbeitsort wechseln zu müssen, Aufträge unterschiedlicher Auftragnehmer können kombiniert werden, um das Risiko nur eines Auftraggebers zu reduzieren. Somit ist Telearbeit in der offenen Form ein Instrument zur Stabilisierung individueller Beschäftigung bei instabiler Umgebung.

7.6.2 Stabilisierung erwerbsferner Lebensformen

Zwischen den Polen Freizeit und Schlaf auf der einen Seite und der Erwerbsarbeit auf der anderen Seite, zeigen sich vielerlei erwerbsähnliche Aktivitäten, die in unserer Gesellschaft immer wichtiger werden. Ihre Bedeutung erschließt sich möglicherweise auch daraus, daß bei Abfragen des Zeitbudgets mehr unbezahlte als bezahlte Arbeit angegeben wird. Es ist also heute schon zu erkennen, daß im Rahmen der verfaßten Erwerbsarbeit nur ein Teil der von den Menschen erbrachten Arbeit geleistet wird, daß heute schon mehr Arbeitsvolumen in informellen Strukturen erbracht wird. Damit müssen wir unser Arbeitsverständnis, auch das Verständnis von Professionalisierung und Deprofessionalisierung, neu überdenken. Der breite Einsatz von Informationstechnik und von Multimedia wird diesen Trend verstärken.

Die Frage der Zurechnung der Telearbeit zur Erwerbs- oder zur Privatsphäre wird zukünftig virulent werden. Die Grenzen zwischen der Arbeitssphäre und den übrigen Bereichen lösen sich zunehmend auf. „Personen tun nämlich zunehmend im Alltag nichts anderes, als jemand, der mit zweckrationalen Methoden versucht, einen Betrieb zu organisieren; Lebensführung und Betriebsführung weisen immer mehr Ähnlichkeiten auf. Und je turbulenter die Umweltanforderungen werden, umso mehr müssen beide funktional ausdifferenziert, effizient organisiert, technisiert und nach außen autonomisiert werden." (Voß 1997, 115) Teleheimarbeit unterscheidet sich dann möglicherweise kaum noch von anderen privaten Aktivitäten, seien es beispielsweise die private Vermögensverwaltung oder der Aufbau von Datenbanken für umfangreichere Sammlungen. Ob es sich um Erwerbsarbeit oder Freizeit handelt wird nur noch durch das Ziel, nicht durch die Form der Tätigkeit unterschieden.

„Zum zweiten kann es aber durchaus sein, daß „Arbeit und Leben" durch veränderte Formen der zeitlichen und technischen Arbeitsorganisation, aber auch in Folge geschickter Alltagsorganisation der Betroffenen zeitlich oder räumlich wieder stärker vermischt werden - Auf der anderen Seite können Arbeit und Leben dabei aber zugleich (vielleicht sogar mehr denn je) sachlich und sozial höchst unterschiedliche Sphären bleiben. Auch die zeitlich flexibel primär zuhause betriebene Arbeit eines qualifizierten neuen Heimarbeiters z.B. hat nach wie vor ihre eigene inhaltliche und letztlich auch eine eigene soziale Logik und fällt keineswegs vollständig mit dem Rest des Lebens zusammen." (Voß 1997, 118f.)

Diese Erfahrungen haben auch Telearbeiter in den Modellversuchen gemacht, die weitgehend berichten, daß die Erwerbssphäre von der Freizeitsphäre doch deutlich abgetrennt werden sollte und die keine integrativen Muster mehr realisieren. So legen sie Wert darauf, im häuslichen Arbeitszimmer nur Telearbeit abzuwickeln, der Familie deutlich zu signalisieren, wann sie telearbeiten und wann nicht und auch in anderen Aspekten täglichen Lebens eine saubere Trennung zwischen Leben und Arbeiten realisieren.

Für die Infrastruktur gilt dies aber nicht. Wegen der vergleichbaren Bedürfnisse bei privaten und telearbeitsbezogenen Aktivitäten nach Arbeitsplatzausstattung, Computerleistung, Vernetzung und Kompetenz liegt es nahe, derartige Infrastrukturen zu Hause nur einmal aufzubauen und zu betreiben. Es könnte zwar bei außerbetrieblichen Arbeitsplätzen das Modell akzeptiert werden, daß der Arbeitgeber die Infrastruktur bereitstellt und wartet und dem Arbeitnehmer die Benutzung auch für private Arbeiten gestattet, doch dies könnte in Sonderfällen, insbesondere wenn auch für weitere Auftraggeber gearbeitet wird, Probleme bringen. Bei selbständiger Teleheimarbeit dürfte es eher sinnvoll sein, daß die Telearbeiter ihre eigene Infrastruktur vorhalten, die von ihnen nach eigenen Vorstellungen auch für andere Arbeiten genutzt werden können.

So wird die Integration von Arbeiten und Leben, gestört durch eine kurze Phase industrieller Dominanz, wieder zu ihrem Recht kommen. Auch bei dieser Entwicklung wird die Telearbeit eine gewisse, wenn auch nicht die ausschließliche Rolle spielen.

Telearbeit läßt sich zukünftig nur als ein (zusätzliches) Element im Gesamtspektrum von Erwerbsarbeit und sonstigen Tätigkeiten verstehen. Damit ist sie eingebettet in die Überlegungen, die unter der Strategie „New Work“ (Bergmann 1997) behandelt werden. Es geht darum „das entfremdende Jobsystem zu überwinden und Menschen in die Lage zu versetzen, das zu tun, was sie „wirklich, wirklich wollen“. In derartigen Modellen, wie sie auch in der neuen Studie an den Club of Rome propagiert werden (Giarini/Liedtke 1998), wird versucht, verschiedene Ebenen der Arbeit zu definieren und den Zugang in diese verschiedenen Arbeitsformen parallel zu ermöglichen. In diesem offeneren Verständnis von Arbeit könnte die Telearbeit, insbesondere die Teleheimarbeit, durchaus ihren Platz und ihre Bedeutung finden, wenn sie als besonderes Element nur entsprechend zugeordnet und eingepaßt werden kann.

Damit wird die Telearbeit zu einem Teilelement der Erwerbsarbeit, das parallel und begrenzt auf bestimmte Aktivitäten das Spektrum erwerbsbezogener Verrichtungen ergänzt. So ist es durchaus denkbar, daß Menschen einerseits einen traditionellen Arbeitsplatz abdecken, zusätzlich für diese Arbeitsaufgaben im Sinne von „Hausaufgaben“ einige Tätigkeiten am häuslichen Arbeitsplatz leisten, und daß sie weiterhin für einen oder mehrere andere Auftraggeber tätig werden. Telearbeit ist in diesem Sinne additiv zu verstehen. Ob sie dann die Erwerbscharakteristik prägt, hängt von ihrer Relevanz nach den verschiedenen Kriterien ab, beispielsweise von der zeitlichen Inanspruchnahme oder dem Anspruch an die Qualifikationen.

Interessant wird diese Zuordnung dann, wenn die Bedeutung des traditionellen Arbeitsplatzes abnimmt. Dies könnte schleichend geschehen, wenn beispielsweise weitere Arbeitszeitverkürzungen erfolgen oder wenn ein Teilarbeitsverhältnis wegbricht und allein deshalb zusätzliche Telearbeitstätigkeiten dadurch relativ bedeutender werden.

7.6.3 Neue Synthese?

Insgesamt müssen diese Entwicklungen aber wohl bedacht werden und werden nicht von heute auf morgen bewältigt sein. Sie werden sehr viel Vorarbeit und Begleitung benötigen und Phantasie und Kreativität erfordern und möglicherweise zu unerwarteten Ergebnissen führen: „Developments on this front (d.i. Telearbeit, W.D.) are unlikely to lead to a substantial increase in economic activity in the home or an increase in the consumption of IT-based services in the home of a sufficient volume to amount to the revolutionary change in lifestyles depicted in the electronic cottage scenario. The process of technology transfer into the home is a slow and complex business.“ (Forester 1988, 238).

Weiterhin muß berücksichtigt werden, daß reale Welten nie einlinig und weit phantasievoller geprägt sind, als wir uns dies ausdenken können. Gerade die Mehrgleisigkeit und Widersprüchlichkeit unserer Welt verbietet es, Zukunftsentwürfe im Sinne einer in sich stimmigen Struktur vorzugeben. Telearbeit hat diese Komplexität bis heute gezeigt und wird sie weiter zeigen: Ausgehend von gegenläufigen Vorstellungen, unterstützt durch die innovative Neugier und gebremst durch Bedenken und nostalgische Verklärung überkommener Erwerbsarbeitsmuster hat sie sich bisher sehr widersprüchlich entwickelt. Die weitere Entwicklung ist nur in Umrissen abzusehen. Sie wird den Menschen mehr Selbständigkeit und Verantwortung abfordern, wird ihnen aber auch neue Gestaltungsmöglichkeiten geben. Die umfassende Betreuung durch Betriebe und Unternehmen wird zurückgehen, stattdessen werden die Menschen entweder selbst diese Aufgaben übernehmen oder in kleinen Gruppen regeln, es werden aber auch neue Dienstleister auftreten, die den Ausgleich zwischen einer dynamischen Arbeitswelt und dem Bedürfnis nach persönlicher Lebenssicherheit „verkaufen" werden. In diesen Veränderungen werden Telekommunikation und Computerleistung mit integriert, sei es, daß sie die Komplexität wachsender Informationsangebote domestizieren und strukturieren, sei es, daß mit ihnen eine Globalisierung möglich wird, die auch dem Einzelnen eine breitere Existenzbasis anbieten kann. Telearbeit als Begriff und Arbeitsform wird dann kaum noch wahrgenommen. Sie wird so selbstverständlich werden, daß über sie Arbeitstätigkeit nicht mehr definiert werden kann, weil sie überall auftritt.

Viel einschneidender ist stattdessen der Statuswandel von der abhängigen Beschäftigung zur Selbständigkeit, so wie sie auch schon vor der Industrialisierung üblich war. Nicht alle Menschen werden autark und auf sich gestellt ihr Leben führen und ihre Arbeit leisten, sondern sie werden Allianzen bilden und sich gegenseitig absichern, um die Risiken des Lebens abzumildern. Telearbeit hat diesen Denkprozeß ausgelöst und gezeigt, daß in der Informationsgesellschaft vorindustrielle Strukturen wahrscheinlicher sein werden als die großbetrieblichen Industriestrukturen. In diesem Sinne könnte die Telearbeit eine Vorstufe sein für ein neues Arbeitsverständnis mit individueller Kreativität und globaler Kommunikation. Sie wird aber keine Einheitlichkeit zeigen, sondern eine große Vielfalt unterschiedlichster Ausprägungen zeigen.

8. Literaturverzeichnis

Alex, L.& Tessaring, M. (1996). *Neue Qualifizierungs- und Beschäftigungsfelder*. Bielefeld: Bertelsmann.

Apgar, M. (1998). The alternative Workplace: Changing where and how people work. *Havard business review 5-6,* 121-136.

Autorengemeinschaft (1998). Der Arbeitsmarkt in der Bundesrepublik Deutschland in den Jahren 1997 und *1998. Mitteilungen aus der Arbeitsmarkt- und Berufsforschung 31*, 5-57.

Baaten, Bartmann & Surmund (1995). Starke Gesellschaft. *Focus 28,*105.

Baatz, U. (1982). Die organische Lust- und Wertmaschine: Zur Geschichte der Normierung der Arbeitskraft. *ÖZS 1+2,* 84-92.

Ballerstedt, E. u.a. (1982). *Studie über Auswahl, Eignung und Auswirkungen von informationstechnisch ausgestatteten Heimarbeitsplätzen.* Eggenstein-Leopoldshafen: BMFT.

Ballerstedt, E., (1983). Heimarbeit: Der Arbeitsplatz der Zukunft? *Umschau 10,* 313-316.

Bangemann, M. (1996). *Die Informationsgesellschaft und der Bürger.* Brüssel: EU Information Society Project Office.

Bäßler, R.; Dostal, W.; Hackl, C. & Rohlfing, D. (1987). *Informatiker im Beruf.* Nürnberg: Beiträge zur Arbeitsmarkt- und Berufsforschung 106.

Bauer, R. (1996). *Der Einführungsprozeß der Telearbeit in einem Versicherungsunternehmen - Das Beispiel 'Die Continentale'*. Telearbeit Deutschland: Kongreßunterlagen.

Baukrowitz, A., Boes, A. & Eckhardt, B. (1994). *Software als Arbeit gestalten. Konzeptionelle Neuorientierung der Aus- und Weiterbildung von Computerspezialisten.* Opladen: Westdeutscher Verlag.

Bayerische Staatsregierung (1995). *Bayern online. Das Konzept.* München: Bayerische Staatskanzlei.

BCS British Computer Society (Hg.) (1993). *Industry Structure Model. A set of performance standards covering all functional areas of work carried out by professionals both in and allied to the field of information systems engineering.* London: BCS.

BddW (1995). In den Vereinigten Staaten gibt es bereits Millionen Telearbeitskräfte. *BddW 2.10.,* 8.

BddW (1997a). Amerika schwärmt von der Telearbeit. *BddW 13.5.,* 7.

BddW (1997b). Schon 150.000 Telearbeitsplätze. Zwischenbilanz des Förderprogramms „Treffpunkt Arbeit". *BddW 17.9.,* 3.

Beck, T. (1985). Elektronische Fernarbeit und Arbeitsrecht. *WSI-Mitteilungen, 38,* 550-558.

Becker, C. (1998). Kollegen auf Zeit. *Manager Magazin 1,* 104-110.

Bedau, K.-D, (1998). Geldvermögen und Vermögenseinkommen der privaten Haushalte 1997. *DIW-Wochenbericht 30,* 541-550.
Biervert, B., Monse, K., Behrendt, E. & Hilbig, M. (1991). *Informatisierung von Dienstleistungen. Entwicklungskorridore und Technikfolgen für die privaten Haushalte.* Opladen: Westdeutscher Verlag.
Birnbacher, D.& Dostal, W. (1990). *Die Zukunft der Arbeit.* Hannover: Schroedel.
Blüm, N. (1996). Ungeeignet für Tabula rasa. Der Sozialstaat muß sich anpassen, aber er darf nicht als Lastesel mißbraucht werden. *Die Zeit 39.*
BMBF (1998). *Zukunft Deutschlands in der Wissensgesellschaft.* Bonn: Tagungsband des BMBF.
BMBF, Deutsche Telekom (1997*). Telearbeit im Mittelstand. Förderrichtlinien.* Bonn: BMFT, Deutsche Telekom.
Bodendorf, F. & Seitz, R. (1994). Studentische Telearbeit mit Hilfe mobiler PCs. *Zeitschrift für Betriebswirtschaft-Ergänzungsheft, 2,* 139-150.
Bolte, K.M.& Voß, G.G. (1988). *Veränderungen im Verhältnis von Arbeit und Leben.* In: Reyher, L. & Kühl, J. *Resonanzen. Arbeitsmarkt und Beruf - Forschung und Politik. Festschrift für Dieter Mertens.* (S. 72-93). Nürnberg: Beiträge zur Arbeitsmarkt- und Berufsforschung 111.
Bootz, Allen & Hamilton (1996). *Zukunft Multimedia. Grundlagen, Märkte und Perspektiven in Deutschland.* Frankfurt/M.: IMK.
Bosch, G. (1986). Hat das Normalarbeitsverhältnis eine Zukunft? *WSI-Mitteilungen 3,* 163-177.
Bosch, G. (1996). *Multimedia - Auswirkungen auf den gesellschaftlichen Wandel.* Bonn: Kuratorium der Deutschen Wirtschaft für Berufsbildung.
Bosch, G. (1997). Die Auswirkungen der neuen Informationstechnologien auf die Beschäftigung. Eine Technik sucht Anwendungen. *WSI-Mitteilungen,* 50, 150-159.
Bösenberg, W.A.; Ganzhorn, K. (1970). *Informatik. Ausbildungsmodelle auf dem Gebiet der Datenverarbeitung.* Sindelfingen: IBM.
Boß, C. & Roth, V. (1992). *Die Zukunft der DV-Berufe.* Opladen: Westdeutscher Verlag.
Böttger,B. (1983). Steht die Vertreibung der Frauen aus Büro und Verwaltung bevor? *Beiträge zur feministischen Theorie und Praxis* 9/10-83, 33-74.
Bottler, J., Horváth, P. & Kargl, H. (1972). *Methoden der Wirtschaftlichkeitsberechnung für die Datenverarbeitung.* Landsberg: Moderne Industrie.
Brand, U. & Krian, P. (1997). Wirtschaftlichkeitsbetrachtung zum Einsatz von Telearbeit. In: B. Godehardt, W.B. Korte, U. Michelsen, H.-P. Quadt (Hrsg.), *Managementhandbuch Telearbeit,* 610.2, Heidelberg: Hüthig.
Brandes, W., Beyer, P. & Konken, J. (1993). „Neue" Heimarbeit. *WSI-Mitteilungen 9,* 560-569.
Brauner, J. & Bickmann, R. (1994). *Die multimediale Gesellschaft.* Frankfurt/M.: Campus.
Brepohl, K. (1992). *Medien - Fakten und Zahlen.* Köln: Deutscher Instituts-Verlag.
Brettreich-Teichmann, W. & Abele, K.P. (1995). Telehäuser. Zentren für virtuelle Arbeitsplätze im ländlichen Raum. *Office Management 12,* 44 - 46.
Bullinger, H.-J. (1995). *Dienstleistung der Zukunft. Märkte, Unternehmen und Infrastrukturen im Wandel.* Wiesbaden: Gabler.
Bullinger, H.-J. (1997). *Dienstleistungen für das 21. Jahrhundert. Gestaltung des Wandels und Aufbruch in die Zukunft.* Stuttgart: Schäffer-Poeschel.
Bullinger, H.-J., Volkholz, V., Betzl, K., Köchling, A. & Risch, W. (Hrsg). (1993). *Alter und Erwerbsarbeit der Zukunft.* Berlin/Heidelberg: Springer.

Bullinger, H.-J., Fröschle, H.-P. & Klein, B. (1987): *Telearbeit: Schaffung dezentraler Arbeitsplätze unter Einsatz von Teletex.* Hallbergmoos: Markt und Technik.

Bundesanstalt für Arbeit (1998). Arbeitsmarkt 1997. *Amtliche Nachrichten der Bundesanstalt für Arbeit, Sonderheft* 6/1998.

Bundesinstitut für Berufsbildung (BIBB) (1997): *Informations- und kommunikationstechnische Ausbildungsberufe.* Berlin: Merkblatt des BIBB.

Bundesministerium für Wirtschaft (1996*). Info 2000: Deutschlands Weg in die Informationsgesellschaft. Bericht der Bundesregierung.* Bonn: BMWi.

Bundesministerium für Wirtschaft , Bundesministerium für Arbeit und Sozialordnung (o.J., ca 1996*). Telearbeit. Chancen für neue Arbeitsformen, mehr Beschäftigung, flexible Arbeitszeiten. Ein Ratgeber für Arbeitnehmer, Freiberufler und Unternehmen.* Bonn: BMWi, BMA.

Bush, W.R. (1990). Telecommuting. The Case of Research Software Development. *Technological Forecasting and Social Change 37,* 235-250.

Büssing, A. & Aumann, S. (1997). Die Organisation von Telearbeit. *Zfbf, 49,* 67-82.

Cammerer, P. (1998). TWIST - Teleworking in flexiblen Strukturen bei der BMW AG. In Handelsblatt-Veranstaltungen (Hrsg.), *Telearbeit in Bonn 1998.*

Castel, R. (1997). „Der Fisch stinkt vom Kopf her". Interview mit Robert Castel. *Die Zeit 4,* 16.1.

CEPIS Council of European Professional Informatics Societies (Hg.) (1992): *European Informatics Skills Structure. A Set of Performance Standards Covering all Functional Areas of Work Carried out by Professionals in INFORMATICS.* London: Manuskript.

Dahrendorf, R. (1983). *Wenn der Arbeitsgesellschaft die Arbeit ausgeht.* In: Matthes 1983, 25-37.

Danzin, A. (1979). *Eine neue Kultur entsteht.* Manager-Magazin 6, 149-157

Dengel, A. & Schröter, W. (Hrsg.)(1997*). Flexibilisierung der Arbeitskultur. Infrastrukturen der Arbeit im 21. Jahrhundert.* Mössingen-Talheim: Talheimer Verlag.

Der Rat für Forschung, Technologie und Innovation (1995): *Informationsgesellschaft. Chancen, Risiken und Herausforderungen. Feststellungen und Empfehlungen.* Bonn: BMBF.

Deutscher Gewerkschaftsbund (DGB, 1995*). Leitlinien für eine neue Arbeitszeitpolitik.* Frankfurter Rundschau 173 vom 28.7.

Deutscher Gewerkschaftsbund, Bundesvorstand (1988): *Telearbeit - elektronische Einsiedelei oder neue Form der persönlichen Entfaltung?* Hamburg: DGB.

Di Martino, V. & Wirth, L. (1990). Telework: A new way of working and living. *International Labour Review 129, 5,* 529-554.

Dietrich, H. (1996): *Empirische Befunde zur „Scheinselbständigkeit". Ergebnisse des IAB-Projekts 4-448V „Freie Mitarbeiter und selbständige Einzelunternehmer mit persönlicher und wirtschaftlicher Abhängigkeit".* Forschungsbericht 262 Sozialforschung des Bundesministeriums für Arbeit und Sozialordnung, Bonn: BMA.

Dobberthien, M. (1985). *Teleheimarbeit. Elektronische Heimarbeit - Gefahr oder Chance?.* Stuttgart: DGB.

Dostal, W. (1982): Fünf Jahre Mikroelektronikdiskussion. *Mitteilungen aus der Arbeitsmarkt- und Berufsforschung,* 15, 151-166.

Dostal, W. (1983*): Bildung und Beschäftigung im technischen Wandel.* Beiträge aus der Arbeitsmarkt- und Berufsforschung 65, Nürnberg: IAB.

Dostal, W. (1985). Telearbeit. Anmerkungen zur Arbeitsmarktrelevanz dezentraler Informationstätigkeit. *Mitteilungen aus der Arbeitsmarkt- und Berufsforschung, 18,* 467-480.
Dostal, W. (1986). Telearbeit - Beispiele, Definitionen, Bewertungen. *Materialien aus der Arbeitsmarkt und Berufsforschung 4.*
Dostal, W. (1988). Der Informationsbereich. In D. Mertens (Hg.): *Konzepte der Arbeitsmarkt- und Berufsforschung* (S. 858 - 882). Nürnberg: Beiträge aus der Arbeitsmarkt und Berufsforschung, Band 70, 3. erweiterte und überarbeitete Auflage.
Dostal, W. (1989): Arbeitsmarktwirkungen moderner Technologien. Neue Erkenntnisse aus der Meta-Studie? *Mitteilungen aus der Arbeitsmarkt- und Berufsforschung, 22*, 187-201
Dostal, W. (1992). Computerberufe im Aufwind. Berufsfeld und Arbeitsmarktsituation der Computerspezialisten im Überblick. *Materialien aus der Arbeitsmarkt- und Berufsforschung 5.*
Dostal, W. (1993a). Expertensysteme und Beschäftigung. Gibt es derzeit erkennbare Auswirkungen von Systemen Künstlicher Intelligenz auf Beschäftigung und Berufe? *Mitteilungen aus der Arbeitsmarkt- und Berufsforschung 26,* 63-77.
Dostal, W. (1993b): *Qualifikation von Fachkräften der Informationstechnik - Grundständige Ausbildung vs. zertifizierte Weiterbildung. Explorativstudie für das BIBB*, Nürnberg 1993, 158 S. (bisher unveröffentlicht).
Dostal, W. (1995a). Die Informatisierung der Arbeitswelt: Multimedia, offene Arbeitsformen und Telearbeit. *Mitteilungen aus der Arbeitsmarkt- und Berufsforschung, 28,* 527-543.
Dostal, W. (1995b). Berufsbilder in der Informatik. *Informatik-Spektrum 3,* 152-162.
Dostal, W. (1996). Telearbeit von Frauen *Die Frau in unserer Zeit 25,* 9-13.
Dostal, W. (1997). Urbane Arbeitsgesellschaft in der Metamorphose. In U. Kohlbrenner, Sandten, D. (Hg.), *Büroarbeit von morgen in den Büros von heute? Trends, Fallbeispiele und Standpunkte zum Büro der Zukunft.* (S. 41-56). Berlin: Edition StadtWirtschaft.
Dostal, W. &, Troll, L. (1995). Frauen und Technik am Arbeitsmarkt. Aspekte der Frauenbeschäftigung im Strukturwandel. *Materialien aus der Arbeitsmarkt- und Berufsforschung 3.*
Dostal, W.; Köstner, K. (1977): Mikroprozessoren - Auswirkungen auf Arbeitskräfte*? Mitteilungen aus der Arbeitsmarkt- und Berufsforschung, 10*, 243-251.
Drüke, H., Feuerstein, G. & Kreibich, R. (1986). *Büroarbeit im Wandel. Tendenzen der Dezentralisierung mit Hilfe neuer Informations- und Kommunikationstechnologien.* Eschborn: RKW.
Drüke, H., Feuerstein, G. & Kreibich, R. (1988). *Büroarbeit unterwegs, daheim und anderswo. Gespräche mit Experten über Telearbeit und Teleheimarbeit.* Eschborn: RKW.

Earl, M.-J. (1989). *Management Strategies for Information Technology.* New York u.a.: Prentice Hall.
Empirica (1994). *Pan-europäische Befragung zur Telearbeit. Bericht 1: Bevölkerungsbefragung 1994. Ergebnisse für Deutschland.* Bonn: Empirica.
Empirica (1994). *Pan-europäische Befragung zur Telearbeit. Bericht 2: Befragung von Entscheidungsträgern in Unternehmen 1994. Ergebnisse für Deutschland.* Bonn: Empirica.
Empirica (1994). *Pan-europäische Befragung zur Telearbeit. Bericht 3: Bevölkerungsbefragung 1994. Internationaler Vergleich. Ergebnisse für: D, F, UK, I, E.* Bonn: Empirica.
Empirica (1994). *Pan-europäische Befragung zur Telearbeit. Bericht 4: Befragung von Entscheidungsträgern in Unternehmen 1994. Internationaler Vergleich. Ergebnisse für: D, F, UK, I, E.* Bonn: Empirica.

Empirica (1994). *Pan-europäische Befragung zur Telearbeit. Bericht 5: Telearbeit: Verbreitung und Potential 1994 und 1985. Vergleich der Bevölkerungs- und Unternehmensbefragungen in D, F, UK, I, E sowie Zeitvergleich mit den 1985er Befragungen zur Telearbeit.* Bonn: Empirica.

Empirica (1994). *Pan-europäische Befragung zur Telearbeit. Bericht 6: Bevölkerungs- und Unternehmensbefragungen 1994 in D, F, UK, I, E. Kurzfassung der Ergebnisse.* Bonn: Empirica.

Empirica (1994). *Pan-europäische Befragung zur Telearbeit. Bericht 1: Bevölkerungsbefragung 1994. Ergebnisse für Deutschland.* Bonn: Empirica.

Empirica (1997). *Telearbeit Deutschland '96. Neue Formen und Wege zu mehr Beschäftigung.* Heidelberg: Hüthig.

Ertel, M., Maintz, G., Ullsperger, P. (1996). *Telearbeit - gesund gestaltet.* Dortmund/Berlin: Bundesanstalt für Arbeitsschutz und Arbeitsmedizin.

Europäische Kommission (1996). *Leben und Arbeiten in der Informationsgesellschaft: im Vordergrund der Mensch. Grünbuch.* Brüssel/Luxemburg: Amt für amtliche Veröffentlichungen der EG.

Europäische Kommission (1997). *Eine europäische Inforamtionsgesellschaft für alle. Abschlußbericht der Gruppe hochrangiger Experten.* Luxemburg: Amt für amtliche Veröffentlichungen der EG.

Fachausschuß 7.4 der GI (1992). Zur Berufssituation der Informatiker 1991. Ergebnisse der Mitgliederbefragung der GI 1991/92. *Imformatik-Spektrum 4*, S. 335 - 351.

Famulla, G.-E., Gut, P., Möhle, V., Schumacher, M., Witthaus, U. (1992). *Persönlichkeit und Computer.* Opladen: Westdeutscher Verlag.

Fenski, M. (1994). *Außerbetriebliche Arbeitsverhältnisse. Heim- und Telearbeit.* Neuwied u.a.: Luchterhand.

Fischer, U. (1991). *Tele-Heimarbeit und Schutz der Arbeitskraft. Zur kritischen Einschätzung einer flexiblen Beschäftigungsform.* München, Mehring: Rainer Hampp Verlag.

Fischer, U., Späker, G., Weißbach, H.-J (1993). *Neue Entwicklungen bei der sozialen Gestaltung von Telearbeit.* Düsseldorf: HBS.

Ford, H. (1923). *Mein Leben und Werk.* Leipzig, Paul List Verlag.

Forester, T. (1988). The Myth of the Electronic Cottage. *Futures 2*, 227-240.

Forum Info 2000, (1998). *AG1 Umfrage zur Telearbeit.* Bonn: Empirica.

Forum Information Society (1997). *Netzwerke für Menschen und ihre Gemeinschaften. Die Umsetzung der Informationsgesellschaft in der Europäischen Union.* Luxemburg: Amt für amtliche Veröffentlichungen der EG.

Fourastié, J. (1954). *Die große Hoffnung des 20. Jahrhunderts.* Köln-Deutz: Bund-Verlag.

FR (1996). Arbeitsgericht versperrt den Weg in eine scheinbare Selbständigkeit. *Frankfurter Rundschau 177 vom 1.8.*

Franke, H., Buttler, F. (1991). *Arbeitswelt 2000. Strukturwandel in Wirtschaft und Beruf.* Frankfurt/M.: Fischer.

Frenzel, U., Schubert, I. (1986). *Vom Büroboten zum Inhouse-Netz.* Eschborn: RKW.

Freudenreich, H, Klein, B. & Wedde, P. (1997). *Entwicklung der Telearbeit - Arbeitsrechtliche Rahmenbedingungen.* Bonn: Bundesministerium für Arbeit und Sozialordnung 269a.

Friedrichs, G. (1965). *Automation - Risiko und Chance.* Frankfurt: DVA.

Friedrichs, G. (1971). *Computer und Angestellte.* Frankfurt: DVA.

Friedrichs, G. (1978). Einsatz von Mikro-Prozessoren - Auswirkungen auf Produktion und Beschäftigung. *Rationalisierung 7/8,* 157 - 160 und 9, 207 - 212.

GAT Chain (1998). *Guidelines for the General access Teleworkiung Chain*. Diplomat: Wien
Gerdes, W. (ca. 1988). *Der Tanz um's goldene Chip*. Köln: Rudolf Müller.
Gerlach, T. (1995). Das Multimedia-Projekt wartet auf grünes Licht aus der Staatskanzlei. *Nürnberger Zeitung vom 11.3.*
Gershuny, J. (1978). *After Industrial Society. The Emerging Self-service Economy*. London u.a.: Macmillan.
Giarini, O.; Liedtke, P.M.: *Wie wir arbeiten werden. Der neue Bericht an den Club of Rome*. Hamburg 1998, 287 S.
Gitter, W., Herrmann, H., Lohmar, U. (1985). Telearbeit. *Beiträge zur Gesellschafts- und Bildungspolitik 109,* Köln: Deutscher Instituts Verlag.
Gizycki, R. v. & Ulrici, W. (1988). *The Brainworkers - Typology, Training Background and Work Situation*. München: Oldenbourg.
Glaser, H. (1997). *Von der Zukunft der Arbeitsgesellschaft*. In U. Kohlbrenner, Sandten, D. (Hg.), *Büroarbeit von morgen in den Büros von heute? Trends, Fallbeispiele und Standpunkte zum Büro der Zukunft*. (S. 11-40). Berlin: Edition StadtWirtschaft.
Glaser, W.R. (1993). Außerbetriebliche Arbeitsstätten - psychologisch, praktisch und ein wenig visionär gesehen. IBM-Nachrichten 43, 15-21.
Glaser, W.R., Glaser, M.O. (1995). *Telearbeit in der Praxis. Psychologische Erfahrungen mit Außerbetrieblichen Arbeitsstätten bei der IBM Deutschland GmbH*. Neuwied, Kriftel, Berlin: Luchterhand.
Gleiser, S. (1996). *Hochschulabsolventen an der Schwelle zu neuen Arbeitsformen*. Frankfürt/Main: Arbeitsmarkt-Informationen der ZAV 9.
Gleiser, S.: *Arbeitsmarkt-Information Informatikerinnen und Informatiker*. Frankfurt/Main 1998, 57 S.
Glißmann, W. (1996). *Die neue Organisation der Arbeit*. Düsseldorf: Handout für DGB-Arbeitstagung.
GMD-Forschungszentrum *Informationstechnik GmbH (1996). TEDIS. Telearbeit für Schwerbehinderte*. Projektinformation: Sankt Augustin.
Godehardt, B. & Worch, A. (1995). *Telearbeit. Rahmenbedingungen und Potentiale*. Opladen: Westdeutscher Verlag.
Godehardt, B. (1994). Telearbeit. Rahmenbedingungen und Potentiale. Opladen: Westdeutscher Verlag.
Godehardt, B. (1996). Die schöne neue Arbeitswelt? *Die Frau in unserer Zeit 25,* 16-21.
Godehardt, B., Worch, A. & Förster, G. (1997). *Teleworking. So verwirklichen Unternehmen das Büro der Zukunft*. Landsberg: Verlag moderne Industrie.
Godehardt, B.,Korte, W.B., Michelsen, U., Quadt, H.-P. (1997). *Managementhandbuch Telearbeit*. Heidelberg: Hüthig.
Goldmann, M., Richter, G. (1986). *Teleheimarbeit von Frauen*. Dortmund: SFS.
Grauer, M., Merten, U. (1997). *Multimedia. Entwurf, Entwicklung und Einsatz in betrieblichen Informationssystemen*. Berlin u.a.: Springer.
Gray, M., Hodson, N., Gordon, G. (1993). *Teleworking explained*. Chichester: Wiley.
Grießhammer, R, Gensch, C.-O., Kupez, R., Lüers, A. & Seifried, D. (1997). *Umweltschutz im Cyberspace. Zur Rolle der Telekommunikation für eine nachhaltige Entwicklung. Freiburg:* Öko-Institut.
Groothuis, U. (1998). Telearbeit: Angst vor Machtverlust. *Wirtschaftswoche, 25*, 96.
Groskurth, P., Volpert, W. (1975). *Lohnarbeitspsychologie. Berufliche Sozialisation - von der Emanzipation zur Anpassung*. Frankfurt: Fischer.
Haaren, K.v., Hensche, D. (1997). *Arbeit im Multimedia-Zeitalter. Die Trends der Informationsgesellschaft*. Hamburg: VSA-Verlag.

Haddon, L., Lewis, A. (1994*). The experience of teleworking: an annotated review*. International Journal of Human Resource Management 5, 193-223.
Hartz, P. (1994). *Jeder Arbeitsplatz hat ein Gesicht - die Volkswagen-Lösung*. Frankfurt/Main u.a.: Campus.
Hauptmeier, A., Klawitter, N., Rückert, S. & Willeke, S. (1998). Wir sind die Billiglöhner. *Die Zeit 24,* 13-15.
Heilmann, W. (1987). *Teleprogrammierung. Die Organisation der dezentralen Software-Produktion.* Wiesbaden: Forkel.
Helberger, C. & Schwarze, J. (1986). Umfang und Struktur der Nebenerwerbstätigkeit in der Bundesrepublik Deutschland. *Mitteilungen aus der Arbeitsmarkt- und Berufsforschung, 19,* 271-286.
Henselek, H.F. (1997). *Arbeitsflexibilisierung durch Telearbeit.* Bochum: Fakultät für Wirtschaftswissenschaft.
Heuser, U.J. & Willeke, S. (1997). Lebenslänglich Probezeit. *Die Zeit 39,* 13-16.
Hildebrandt, R. (1996). Zeitenwende - Zeitenende. Über den Unsinn, Mitarbeiter für ihre Anwesenheit statt für erbrachte Leistung zu bezahlen. *Wirtschaftswoche, 44,* 187.
Hoffmann, E. & Walwei, U. (1998*). Längerfristige Entwicklung von Erwerbsformen in Westdeutschland.* IAB-Kurzbericht vom 27.1.
Hofmann, H. & Saul, C. (1996). *Qualitative und quantitative Auswirkungen der Informationsgesellschaft auf die Beschäftigung.* München: Gutachten des ifo-Instituts.
Holzgräbe, U. (1997). *Die zeitgemäße Neubestimmung des Arbeitnehmerbegriffs in Literatur und Rechtsprechung.* Seminararbeit. Ingolstadt: Katholische Universität Eichstätt.
Hönicke, I. (1996). *Virtuelle Teams prägen die Arbeitswelt der Zukunft. Räumliche Entfernung spielt keine Rolle mehr.* Computerwoche-extra 3, 18.10., 38.
Höring, K (1992). Bürosystemgestaltung. *In: Frese, E. (Hg.).* Handwörterbuch der Organisation, *Stuttgart: Sp. 400-418.*
Hormann, J., Harman, W. (1990). *Future Work. Trends für das Leben von morgen.* Stuttgart u.a.: Aktuell-Verlag.
Huber, J. (1987). *Telearbeit. Zukunftsbild als Politikum.* Opladen: Westdeutscher Verlag.
Huber, K. (1995). Der Teleport ist tot - es lebe der Cityport. *OM 9,* 28-29.
Hug, E. (1996). *Referat bei der Konferenz „Telearbeit Deutschland '96". Dokumentation.* Bonn: Empirica.
Huws, U. (1991). *Telework: Projections*. Futures 1-2, 19-31.
Huws, U. (1995). *Telearbeit. Vertiefende Untersuchungen zum Weißbuch.* Luxemburg: Soziales Europa Beiheft 3, 1-73.

ibis - Institut für berufsbezogene Information und Schulung (1997). *TeleArbyte. Eine berufliche Fortbildung für räumlich und zeitlich unabhängige Arbeit an außerbetrieblichen Arbeitsplätzen.* Heilbronn: Prospekt.
iwd (1996a). PC-Diaspora Südeuropa. *IWD 23.5.,*5.
iwd (1996b). Zweit-Jobs. Auf mehreren Standbeinen. *IWD 49, 5.12.*, 2.
iwd (1997a). Schattenwirtschaft. Abgabenfreie Zone. *IWD 7.8.*, 4.
iwd (1997b). Globalisierung. Die Mär vom Ende der Arbeit. *IWD 38*, 4.
Iwd (1997c). Jugend und Beruf: Am liebsten Unternehmer. *IWD 17,* 8.
iwd (1998a). Zeitarbeit. Brücke zum Arbeitsmarkt. *IWD 22.1.*, 2.
iwd (1998b). Gute Chancen für Freiberufler. *IWD 20,* 3.
iwd (1998c). Jugendliche. Offen für Innovationen. *IWD 27,* 7.

Jaeger, C. & Bieri, L. (1989). *Satellitenbüros: Eine soziotechnische Innovation. Hinweise zur Einführung und Organisation.* Zürich: Verlag der Fachvereine.

Jaeger, C.,Bieri, L. & Dürrenberger, G. (1987). *Telearbeit - von der Fiktion zur Innovation.* Zürich: Verlag der Fachvereine.

Jansen, R. & Stooß, F. (1993). *Qualifikation und Erwerbssituation im geeinten Deutschland.* Berlin: BIBB.

Joachim, P. & Seifert, H. (1991). *Neue Technik und Arbeitszeitgestaltung.* Opladen: Westdeutscher Verlag.

Johanning, D. (1997). *Telearbeit. Einführung und Leitfaden für Unternehmer und Mitarbeiter.*München/Wien: Hanser-Verlag.

Kaleja, E. & Meyer, M. (1996). *Telearbeit in deutschen Unternehmen. Eine Unternehmensbefragung für die Wirtschaftswoche.* Witten/Herdecke: Universität.

Kalt, H.G. (1995). Telemediziner, Bildschirm-Designer und Agenten im Netz. *Frankfurter Allgemeine Zeitung vom 19.1.*

Kappus, M. (1986). *Rechtsfragen der Telearbeit.* Heidelberg: Decker & Müller.

Kiemer, K. (1996). *Telematik und Raumstruktur.* München: Forschungprojekt des ifo-Instituts.

Kienbaum Veränderungsberatung (1996). *Praxishandbuch Telearbeit. Mit Informationen zur Einführung flexibler Arbeitsplätze.* Gummersbach: Kienbaum.

Kilian, W., Borsum, W. & Hoffmeister, U. (1986). *Telearbeit und Arbeitsrecht. Forschungsbericht im Auftrag des Bundesministers für Arbeit und Sozialordnung.* Bonn: BMA.

Kirrmann, M. (1995). Telearbeit bei IBM - Modell für neuartige Formen der Flexibilisierung und Individualisierung der Arbeitszeit? In D. Wagner (Hrsg.), *Arbeitszeitmodelle. Flexibilisierung und Individualisierung.* (S. 147-164). Göttingen: Verlag für Angewandte Psychologie.

Klauder, W. (1990). *Ohne Fleiß kein Preis. Die Arbeitswelt der Zukunft.* Zürich: Edition Interfrom.

Klauder, W. (1996). *Trends, die die Arbeitswelt revolutionieren.* In: Alex, L., Stooß, F. (Hg.). *Berufsreport. Der Arbeitsmarkt in Deutschland - das aktuelle Handbuch.* Berlin: Argon. 23-27.

Kordey, N. (1996). Telearbeit - Deutschland und die EU. *Die Frau in unserer Zeit 25,* 2-8.

Kordey, N. & Korte, W.B. (1996). *Telearbeit erfolgreich realisieren. Das umfassende, aktuelle Handbuch für Entscheidungsträger und Projektverantwortliche.* Wiesbaden: Vieweg.

Korte, W. (1995). *Einführung von Telearbeit in Unternehmen und Verwaltungen.* Seminarunterlagen zur Tagung „Telearbeit in Bayern": Kloster Banz.

Kreibich, R., Drüke, H., Dunkelmann, H. & Feuerstein, G. (1990). *Zukunft der Telearbeit. Empirische Untersuchung zur Dezentralisierung und Flexibilisierung von Angestelltentätigkeiten mit Hilfe neuer Informations- und Kommunikationstechnologien.* Eschborn: RKW.

Kreilkamp, P. (1998*). Telearbeit. Mit neuen Arbeitformen im internationalen Wettbewerb bestehen.* Düsseldorf: Handelsblatt-Veranstaltungen.

Küfner-Schmitt, I. (1986). *Die soziale Sicherheit der Telearbeiter.* Spardorf: Wilfer.

Kulzer, R. (1994). Erdbeben. Staus auf den Straßen fördern die Entwicklung von High-tech-Heimarbeit. Berufspendler weichen notgedrungen auf den „Informations-Highway" aus. *Handelsblatt 22./23..*,3.

Künstlersozialkasse (1997). *Informationen zur Künstlersozialversicherung*. Merkblätter. Wilhelmshaven: Landesversicherungsanstalt Oldenburg-Bremen.

Lausenmeyer, M. (1996). Abschied vom Betrieb? *Die Frau in unserer Zeit 25,* 22-26.

Lecher, W. (1986). Zum künftigen Verhältnis von Erwerbsarbeit und Eigenarbeit aus gewerkschaftlicher Sicht. *WSI-Mitteilungen, 3,* 256-264.

Lenk, T. (1989). *Telearbeit. Möglichkeiten und Grenzen einer telekommunikativen Dezentralisierung von betrieblichen Arbeitsplätzen*. Berlin: Duncker & Humblot.

Lewe, H. & Krcmar, H. (1991). Groupware. Das aktuelle Schlagwort. *Informatik-Spektrum 6,* 345-348.

Lugschitz, W. (1994). *Das papierlose Büro in der Praxis - Europas größtes Projekt*. Seminarunterlagen zur Tagung „Office 2000: Frankfurt.

Lutz, B. & Sengenberger, W. (1988). *Mensch, Arbeit und Betrieb. Beiträge zur Berufs- und Arbeitskräfteforschung*. Weinheim: VCH, Verlagsgesellschaft Acta Humanoria.

Lynch, D. & Kordis, P. (1996). *Schlüssel zur Globalisierung. Handbuch für den Wandel. Übergang vom Informationschaos zur Produktivität*. Paderborn: Jungfermann.

Maase, K. (1985). Gedanken über die Lebensweise der Zukunft. *Blätter für deutsche und internationale Politik, 2,* 221-236.

Maciejewski, P.G. (1987). *Telearbeit - ein neues Berufsfeld der Zukunft*. Heidelberg: Dekker.

Mangold, K. (1997). *Die Zukunft der Dienstleistung. Fakten - Erfahrungen - Visionen*. Wiesbaden: Gabler.

Matthes, J. (Hg.)(1983): *Krise der Arbeitsgesellschaft? Verhandlungen des 21. Deutschen Soziologentages in Bamberg 1982*. Frankfurt/New York: Campus.

Matthies, P. (1997). *Telearbeit. Das Unternehmen der Zukunft. Umwälzungen in der Arbeitswelt*. Haar: Markt und Technik.

Mertens, D. (1974). Schlüsselqualifikationen. Thesen zur Schulung für eine moderne Gesellschaft. *Mitteilungen aus der Arbeitsmarkt- und Berufsforschung 7,* 36-43.

Mertens, D: (1980). Neue Grauzonen des Erwerbsverhaltens? *Mitteilungen aus der Arbeitsmarkt- und Berufsforschung 2,* 151-152.

Mertens, P. (1985). *Aufbauorganisation der Datenverarbeitung. Zentralisierung - Dezentralisierung - Informationszentrum*. Wiesbaden: Gabler.

Mertens, P. (1994). Virtuelle Unternehmen. *Wirtschaftsinformatik* 36, 169-172

Miegel, M., Wahl, S. (1996). *Erwerbstätigkeit und Arbeitslosigkeit in Deutschland. Entwicklung, Ursachen und Maßnahmen. Teil I: Entwicklung von Erwerbstätigkeit und Arbeitslosigkeit in Deutschland und anderen frühindustrialisierten Ländern*. Bonn: Kommission.

Miegel, M., Wahl, S. (1997a). *Erwerbstätigkeit und Arbeitslosigkeit in Deutschland. Entwicklung, Ursachen und Maßnahmen. Teil II: Ursachen steigender Arbeitslosigkeit in Deutschland und anderen frühindustrialisierten Ländern*. Bonn: Kommission.

Miegel, M., Wahl, S. (1997b). *Erwerbstätigkeit und Arbeitslosigkeit in Deutschland. Entwicklung, Ursachen und Maßnahmen. Teil III: Entwicklung von Erwerbstätigkeit und Arbeitslosigkeit in Deutschland und anderen frühindustrialisierten Ländern*. Bonn: Kommission.

Miles, J. (1988). The Electronic Cottage: Myth or Near-Myth?. A response to Tom Forester. *Futures 4,* 355-366.

Ministerium für Wirtschaft und Mittelstand, Technologie und Verkehr des Landes Nordrhein-Westfalen (1997). Media NRW: *Telearbeit und Telekooperation*. Düsseldorf. Task-Force Telearbeit und Telekooperation.

Müllner, W. (1985). *Privatisierung des Arbeitsplatzes. Chancen, Risiken und rechtliche Gestaltbarkeit der Telearbeit.* Stuttgart u.a.: Boorberg.

Naisbitt, J. (1982a). *Global Paradox. Warum in einer Welt der Riesen die Kleinen überleben werden.* Düsseldorf u.a.: Econ.

Naisbitt, J. (1982b). *Megatrends. 10 Perspektiven, die unser Leben verändern werden.* Bayreuth: Hestia.

Naisbitt, J. & Aburdene, P. (1985). *Megatrends des Arbeitsplatzes. Von Infrastrukturen zur Lebensqualität.* Bayreuth: Hestia.

Nefiodow, L.A. (1990). *Der fünfte Kondratieff - Strategien zum Strukturwandel in Wirtschaft und Gesellschaft.* Frankfurt/Main: Frankfurter Allgemeine Zeitung.

Negroponte, N. (1995). Die meisten Büros sind schon überflüssig. *WiWO 10*, 163-164

Newplan (1997). Die Börse der Freelancer und Teleworker. *Teleworx 1*, 64.

Nilles, J.M et.al. (1976). *The Telecommunications - Transportation Trade off.* New York.

Noller, P., Paul, G. (1991). *Jugendliche Computerfans. Selbstbilder und Lebensentwürfe - eine empirische Untersuchung.* Frankfurt/M., New York: Campus.

Nora, S., Minc, A. (1979). *Die Informatisierung der Gesellschaft.* Frankfurt/New York: Campus.

Odrich, P. (1991). Braucht jeder Angestellte einen Schreibtisch? Neue Wege der Bürorationalisierung in Japan. *BddW 16,* 8.

Oertel, B. & Wölk, M. (1997). *Neue Selbständigkeit im Netz.* Berlin: Gutachten des IZT.

Olivier, P. (1996). *Telework and People with Disabilities.* Brüssel: EU-Kommission, DG XIII.

Online Forum Telearbeit (1997): *Basisinformation Telearbeit.* Frankfurt: Input-Consulting

Opaschowski, H. (1996). Arbeit nach Feierabend. *Handelsblatt 18.10.*

Opaschowski, H. (1998). Lust auf Karriere. Eine neue Arbeitsqualität im 21. Jahrhundert. *Die Welt 28.9.*

Oppenländer, K. H. (Hg) (1991): *Beschäftigungsfolgen moderner Technologien.* Berlin: De Gruyter.

Otto, P. , Sonntag, P. (1985). *Wege in die Informationsgesellschaft. Steuerungsprobleme in Wirtschaft und Politik.* München: dtv.

Pesch, U. (1998). Im Land der Selbständigen? *Teleworx 2,* 3.

Pfeiffer, W. (1971). *Allgemeine Theorie der wirtschaftlichen Entwicklung.* Göttingen: Vandenhoeck und Ruprecht.

Pfletschinger, O. (1997). *Wirtschaftlichkeitseffekte der Telearbeit aus transaktionskostentheoretischer Sicht.* Diplomarbeit (unveröffentlicht). Universität Passau.

Pickshaus, K. (1995): *Als „Freie" auf der Datenautobahn? Hinweise für Vertragsgestaltung und sozialrechtlichen Schutz.* Karriereführer spezial, 60-62.

Piel, E. (1995). *Die Deutschen und die Informationsgesellschaft. Bekanntheit, Nutzung, Perspektiven.* Allensbach: Institut für Demoskopie.

Pittscheidt, C. (1995). Ich bin so frei... *Focus 23,* 205-208.

Pöltz, R. (1996). *Telearbeit Strategien in Großunternehmen. Erfahrungsbericht aus dem Testfeld „Hausverbundene Arbeit" bei der Allianz Lebensversicherung AG.* Bonn: Dokumentation Telearbeit Deutschland.

Porat, M.U (1977). *The Information Economy: Definition and Measurement.* Washington: OT Special Publication 77-12 (1).

Post, H.-J. (1997). Technologien stundenweise anmieten. *BddW 23.10.*, 3

Presse- und Informationsamt der Bundesregierung (1996*). Initiative Telearbeit der Bundesregierung.* Bonn: Aktuelle Beiträge zur Wirtschafts- und Finanzpolitik.

Pribilla, P., Reichwald, R. & Goecke, R. (1996). *Telekommunikation im Management. Strategien für den globalen Wettbewerb.* Stuttgart: Schäffer-Poeschel.

Prognos AG - Hofer, P., Weidig, I. & Wolff, H. (1989). *Arbeitslandschaft bis 2010 nach Umfang und Tätigkeitsprofilen.* Nürnberg: Beiträge aus der Arbeitsmarkt und Berufsforschung, Band 131.1 und 131.2.

Prognos AG - Hofer, P., Weidig, I. & Wolff, H. (1998). *Arbeitslandschaft der Zukunft - Quantitative Projektion der Tätigkeiten -.* Beiträge aus der Arbeitsmarkt und Berufsforschung, Band 213.

Prognos AG - Weidig, I. & Hofer, P. unter beratender Mitarbeit von H. Wolff (1996). *Wirkungen technologischer und sozio-ökonomischer Einflüsse auf die Tätigkeitsanforderungen bis zum Jahr 2010.* Nürnberg: Beiträge aus der Arbeitsmarkt und Berufsforschung, Band 199.

Prystash, D.T. (1995). IEEE Transactions on Professional Communications 38, 95-99.

Reichwald, R.; Möslein, K.; Sachenbacher, H.; Englberger, H. & Oldenburg, S. (1998): *Telekooperation. Verteilte Arbeits- und Organisationsformen.* Heidelberg, New York: Springer.

Reinberg, A.; Rauch, A. (1998). *Bildung und Arbeitsmarkt: Der Trend zu höheren Qualifikationen ist ungebrochen.* Nürnberg: IAB Werkstattbericht 15 vom 17.12.

Rieker, J. (1995). In weiter Ferne. Der Sachbearbeiter am heimischen Schreibtisch, die Führungskraft im eigenen Garten: Telearbeit könnte schön sein, wenn sie denn funktionieren würde. *Manager 11,* 199-209.

Rohr, S. (1996): *Arbeitswelt Datenverarbeitung: Zukunft und berufliche Orientierung in der DV; Berufsbilder, Chancen, Perspektiven.* München: Computerwoche-Verlag.

Rudolph, H. (1996). *Befristete Beschäftigung von jüngeren Arbeitnehmern stark gestiegen.* IAB-Kurzbericht 1.

Rudolph, H. (1998). *„Geringfügige Beschäftigung" mit steigender Tendenz. Erhebungskonzepte, Ergebnisse und Interpretationsprobleme der verfügbaren Datenquellen.* Nürnberg: IAB-Werkstattbericht 9.

Schiemann, E., Pöltz, R. (1997). *Das Testfeld „Hausverbundene Arbeit" bei der Allianz Lebensversicherungs-AG.* In: Godehardt u.a. Management-Handbuch Telearbeit. Heidelberg: Hüthig.

Schlegelmilch, C. (1983). *Arbeitsorientierungen und Lebensperspektiven von Hochschulabsolventen in der Grauzone.* In J. Matthes (Hg.), *Krise der Arbeitsgesellschaft? Verhandlungen des 21. Deutschen Soziologentags in Bamberg 1982* (S. 385-391). Frankfurt/M, New York Campus.

Schmidt, W. (1996*). Außerbetriebliche Arbeitsplätze für Sachbearbeiter bei den LVM Versicherungen.* In: Empirica (Hrsg.), *Telearbeit Deutschland '96*, Bonn: Empirica

Schmiede, R. (1996). Informatisierung und gesellschaftliche Arbeit. *WSI-Mitteilungen, 49,* 533-544.

Schmiede, R. (1996). *Virtuelle Arbeitswelten. Arbeit, Produktion und Subjekt in der „Informationsgesellschaft".* Berlin: Ed. Sigma.

Schneider, F. (1998). Stellt das Anwachsen der Schwarzarbeit eine wirtschaftliche Herausforderung dar? Einige Gedanken aus volkswirtschaftlicher Sicht. *IAW-Mitteilungen 1,* 4-14.

Scholz, J.F. (1995). *Spezialisten im Multimedia-Bereich.* Arbeitsmedizinische Berufskunde 12.

Schulz, B. & Staiger, U. (1991*). Szenarien zur Telearbeit auf der Basis breitbandiger Dienste und Netze.* Berlin: Gutachten des IZT.

Schulz, B. & Staiger, U. (1993). *Flexible Zeit, flexibler Ort. Telearbeit im Multimedia-Zeitalter.* Weinheim, Basel: Beltz.

Schumacher, C. & Schwartz, S. (1996). *100 Jobs mit Zukunft.* Wien: Ueberreuther.

Schumacher, W. (1997). *Deutschland digital. Wachstumsmarkt Telekommunikation. Anbieterprofile, Strategische Allianzen, Personalnachfrage/Berufsbilder.* Neuwied u.a.: Luchterhand.

Schütz, H. & Wiedemann, P.M. (1993). *Technik kontrovers. Aktuelle Schlüsselbegriffe für die öffentliche Diskussion. Ein Handbuch.* Frankfurt/M.: IMK.

Schwarz, H. u.a.: *Datenverarbeitungskaufleute - Ein Beruf und seine Perspektive.* Berichte zur beruflichen Bildung 190, Bielefeld 1996.

Schwarze, J. & Helberger, C. (1987). *Nebenerwerbstätigkeit: Ein Indikator für Arbeitsmarktflexibilität oder Schattenwirtschaft?* Wirtschaftsdienst II, 83-90.

Schwohnke, A. & Wicke, H.-G. (1986*). Teleheimarbeit als neue Rationalisierungsstrategie.* Köln: Pahl-Rugenstein.

Senghaas-Knobloch, E. (1998). *Von der Arbeits- zur Tätigkeitsgesellschaft? Politikoptionen und Kriterien zu ihrer Abschätzung.* Bremen: artec-papier Nr. 58.

Seufert, W. (1996). *Multimedia: Beschäftigungszunahme im Medien- und Kommunikationssektor vielfach überschätzt.* Berlin: DIW Wochenbericht 10, 165-172.

Silvestri, G.T.: Occupational employment projections to 2006. Monthly Labor Review 11/1997, S. 58 - 83.

Simpfendörfer, D. (1996). Stammbelegschaften und hochqualifizierte Telearbeiter. *BddW 92,* 11.

Sorge, A. (1985). Informationstechnik und Arbeit im sozialen Prozeß. Arbeitsorganisation, Qualifikation und Produktivkraftentwicklung. Frankfurt/Main, New York: Campus.

Sorge, A. (1985). *Informationstechnik und Arbeit im sozialen Prozeß. Arbeitsorganisation, Qualifikation und Produktivkraftentwicklung.* Frankfurt/M, New York: Campus.

Spinner, H.F. (1997). *Die Architektur der Informationsgesellschaft.* Bodenheim: Philo-Verlag.

Statistisches Bundesamt: *Personensystematik. Klassifizierung der Berufe - Systematisches und alphabetisches Verzeichnis der Berufsbenennungen* - Ausgabe 1992, Wiesbaden 1992, 561 S.

Staudt, E., Emmerich, K. (1987). *Betriebliche Personalentwicklung und Arbeitsmarkt.* Beiträge zur Arbeitsmarkt- und Berufsforschung 109.

Steinke, R., Senatsverwaltung für Arbeit, Berufliche Bildung und Frauen. (1997). *Telekooperation, Telearbeit, Tele-Learning. Virtuelle Arbeitswelten.* Reader zur Fachtagung am 18. und 19. Juni in Berlin. Berlin:BBJ-Verlag.

Stoetzer, M.-W., Mahler, A. (1995). *Die Diffusion von Innovationen in der Telekommunikation.* Heidelberg, New York: Springer.

Stolz, R. (1997). Wie der Computer die Arbeit von Managern umständlicher macht. *BddW 187,* 5.

Strauf, S. & Nägele, B. (1996a). *Telearbeit - eine Chance für Frauen? Der Diskussionsstand zu Risiken, Chancen und Interessen von Unternehmen und Arbeitnehmerinnen.* EURES discussion paper dp-57. Freiburg: Schleicher-Tappeser KG.

Strauf, S., Nägele, B. (1996b). *Möglichkeiten und Grenzen der Telearbeit im Vogtland/Sachsen. Empirische Untersuchungen bei Unternehmen und Frauen in der Region.* EURES discussion paper dp-58. Freiburg: Schleicher-Tappeser KG.

Streicher H. (1995). *Dezentralisierung und Integration. Megatrends der Informationsverarbeitung.* Tübingen: Gulde.

Sturm, N. (1994). Wo fünf Millionen neue Arbeitsplätze winken. *Süddeutsche Zeitung vom 25.7.*

Szyperski,N. u.a. (1982). *Bürosysteme in der Entwicklung. Studien zur Typologie und Gestaltung von Büroarbeitsplätzen.* Braunschweig: Vieweg

TA Telearbeit GmbH (1996). *Aktuelle Projekte.* Pressemappe, Geilenkirchen.

TA Telearbeit GmbH (1997). *Telearbeit, Telekooperation, Teleteaching. Studie zu Akzeptanz, Bedarf, Nachfrage und Qualifizierung.* Düsseldorf: Ministerium für Arbeit, Gesundheit und Soziales des Landes Nordrhein-Westfalen.

Tessaring, M. (1994). Langfristige Tendenzen des Arbeitskräftebedarfs nach Tätigkeiten und Qualifikationen in den alten Bundesländern bis zum Jahre 2010 - eine erste Aktualisierung der IAB/Prognos-Projektionen 1989/91. *MittAB, 27*, 5 - 19.

Thome, R. (1997). *Arbeit ohne Zukunft ? Organisatorische Konsequenz der wirtschaftlichen Informationsverarbeitung.* München: Vahlen.

Toffler, A. (1980). *Die Zukunftschance. Von der Industriegesellschaft zu einer humaneren Zivilisation.* München: Bertelsmann.

Töpfer, A.& Lechelt, F. (1987). *Bürokommunikation. Eine Studie über Anforderungen, Einsatzmöglichkeiten, Einführung und Wirkungen der Bürokommunikation in 214 Unternehmen.* Landsberg: Moderne Industrie.

Toth, K. (1990). The Workless Society. *The Futurist 5-6*, 33-37.

Trautwein-Kalms, G. (1995). *Ein Kollektiv von Individualisten? Interessenvertretung neuer Beschäftigtengruppen.* Berlin: Sigma.

Trautwein-Kalms, G. (1997). Informationsgesellschaft und Arbeitswelt: Nur Technik, Markt, Deregulierung? Zur Vision von virtuellen Unternehmen und neuer Selbständigkeit. *WSI-Mitteilungen, 50*, 169-177.

Trittin, W. (1996). *Die arbeitsrechtlichen Rahmenbedingungen bei Outsourcing. Handlungshilfen für Betriebsräte bei Globalisierung und Outsourcing.* Frankfurt/Main: IG Metall.

Troltenier, I. (1997). *Telearbeit in der Familienphase. Berichte aus der Praxis.* Marburg: Telehaus Wetter.

Turkle, S. (1984). *Die Wunschmaschine. Vom Entstehen der Computerkultur.* Reinbek: Rowohlt.

Twiehaus, H.-J., Dostal, W. (1990). *Computerberufe. Berufe und Bildung in der Datenverarbeitung.* Hamburg: Bildung und Reisen.

Ulich, E. (1991). *Arbeitspsychologie.* Zürich: Verlag der Fachvereine.

Ullrich, O.: *Lebenserhaltende Tätigkeiten jenseits der Lohnarbeit.* In: Jahrbuch Arbeit und Technik 1993, Bonn 1993, 84-98

Üpping, H. (1998). Erfahrung wird Wettbewerbsvorteil. *BddW 126*, 6.7., 3

Vonderach, G. (1980). Die „neuen Selbständigen“. *Mitteilungen aus der Arbeitsmarkt- und Berufsforschung 13,2,* 153-169.
Vonderach, G. (1983). *Koreferat zum Referat 'Arbeitsorientierungen und Lebensperspektiven von Hochschulabsolventen in der Grauzone.'* In J. Matthes (Hg.), *Krise der Arbeitsgesellschaft? Verhandlungen des 21. Deutschen Soziologentags in Bamberg 1982.* Frankfurt/M, New York: Campus. 392-400.
Vorjans, B. (1987). *Tele-Heimarbeit. Möglichkeiten - Probleme - Perspektiven.* Frankfurt/M. u.a.: Lang.
Voß, G.G. (1997). Zur sozialen Differenzierung von „Arbeit und Leben“. Überlegungen aus der Perspektive des Konzepts Alltägliche Lebensführung. *Mitteilungen 5,* 105-122

Wachtler, G., Franzke, H. & Balcke, J. (1997). *Die Innovationsfähigkeit von Betrieben angesichts alternder Belegschaften. Expertise im Auftrag der Friedrich-Ebert-Stiftung.* Bonn: Maniskript der Friedrich-Ebert-Stiftung.
Wagner, M.; Schettkat, R.; Schulz, B. (1989): *Technischer Wandel und Beschäftigung.* Berlin: De Gruyter.
Waibel, A.-M. (1992). *Computerfrauen zwischen Hackerkultur und Technologiekritik.* Konstanz: Universitätsverlag.
Wakiel, B. & Oldenburg, S. (1998). *Telearbeit. Ein Leitfaden für die Praxis.* Herausgegeben von den Bundesministerien für Arbeit und Sozialordnung, für Wirtschaft und für Bildung, Wissenschaft, Forschung und Technologie in Zusammenarbeit mit der Deutschen Telekom. Bonn: Die Referate für Öffentlichkeitsarbeit der o.a. Ministerien.
Wank, R. (1997). *Telearbeit.* Schriften zur Arbeitsrecht-Blattei, Neue Folge, Band 5. Heidelberg: Forkel.
Wank, R. (1998). *Telearbeit und Arbeitsrecht.* Arbeit und Arbeitsrecht 6, 192-195.
Wedde, P. (1986). *Telearbeit und Arbeitsrecht. Schutz der Beschäftigten und Handlungsmöglichkeiten des Betriebsrates.* Köln: Bund-Verlag.
Wedde, P. (1994). *Telearbeit. Handbuch für Arbeitnehmer, Betriebsräte und Anwender.* Köln: Bund-Verlag.
Wedde, P. (1997a). *Entwicklung der Telearbeit - arbeitsrechtliche Rahmenbedingungen.* Bonn: BMA.
Wedde, P. (1997b). Telearbeit und Datenschutz. Zwei Welten treffen aufeinander. *WSI-Mitteilungen, 50,* 206-212.
Weichsel, M., Schröder, T. & Beck, T. (1985*) Materialien zur Vorbereitung eines Gesetzes zum Schutz der Arbeitnehmer vor den negativen Auswirkungen der neuen Technologien.* Hamburg: Pressestelle der Hansestadt.
Weijers, T., Meijer, R. & Spoelman, E. (1992). Telework remains 'made to measure'. The large-scale introduction of telework in the Netherlands. *Futures 12,* 1048-1055
Weizenbaum, J. (1976). *Die Macht der Computer und die Ohnmacht der Vernunft.* Frankfurt/M.: Suhrkamp.
Weizsäcker, C.C. (1996). Die offene Gesellschaft und ihr Arbeitsmarkt. *FAZ 268,* 8.
Welsch, J. (1995). Multimedia und die Angst vor dem Ende der Arbeit. *Blätter für deutsche und internationale Politik 7,* 871-882.
Welsch, J. (1996). *Erwerbsarbeit in der Informationsgesellschaft.* Bonn: Gutachten für die Friedrich-Ebert-Stiftung.
Welsch, J. (1997). Multimedia*: Studie zur Beschäftigungswirkung in der Telekommunikationsbranche.* Frankfurt/Main: DPG-Hauptvorstand.
Welt (1997). Freiiberufler verteidigen „kleine Selbständige“. *Die Welt 168 vom 22.7.*

Weltz, F. & Ortmann, R.G. (1992). *Das Software-Projekt. Projektmanagement in der Praxis.* Frankfurt/M, New York: Campus.

Wießner, F. (1997a). *Existenzgründer bevorzugen Servicebereich.* IAB-Kurzbericht 10 vom 8.12.

Wießner, F. (1997b). *Auch für Freie Berufe Starthilfen vom Arbeitsamt.* IAB-Kurzbereicht 11 vom 9.12.

Wießner, F. (1998). *Positive Zwischenbilanz für „Überbrückungsgeld-Empfänger".* IAB-Kurzbericht 1 vom 19.1.

Würth, M. (1989). *Telematik und räumliche Arbeitsteilung. Räumlich-funktionale Disparitäten dargestellt am Beispiel des schweizerischen Bankensektors.* Zürich: Verlag der Fachvereine.

Zemanek, Heinz (1991). *Weltmacht Computer. Geschichte, Strukturen, Medien.* Esslingen, München: Bechtle.

Zemanek, Heinz (1992). *Das geistige Umfeld der Informationstechnik.* Berlin u.a.: Springer.

Zentrum für soziale Innovation (Hg.) (1997). *Europäische Charta für Telearbeit.* Guthmann-Peterson: Wien, Mülheim/Ruhr.

Zimmer, G. (1994). *Vom Fernunterricht zum Open Distance Learning. Eine europäische Initiative.* Bielefeld: Bertelsmann.

Zink, K. (1987). *Arbeitswissenschaftliche Aspekte einer benutzerfreundlichen und wirtschaftlichen Softwareproduktion.* Hallbergmoos: AIT.

ZVEI/VDMA (1995). *Informationsgesellschaft - Herausforderungen für Politik, Wirtschaft und Gesellschaft.* Frankfurt/Main: VDMA.